JN204005

アメリカ教育改革のポリティクス

公正を求めた50年の闘い

ジャック・ジェニングズ［著］

吉良 直・大桃敏行・髙橋 哲［訳］

東京大学出版会

Presidents, Congress, and the Public Schools:
The Politics of Education Reform
by Jack Jennings,
with foreword by Michael J. Feuer

First published in 2015 by Harvard Education Press, an imprint of the
Harvard Education Publishing Group
Copyright © 2015 by the President and Fellows of Harvard College
All rights reserved

Japanese translation by Naoshi Kira, Toshiyuki Omomo, and Satoshi
Takahashi, published by arrangement with Harvard Education Publish-
ing Group through Japan UNI Agency, Inc., Tokyo

University of Tokyo Press, 2018
ISBN978-4-13-051341-8

本書を，私のキャリアを通して出会った多くの素晴らしい人たちに捧げます。特に，連邦議会と教育政策センターで共有した時間の中で，その人間性，他者を手助けする献身的姿勢，勤勉さ，知性，ユーモアのセンスが，私の人生を活気づけ，啓発してくれた以下の3人の特別な人たちに捧げます。

トニー・ペインター氏
ダイアン・スターク・レントナー氏
ナンシー・コバー氏

アメリカ教育改革のポリティクス――公正を求めた 50 年の闘い・**目次**

邦訳凡例

1. 本書は，Jack Jennings, *Presidents, Congress, and the Public Schools: The Politics of Education Reform* (Cambridge, MA: Harvard Education Press, 2015) の全訳である。

2. 「終章」の後に掲載した「エピローグ」は，邦訳のために著者が新たに執筆したもので，2015 年 3 月の原著刊行から 17 年 9 月までの新たな展開を解説したものである。ただ，オバマ政権下で刊行された本文の内容のアップデートはしていない。

3. 原著の章内のすべて大文字の大見出しは番号つきの節にして，目次にも反映させた。ただ，原著の大見出しの数に偏りがあったため，一部の章に関して，著者と相談して見出しを追加・修正した。

4. 原文の " " は「　」で示した。イタリック体に関しては，著書名は『　』で，強調は傍点で，見出しと分類はゴシック体で示した。ただし，イタリック体の連邦最高裁判所等の判決名は，単にブラウン判決のように表記した。

5. 略語は，初等中等教育法 (ESEA)，どの子も置き去りにしない法 (NCLB 法)，頂点への競争 (RTTT)，全米学力調査 (NAEP) などにできるだけ限定し，初出の際に括弧を付け原語と略語を付記し，各部の初出の際に再度日本語訳を略語の前に付記した。また，本書で使用した略語のリストは，巻末「索引」に別途項目を加えて掲載した。

6. 法律名は，初出時には「どの子も置き去りにしない法」(No Child Left Behind Act, 以下「NCLB 法」) のように「　」を付記し，略語を使う場合はその後に「　」で表記した。

7. 人名はカタカナで表記し，初出時に括弧を付け原語を付記した。連邦議会議員名に関しては，初出の際に括弧を付け原語と原文にある政党名と選出州を付記し，カール・パーキンズ下院議員 (Carl Perkins，民主党: ケンタッキー州) のように表記した。

8. 原文の初等中等段階の student(s)，pupil(s) は，日本での小学校段階の児童，中高段階での生徒のような明確な区別がないため，すべて「生徒」と訳し，高等教育段階の student(s) は「学生」とした。

9. 原著の巻末の注釈は，本書でも原則そのまま巻末に掲載し，説明文のみ翻訳した。エピローグの注釈も巻末の注釈に盛り込んだ。

10. 原著の索引は，事項と人名が一緒に掲載されていたが，本書では両者を分けて「事項索引」と「人名索引」とし，さらに本書で使ったローマ字の「略語一覧」を掲載した。

11. 主にカタカナ表記となっているタイトル，スタンダード，アカウンタビリティなどの本書の重要な用語は，巻末の「翻訳者解説」で説明を加えた。

12. 翻訳者による簡単な解説を付記する場合は，シエラクラブ［自然保護団体］のようにブラケット (［　］) を使って記述した。

前書き

アメリカの教育に関する歴史的および現代的な苦闘について示唆を得ようとしているなら，1ドル札の裏側を見ると良いだろう。もはやアメリカ合衆国の正式なモットーではないが，「多からなる一 (e pluribus unum)」は建国当初のモットーで，未だに現実的問題に直結しているため，米国の国家表象としている印（国璽）に入っている。容易に訳すことができるこのわずか3語のラテン語の成句が，分断された民主主義をめぐる2世紀半にわたるアメリカの実験を要約している。多くの州と1つの国家，多くの個人と1つの国民の間の緊張関係には，単純な，あるいは明らかな解決策はなく，教育となると，ますますそのことが言えるのである。ジャック・ジェニングズ氏が本書で非常に雄弁に説明しているように，教育分野における連邦政府の関与が救いの手か呪いの手かといった短絡的な議論は，レトリックの観点から行き過ぎたもので，歴史と関係のないもので，経験的に考えても疑わしいものである。真の物語は，もっと複雑で，もっと興味深いものである。

例えば，何が誰にどのように教えられるかを，独自に決定する権限を有する50州で運営されている1万4000の独立した学区による「制度」が，諸悪の根源だと思う人もいるかもしれない。ハーバード大学の元学長が「カオス」と呼んだこの状況に折り合いをつける取り組みには著しい成果もあったが，それは学者，政策立案者，ジャーナリストのかなりの注目を集めてきた難題であった。一方で，私たちは (少なくとも最近まで) 教育を大衆に開放することで世界をリードしてきたが，それは21世紀のほとんどの期間に，経済的生産性と生活の質に関する未曾有の発展に対する多大な貢献を果たした人的資本への投資によるものだった。この成功の大部分は，中央政府の活気のない組織から解放された，学区と地域社会の機敏性と革新的能力によるものである。他方で，地域，人種，社会経済的地位にもとづく資源と教育達成度における根強く厄介な不平等の問題は，アメリカの社会機構をむしばんでいるが，ありがたいことに全米規模で行動を求める呼びかけが断続的に巻き起こっている。一部の問題は，政府の見

える手なしには解決されないということを，恐らくやや嫌々ながら私たちは理解してきた。

　私たちの政治的制度を学術用語で表すと「連邦主義」となるが，それは，連邦政府と州政府の間の意思決定の拡散を統制する規則，と大まかに定義される。この概念は，決して容易に実施できるものではなく，教育における連邦政府の役割は，恐らく他の領域以上に，常に論争の的になり制約されてきた。私たちの多くの州と 1 つの国家，多くの個人と 1 つの国民を調整することの難しさを理解するためには，一連の全米教育目標を策定しようとするだけで，214 年の年月がかかったことを思い出すだけで十分だろう。

　教育史の中で，ほぼ間違いなく最も重要な連邦議会の偉業と言える 1965 年の初等中等教育法 (ESEA) の 50 周年が近づき，全米スタンダードの可能性と危険性が全米で議論され続ける中で，今こそ将来について理路整然とした考察をするのに最良の時である。連邦政府の役割にはどんな可能性があり，どうあるべきなのだろうか。

　ジェニングズ氏がこの省察の過程を導いてくれるのだから私たちは心配することはない。25 年以上の間，教育政策に最も影響力のある下院の委員会のスタッフ・ディレクターと法務顧問を務め，主要な教育政策に関する研究を提供する全米で名高い独立したセンターの創設者として務めてきたジェニングズ氏は，過去 50 年間の教育政策に関して連邦政府が果たしてきた影響力のある役割，様々な動向の自然な帰結としての現行のスタンダード運動の展開，そして今後いかに前進すべきかに関する歴史からの教訓に関して記述することができるユニークな立場にある。

　本書は，ジェニングズ氏が，2014 年春にジョージ・ワシントン大学で行った講演に加筆したものである。ESEA 制定以来の連邦政府の関与に関する歴史を再検討し，その謎のいくつかを解明し，連邦政府が今どこに，そしてどのようにその取り組みを焦点化する可能性があるかに関する新たなアイディアを提供している。課題は複雑であり，地方学区や州による学校管理の苦悩，教育委員会のポリティクス，一貫性のない州のスタンダードの有害な結果に関して表明された批判に妥当性があることは間違いない。しかしながら，教授学習過程と資源配分を導くための全米スタンダードにもとづく制度が，必要とされている

か，あるいは十分な解決策になるかは明らかではない。さらに，多くの人たち
が心配しているのは，「全米の (national)」という言葉が「連邦の (federal)」に
相当する記号になっていき，私たちの歴史からはかけ離れたものとなり，分断
された統治の問題への誤った反応を引き起こすことである。

　このような問題やそれに関連する問題に関するジェニングズ氏の扱い方は，
読者を魅了するものであり，先入観にもとづく多くの信念が揺さぶられること
になるのは必至である。政府の介入を嫌い，中央集権的権力を信用しない自由
市場の最も忠実な信者でさえも，教育は 50 年前よりも良い状態になっている
ことを認めており，さらに，連邦最高裁判所，連邦議会，大統領の協力体制 (し
ばしば衝突しているが) にもとづく連邦政府の役割が，かなりの賞賛に値するこ
とも認めるところである。学校における人種分離を法的に禁止する重大な連邦
最高裁判決 [1954 年のブラウン判決] の約 10 年後の ESEA の制定は，徐々に明ら
かになっていた受け入れられない不公正への政治的適応の事例となる。実施に
伴う苦悩が感じられ始める中で，ESEA がどのように構築され，進化してきた
かは，多くの教訓を伴う物語と言える。連邦法による大規模な教育改革が最初
から「うまくいく」と思う人は，深呼吸をして，本書で概説された事実につい
て，賢明で経験豊富な著者の解釈とともに学ぶ必要があるだろう。

　例えば読者は，分断した統治のために考案された制度が，それにもかかわら
ず，いかにして数々の複雑な連邦政策を生み出したかに驚くかもしれないし，
政府のプログラムがどれだけ頻繁に再構築されたかにもさらに驚くかもしれな
い。政府の敏捷性は，特に抑制と均衡，ならびに分散した権力に異常な執着を
持つ私たちの制度の中で，異なる革新や説明責任の規則が適用される民間セク
ターと比較すると，より困難なものである。そして，敵対意識は明らかである。
一部の評論家は，政府の官僚制のペースの遅さや創造的な問題解決を抑圧する
官僚制の潜在力を嘆き，他の評論家は，完全に研究し尽くされていない政策の
実施を失速させるために「エビデンス (根拠) の切り札」を使う。行動しないこ
とと無責任な行動を取ることの間にある，最適な領域を見つけることは，統治
術の一環である。結局，教育における連邦政府の役割は，その巧妙さゆえに賞
賛されるべきである。そしてその巧妙さは，公共の利益を増進することを目指
して法律，政策，プログラムを追求しているジェニングズ氏を含む公務員の不

屈の精神によってその大部分が可能になってきた。彼らが継続するための資源と意思を持つことを切望する。

　しかしここでも前途は多難であり，旅行者は旅に本書を持参するのが賢明である。ジェニングズ氏は，連邦教育政策の将来に向けての旅に関して想像できる最高のガイドの 1 人である。超党派による議論の美徳 (連邦議会において忘れ去られた技能のようになっているが) の勇敢な擁護者として，また非常に明快な文章の書き手として，個人的な省察と研究にもとづく分析を見事に融合させ，挑発的な提言につなげる作品をここで提示している。著者は，将来に向けての明確な行程表を示すために，教育改革史の知識，約半世紀に及ぶ個人的な関わり，最新の研究結果を活用している。連邦政府の役割に関する著者の当初の信念の一部がいかに変わってきたか，そして全米スタンダードの必要性についていかに率直に説明しているかを目の当たりにするだろう。そして，教育は連邦政府の問題ではないという見解にも異議を唱え，教育が真の意味で，私たちにとって核心となる文化，合衆国憲法，政治に準拠した基本的権利であることを示している。ジェニングズ氏は政治家をよく知っていて，民主党，共和党のどちらの党を代表するかにかかわらず，政治家が教育は公民権だとする自分の言葉に責任を持ってほしいと考えているのである。

　読者が本書のいくつかの側面に同意しないことは確かだと思うが，活発な議論を促すことが，著者の最優先課題の一つだということを私は理解している。アメリカの教育界の将来は確かなものではないが，ジェニングズ氏のような人たちがその問題について考え，執筆し，議論し続けていけば，議論の質と進歩の可能性は確保される。

ジョージ・ワシントン大学研究科長・教授
全米教育アカデミー会長
マイケル・ファウワー

序章

初等中等教育法 50 周年の意義とその再考

　50 歳の誕生日とどう向き合うかは，人それぞれである。ある人は，できる限り無視しようとし，またある人は，お祭り騒ぎをする。しかし，ほぼすべての人は，50 歳の誕生日を人生における重要な通過点だと認識している。

　「初等中等教育法」(Elementary and Secondary Education Act of 1965, 以下「ESEA」) の制定 50 周年というのも，そのような機会である。半世紀の間，州と地方学区への連邦援助の主要財源となってきた，この野心的で広範にわたる法律は，アメリカの教育を作り変え，アメリカの何百万もの子どもたちの学校教育に影響を与えてきた。1965 年以前には，連邦政府の公教育への関与は周辺的なものだったが，ESEA は連邦政府による学校教育の日常的な運用に関する広範な関与の始まりとなった。

　もともとは 5 つの主要部分から構成されていた ESEA は，アメリカの教育改善のために過去半世紀の間に何千億ドルもの資金を提供してきた。全米のほぼすべての公立学校，そして多くの私立学校も，図書館サービスの充実のために，新しい本や視聴覚教材を受け取った。数十の学区では，革新的なプログラムに予算が配分された。教育研究が拡充された。州政府は，学校改善のために，より中心的な役割を担うように促された。公立学区と私立学校は，私立や宗教学校に通う低所得家庭の生徒への追加支援を提供するために，前例のない新たな関係を構築するように促された。ESEA の最重要項目は，教員や管理職の注意を，経済的，教育的に不利な状況にある子どもたちへの対応の改善に向けることを力強く後押しした。

　ESEA は，1965 年の制定後すぐに，4，5 年ごとに再検討と再改定をするスケジュールに組み込まれた。この定期的に再検討と再改定を行う慣行が，長年の間，新たなニーズに応えるための連邦援助の拡大につながってきた。その拡大は，追加プログラムの策定，あるいは現行の援助プログラムの拡大または再定義を通して推進されてきた。

　ESEA は，このようにして，すべての属性の生徒のための教育介入の扉を開くこととなった。農場で働く季節労働者の子どもは，親が農作業をしている間に教育を受けた。親に育児放棄された子どものための施設に入っている生徒は，追加の授業を受講した。英語を話せない子どもは英語を学習した。特別な才能のある子どもは特別な扱いと支援を受けた。

　ESEA は，子どもたちを対象とした他の連邦教育法の制定に向けての模範ともなった。最も顕著な例となる「障がいのある個人のための教育法」(The Individuals with Disabilities Education Act, 以下「IDEA」) は，自宅または「ハンディキャップのある子ども」のための州の機関から，精神的・身体的障がいのある生徒を解放し，学区内の公立学校の通常学級に入ることを可能にした。さらに同法は，教育を受けるのに必要となるサービスの提供を保障することで，障がいのある子どもの扱いに，言わば革命を起こした。

　ESEA の定期的な再検討を通して，連邦議会は，予算が配分されたプログラムの特徴を特定することを超えたところでも，教育政策を確立してきた。例えば，学校を人種的に統合する手段として生徒のバス通学の是非が激しく議論された。その結果として，いくつかの法律が過去に制定され，バス通学の実践を徐々に抑制し，連邦最高裁判決を事実上覆すところまできた。このようなバス通学に関する論争が，民主党と共和党の今日の姿の再定義を促した。

　以下，ESEA とそれをモデルにした他の教育法によりもたらされた，多くの具体的な政策の影響について例示していく。

- 2002 年に制定された ESEA の再改定法である「どの子も置き去りにしない法」(No Child Left Behind Act of 2001, 以下「NCLB 法」) の連邦規定への対応により，ほとんどの生徒は現在毎年試験を受けている。
- IDEA からの資金を通して，障がいのある子どもたちは就学前プログラムを受けている。
- ESEA のタイトル I (Title I,［第 1 章に当たる］主要な連邦プログラム) のもとでの連邦資金により支給され，学業についていくのに問題のある生徒は，追加の指導とその他の支援を受けている。
- 移民の子どもたちは連邦資金にもとづく授業で英語を学んでいる。

　長年にわたって，ESEA の立法上の規定と公教育のために提供される関連する資金援助により，何百万もの生徒たちがより良く学び，最終的により生産的な生活を送っている。このような取り組みには欠点もあったが，ほとんどの評者が合意するのは，全般的にはこの国は結果としてより良くなっているということである。

　レーガン政権での元政府高官であり，よく引き合いに出される連邦援助の懐疑論者のチェスター・フィン（Chester E. Finn Jr.）でさえも，連邦政府の教育分野の関与に関する主要な展開を考察した後に，以下のように結論づけている。

　熱心な支持者が望んだようにはまったくいかなかった。すべては意図しなかった結果，反対，相当額の財政負担を引き起こした。しかし，アメリカの教育はまったく異なる事業となっており，ワシントンからのこのような革新的な戦略により，全般的にはより良い事業となっている[1]。

　人が 50 歳に近づくと人生を振り返るように促されるのと同様に，ESEA 制定の節目の記念日も，振り返りの機会を提供している。どのような成果がその出来事から出てきたか。どのような問題がその法律が進化する中で形成されたか。半世紀に及ぶ教育における連邦介入の経験を通して私たちは何を学んだのか。このような教訓は，いかに教育における連邦政府の役割の理解に磨きをかけ，違ったやり方をする方向を示しているのだろうか。

　振り返りの過程を手助けするために，本書はまず，なぜこのような連邦プログラムや政策が出てきたのか，そしてどのように過去 50 年間に発展してきたのかを探っていく。この振り返りは，私たちを，連邦資金援助が特別な支援が必要な子どもたちへのサービスの拡大の手法として教育者に歓迎された 1960 年代と 70 年代から，連邦政府による広範で結果責任を厳しく問うテストが生徒に義務づけられ，特に不利な状況にある子どもたちにとって，学校教育が楽しくない暗記学習に転換されてしまっていると多くの教員が思っている今日まで連れて行くことになる。

　本書は，その後，初等中等教育に影響を与える連邦教育省の主要なプログラムについて検討する。それらは，同省の公立の初等中等教育予算の 80％ 以上

に及ぶもので，教育者が最もよく知っている連邦政府のプログラムである。特に強調しているのが，ESEA の第 1 章にあたるタイトル I で，最大の連邦資金援助プログラムであり，その他の公正を目指すプログラムのモデルとなっている。2 番目に大きなプログラムである IDEA，そして「英語習得法」(English Language Acquisition Act) も相当な注目を集めている。チャーター・スクール補助金プログラム，ならびに連邦裁判所や連邦規制による公民権に関わる主要な命令についても議論する。これらの手法の相対的有効性を評価し，教育改革を実現するために連邦政府が採用してきたその他のいくつかの手法についても検討する。

　このように，本書は，すべての連邦政府のプログラムや政策を扱うわけではないが，連邦政府による公立学校教育への関与に関する包括的なレビューを提示することになる。その目的は，教育分野における連邦政府の関与の度合いを示し，連邦政府が自由に使うことができる様々な方策について例示して解説することである。本書で扱う事例は，連邦政府が教育において限定的な役割しか果たすことができないという広く信じられている定説に疑問を呈することになり，連邦教育政策が広範にわたる社会問題と密接に関係していることを示すことになる (教育政策に関する主要な出来事の年表は，巻末付録に提示)。

　最後に，連邦教育政策への新しい方策を提言するが，それは連邦政府の役割を拡大し変革するものである。1960 年代の連邦議会における連邦援助の策定者は，より良い学校教育への障壁は，資金の欠如だと考えた。学区間の歳出を平等にするように十分な資金が提供されれば，教育者は教育改善のためにすべきことがわかっていると仮定された。対照的に，1990 年代と 2000 年代のスタンダード・テスト・アカウンタビリティ改革の立案者は，生徒の学力向上には，高い学力スタンダードを設定し，そのスタンダードの達成度を測るテストを用い，不十分な結果に対しては教員や学校の結果責任を求めることが必要だと考えた。2 つ目の改革の主導者の間では，この方策を支援する際はより多くの資金は必要ないと考えられた。

　この極端な手法のどちらも，その前提として仮定したことが正しくなかったことがわかってきた。過去 50 年間の経験は，教育はあまりに複雑であり，簡単な答えはないことを示してきた。真実は，それぞれの改革運動の最もいい部

分を取ったところにある。そこで，私は連邦政府の学校への援助の大幅な拡大を提案するが，それはある属性の生徒に限定されるものではなく，州政府が教育向上を妨げる最も根本的な問題に取り組む姿勢があるかどうかにかかっている。

　さらに，「生徒のために団結する法」(United for Students Act, 以下「USA」) と呼ばれるであろうこの拡大した一般援助 [本書の政策提言] は，子どもたちが良き教育を受ける憲法上の権利を有することを確かにするための，法的支援によって補完されなければならないと私は考えている。この方策は，教育が現代の公民権に関わる問題だという広く謳われている主張と一致している。もしそうであるならば，憲法上の完全な保護と措置が求められる。

1.　特等席からの視点

　教育における連邦政府の役割に関する見解は，私の 2 つの職歴から大きな影響を受けている。1 つ目は連邦議会下院における主席教育専門家としての 27 年間，2 つ目は教育政策センター (Center on Education Policy, 以下「CEP」) の創設者兼代表としてのその後の 17 年間である。

　連邦議会での最初の職務を通して，下院のカール・パーキンズ議員 (Carl Perkins, 民主党: ケンタッキー州)，イーディス・グリーン議員 (Edith Green, 民主党: オレゴン州)，ジョン・ブラデマス議員 (John Brademas, 民主党: インディアナ州)，パッチー・ミンク議員 (Patsy Mink, 民主党: ハワイ州)，ローマン・プシンスキー議員 (Roman Pucinski, 民主党: イリノイ州)，そして上院のテッド・ケネディ議員 (Ted Kennedy, 民主党: マサチューセッツ州)，ジェイコブ・ジャビッツ議員 (Jacob Javits, 共和党: ニューヨーク州) を含む連邦議会における ESEA の起草者と知り合う機会を得た。これらの議員と話したり話を聞いたりする中で，どのようにして ESEA が生まれたのか，そして発案された時期にどのような期待があったのかをよく理解することができた。

　連邦議会に勤務した期間に，私は ESEA とその後の修正・再改定などの類似した法律の責任を任された法律顧問とスタッフ・ディレクターを務めた。その立場で，連邦議会下院の教育労働委員会の 3 人の異なる委員長と直接仕事をし，

公聴会を設定し，証言者を選考し，プログラムを更新したり修正したりする法案を策定し，委員会の委員長が，小委員会，委員会，下院本会議において法案を先導するのを支援した。一旦上院が関連法案を可決すると，最終法案の条件に関して合意に達するための両院協議会の前に開催されるスタッフ・ミーティングで，私が下院の交渉責任者となった。実際の両院協議会中に，私は両院の委員長を支援し，合意が形成されるとすぐに，その後法律となる法案が下院で賛同が得られるように委員長と連携した。このような活動すべての中で，私は，政権側と協議し，影響を受けるすべてのグループを代表するロビーストたちとの折り合いをつけ，法案の詳細をメディアに説明する過程で，下院の委員会の代表を務めた。

　首都ワシントンで使われる専門用語では，「インサイダー」だったのである。

　1994 年の終わりに連邦議会を去った時，私は，法律事務所，大学，他の組織からの仕事の誘いを断った。代わりに，連邦法や政策に関する独立した客観的な分析を提供することを目指して，CEP を設立した。設立に踏み切ったのは，一定の立場を正当化するために事実を選択的に使う報告書や出版物であふれている中で，中立的情報が最も欠けていると思ったからだった。CEP はアメリカの公教育の状況に関して主要な州レベルの政策を分析し，報告書を作成した。CEP の財源に関しては，慈善財団からの助成金に限定し，政府の資金や教育機関からの支援は拒絶した。それは CEP の独立性を重視したからであり，政府の資金提供者の見解や民間の利害に影響されないようにするためだった。当時は，他の資金源よりも，財団の資金を基に独立性を保つことのほうが容易だったのである。

　数ある CEP の報告書の中には NCLB 法の実施に関する一連の報告書があったが，それはメディア，連邦議会，連邦教育省，大統領府，州や全米レベルにおいて教育界やビジネス界を代表する組織の関係者にとって必読書となった。これらの報告書は，ほぼ 10 年間にわたって定期的に刊行され，NCLB 法に関してタイムリーかつ包括的でわかりやすく，事実にもとづく情報を提供し，他の団体によるものとは比類のないものであった。2006 年には，教育分野の有力な新聞である『エデュケーション・ウィーク』が，教育界の全米のリーダーの世論調査を実施し，CEP は全米で最も影響力のある教育機関のランキングで上

位10の1つに入った。CEPはスタッフの数ではトップ・テンの中で圧倒的に最少であり，財源も最も少なかった。その他は，連邦議会，連邦教育省，ビル＆メリンダ・ゲーツ財団，そして定評のある大規模な組織であった[2]。

　このような2つの長い経歴の中で，現代社会における連邦教育援助の始まりから今日に至るまでの進化を目の当たりにする特等席に座る特権が，私に与えられていたのである。そのユニークで長期にわたる視点が，本書に収められた私の見解の土台となっている。そのような経験を基に，連邦援助，ならびに政策立案・決定の人間的側面を例示するのに相応しい，第一線で観察したり関与したりした出来事の50年史を提示する。

　教育における連邦政府の役割との長期にわたる関わりを通して，この支援や方向性から出てくる良い面に遭遇した。例えば，障がいのある子どもたちの通常学級へのインクルージョン政策，不利な状況にある子どもたちが成功するために必要となる追加サービスの提供等がそれにあたる。しかしながら，連邦政府のプログラムの限界や教育者や管理職にとっての苦難となったものについても見てきた。例えば，連邦教育法の公約を果たすため，十分な連邦予算を提供せずに，過剰な規制を管理職に課したことが挙げられる。

2.　連邦教育援助の再考

　連邦援助の実績を振り返った後に，将来に向けて異なる連邦政府の役割が必要だという結論に達した。私たちは，これまであまりにも間接的な方策を採用してきたが，今後は研究にもとづくもっと直接的な学校改善の方策が必要となっている。

　現在の援助プログラムと広範なテストの義務づけは，それが策定された時代に根ざしている。間接的な教育援助，ならびに広範なテスト実施への外部からの要求は，連邦政府が学校改善に向けて地方の教育者を励ます主要な方策だということが前提となっていた。どちらの方策も，学力格差を特定し解決策を講じるために生徒の学力データをより良く活用するようになったこと等の良い面もあった。しかし，賞賛に値する一方で，不利な状況にある生徒に少し追加の援助を提供するだけでは，有利な状況にある生徒にかなり多くの予算をつぎ込

むことを許容する学校制度においては，到底十分ではない。この致命的な欠陥は，憤慨している教員たちに広範なテストを強要するという，もう一つの欠陥と結びついてしまっている。私たちは，歴史にこだわらずに，アメリカの教育の質的改善のためにもっと直接的な手法を見出さなければならない。世界は急速に変化しているため，この目標は緊急のものである。

アメリカは，初等中等教育分野で 2 つの大きな問題に直面している。すべての生徒がより多く学ぶ必要があること，そしてすべての生徒が家庭の所得や所属学区の資産にかかわらず，同様に質の高い教育を受けなければならないことである。

一般的な認識に反して，アメリカの生徒の学力は過去と比べて下がってはいない。むしろ，困難な人口構造の変化にもかかわらず，全米学力調査の結果によると，生徒たちは学力において持ち堪えているか，点数が向上しているのである。他の指標でも向上が示されている。高校卒業率は史上最高となっていて，大学進学率は，1980 年以来著しく上昇していて，17 歳から 24 歳の高校中退者の割合は，70 年と比べて半分以下に下がってきている[3]。

このようなポジティブな傾向があるとしても，過去とは異なり，アメリカにとっての緊急な課題となるのは，他の国の生徒たちが教育を真剣に受け止めて，いくつかの重要な教育改善の指標で，アメリカの生徒よりも優れていることである。1940 年代から 90 年代までの期間に，アメリカは学力の指標で世界をリードしていたが，他の国の教育レベルが向上する中で，その実績は低下傾向にある。95 年に，アメリカの高等教育機関からの卒業率は，経済協力開発機構 (Organization of Economic Cooperation and Development, 以下「OECD」) 加盟国の中で，比較可能なデータのある 19 カ国のうちニュージーランドに次いで 2 位だったが，2010 年には 25 カ国中 13 位になっていた。このランキングの降下が起こったのは，アメリカのレベルが下がったからではなく，他の国々のレベルが上がったからである[4] (OECD は，世界の経済先進国の集合体であり，加盟国の経済と教育の傾向に関する情報を収集し追跡調査をしている)。

アメリカの生徒の学力を相対的に示すもう一つの指標は，生徒の学習到達度調査 (Program for International Student Assessment, 以下「PISA」) と呼ばれる国際学力調査にもとづくものである。2013 年に公表された結果によると，アメリカの

高校のトップの生徒でさえも，他の多くの先進国のトップの生徒よりも，数学で劣っている[5]。PISA は，主に生徒の英語，数学，科学の学力を測るテストで，生徒の問題解決能力，そして知識を現実の問題に応用する能力を測るように考案されている[6]。

　数年前のある会議で，オバマ大統領（Barack Obama）は韓国の大統領に教育分野の最大の問題は何かを尋ねた。李明博大統領は，韓国の親の「要求レベルが高過ぎること」だと答えた。最も貧しい親でさえも，子どもたちに世界水準の教育を強く要求し，韓国は毎年数百万ドルの予算を 1 年生の英語教育のためにつぎ込まなくてはならなかった。それは親たちが 2 年生になるまで待てないからだった[7]。

　世界規模の労働市場が今日存在し，アメリカ人の生徒は一旦学校を出ると韓国やその他の国の生徒と仕事を求めて闘わなければならない。私たちは，より高度な教育への要求をもたらしてきた経済変革や技術革新について，危険を覚悟で無視しようとしている。元教授でありカーター政権とクリントン政権で高官を務めたマーシャル・スミス（Marshall S. Smith）は，以下のように述べている。

　　グローバル経済の課題，複雑で激動する国際環境，技術とコミュニケーション分野の革命は，私たちの将来の繁栄を国レベルで確かなものにする必要性を劇的に増加させた。国家として，私たちは，生産的で安全な将来に導くために，人的資本の質に今まで以上に依存するようになっている。私たちの学校は，多くの人が考えているより良い状態にあるけれど，学校に変革を求め，より洗練されたものになるように要求しなければならない[8]。

　学校改善を私たちに迫る最後の要因は，アメリカにおける貧困の広がりと，それが貧しい家庭に生まれる子どもたちの人生における教育などの機会に与える影響である。連邦教育長官の公正と優秀性に関する委員会の 2013 年の報告書に述べられているように，アメリカは貧困に関する統計で，他の OECD 加盟国との比較で劣っている。

現在 22% を超えるアメリカの就学年齢の子どもたちの貧困率は，OECD 平均の 2 倍であり，フィンランドのような先を行く国々の 4 倍近くに上っている。加えて，このような子どもたちをリソースが欠乏する学校に集中させている点でも他国と大きく異なり，より一層貧困の影響を拡大させることになっていて，高い学力の達成をより困難なものにしているのである[9]。

このような 2 つの大きな問題 (広範な学校の改善と不利な状況にある生徒のためのより良い教育) を解決するには，アメリカは，その理想を追求していくべきであるし，すべての生徒に良い教育を本当に提供していかなければならない。

このような課題を踏まえて，現行の連邦レベルのプログラムや指示を改め，連邦政府が，州政府との協働により，教室内の指導と学習を直接的に改善することを目指すような新たな政策に置き換えることを提案する。この新たな手法の目的は，生徒の学校への準備状況の改善，教育力の質的向上，より難解なカリキュラムの習得の推進，学校への十分な予算の提供である。不公正な学校教育制度に，わずかな追加援助をつぎ込む現行の政策は，私たちが求めている教育の質をもたらしていない。その他の大規模なテストを要求する現行の連邦戦略も，広範な学力向上にはつながっていない。過去に根ざしたこのような改革は効果的でないものとして中止されるべきである。その代わりに，私たちは真の改善をもたらすような直接的で公正な方策を採用すべきである。

加えて，生徒が良き教育を受ける権利に関する，法的および憲法上の保障を整備しなくてはならない。ジョージ・ブッシュ第 43 代大統領 (George W. Bush) とバラク・オバマ大統領は，教育を現代の公民権問題として位置づけた。実際その通りであるが，大統領の単なる言葉だけでは，闘いに勝つことはできない。今求められているのは，1960 年代に権利のための闘いに勝つ手助けをした「公民権法」(Civil Rights Act of 1964) と，同じくらい強固な保障である。

本書は私自身の考えの大きな変遷を反映している。連邦議会で働いた約 30 年間は，重点的支援プログラムやスタンダード・テスト・アカウンタビリティの枠組みの策定の手助けをした。様々な公開フォーラムで，これらの方策の利点を述べ，批判に対して擁護する立場を取った。今の私の考えは異なっているが，それは，成果が十分出ないためであり，これ以上先延ばしにできないと感じる

ほど世界が急激に変化しているためである。もし私たちが改善をもたらしたい
のであれば，変化への抵抗を止め，新しくより良い方策を採用することに対す
る言い古された言い訳を一掃しなければならない。

　普段は舞台裏で参加していたので，本書を書くにあたって，これまでとは異
なる役割を果たすことになった。連邦議会で仕事をしていた時は，メディアの
注目を集めたのは選挙で選ばれた議員たちで，私は舞台裏で法案を作成し，法
案の議会通過のために尽力した。その過程で，様々な意見に耳を傾け，異なる
観点を尊重し，法案通過を確実にするために譲歩した。CEP での 2 つ目の仕事
では，事実が雄弁に物語るようにしたいと思った。ほぼすべての報告書は，研
究を遂行した専門家が著者となるようにし，自分の名前が著者として出ること
は極めて限定的にした。私は，世間の注目を集めることは望まず，むしろ控え
めな表現をすることで知られている。

　私がこのような個人的な要素について話に出したのは，アメリカの学校改善
の手法を変えなくてはならないし，迅速に徹底してやり遂げなくてはならない
と強く信じているからである。本書は，歴史を客観的な視点で見つめ，改善を
妨げている最も重大な問題を特定する研究を分析した上で，先に進むために取
られるべき一連の対策を提示している。

　公立学校改善のための全米の取り組みの再構成は，教育の領域でアメリカを
再び世界のリーダーにするだろう。しかし，異なる考えを持っている人たちが
いることも認識している。私が望むことは，この議論に参加することで，連邦
援助の過去の経験，ならびに連邦政府の介入の影響に関する研究結果を熟考す
る時間を取ることである。それが本書の刊行を通して私が目指したことである。

　2014 年春に，ジョージ・ワシントン大学の教育人間発達大学院のマイケル・
ファウワー研究科長（Michael Feuer）の誘いを受け，ゲスト講師をする機会に恵
まれた。スペンサー財団とその会長であるマイケル・マクフィアソン氏（Michael
McPherson）の支援により，連邦教育援助に関して研究し，執筆し，講義をする
時間を過ごさせてもらった。本書はその連続講義から生まれたものである。時
間を割いてこの本を読んで下さるすべての人に感謝するが，読者が，改善をも
たらすための解決策を何か実施してもらえればさらにありがたいことである。
知識があっても実行に移せなければ不十分である。アメリカの学校は，世界で

最高のものになりうるし，アメリカの生徒は知識が豊富でかつ創造的でありうる。しかし，私たちは実行に移さなければならないし，それをすべきなのは今すぐである。

　結局，50 歳の誕生日を祝っている人たちは，同じ道を歩み続けるか，人生を新しい方向に向けて進むかを決めることになる。連邦政策は，過去にやってきたことをやり続けることはできない。今こそ，新たな未来を見据え，新たな道を進んで行く時である。

第 I 部
公正を求めた闘い
—— 初等中等教育法の原点 ——

　合衆国は多言語国家であり，これまでもずっとそうであった。フランス
やドイツのように1つの支配的な国民性はなく，イタリアのように1つの
支配的な宗教も存在しない。奴隷の子孫であるアフリカ系アメリカ人は重
要な例外であるが，ほとんどのアメリカ人が，新しい生活を始めるために
自らの意志で世界の様々な国からやってきた先祖をもつか，自分たち自身
が移民である。

　このように多様性を有する国家において，ほとんどの人々が共にする制
度は少ない。公教育はこの理由からだけでも高い重要性を有しており，公
教育はほとんどのアメリカ人が共通に経験する数少ないものの1つである。
今日，全国の子どもたちの90％以上が公立学校に通っており，明日の指
導者や労働者や他の市民の圧倒的多数の者が，公立学校で教育を受けるこ
とになる。

　国家の安寧や国民の社会的一体性に対する公教育の重要性が，国の政治
家によって何十年にもわたって述べられてきたが，修辞のレベルを超えて
連邦政府が実際に公教育を支援することの難しさも明らかになってきた。
憲法上の理由とともに政治的理由があるが，なぜそうなのか。

　本書の第 I 部では，公立の初等中等教育における連邦政府の今日の役割
の創設をめぐる政治闘争を描く。より大きな公正さを学校教育にもたらす
ことが，この連邦関与の最初の焦点であった。しかし，多くの意見では，
この努力は期待されたほどの教育の成果をもたらさなかった。最終的に，
このことは学習スタンダードとテストとアカウンタビリティにもとづく異

13

なるアプローチにつながった。

　第Ⅰ部では，連邦政府がどのようにして教育政策の中心に公正の追求を置くようになったのかを示し，その政策の施行と発展を形作った政治的諸力について検討し，生徒の学習へのタイトルⅠによる援助の初期の効果を検証する。

第1章
初等中等教育法への道のり

　合衆国憲法は国家の複雑な政府機構を定めており，各州の憲法も政府機構についてその複雑さを反映した規定を設けている。アメリカは連邦制を採用しており，集権化された政府制度をもたない。連邦，州，地方の3つのレベルの政府があり，それぞれが自らの権限を有している。また，各レベルには行政，立法，司法の3部門があり，それぞれが自らの責任領域をもっている。この複雑な機構は権限を集中させるのではなく分散させるために創設されたものであり，多くのヨーロッパ諸国でみられたような中央政府の手にすべての権限を置くことを，憲法の作成者たちは避けようとしたのである。多くのヨーロッパ諸国では，王や女王が「臣民」に対して絶対的な権限をもっていた。合衆国におけるこの権限の分散のマイナス面としては，措置を講ずること，特に危機が生じたときに迅速な措置を講ずることが困難な点がある。

　アメリカの制度において，地方，州，連邦の各政府が明確な責務を有しているケースがある。例えば，国防や外交は連邦政府に付与された責務であり，建築許可証の発行は通常は地方の役割である。しかし，責務の付与が明確でない場合があり，また，責務が時間とともにあるレベルの政府から他のレベルの政府へ移行したり，2つのレベルで共有されたり，3つのすべてで共有されたりする場合さえある。教育は3つのレベルの政府が関わってきた領域であり，近年，新しい責務が各レベルの政府に生じてきている領域でもある。

　当然のことながら，新しい社会的課題が顕在化すると，3つのレベルの政府間で緊張が生じることになる。国家が公教育の改善に乗り出し，その取り組みへの連邦政府の支援が増大したりする場合が，まさにこれにあたる。

　教育が合衆国においてどのように管理運営されているのかを簡単に振り返ってみることは，このような緊張関係を理解するための背景として役立つ。公立学校を運営してきたのは，主として地方学区と州政府であった。教員給与や学校のカリキュラムのような重要事項を地方教育委員会が決定し，州は教員にな

るために必要な資格や，子どもたちが学ぶべき広い知識や技能のスタンダード
などの肝要な領域について定めている。このような責務と符合して，学校経費
の約90％が州と地方政府で賄われている。

　アメリカの歴史の全体を通じて，連邦政府もまた学校教育に関わってきた。2
世紀以上にわたる連邦政府のこの教育への関わりは，合衆国憲法修正第10条
が学校への連邦援助を禁じていると信じている人たちにとっては，驚きかもし
れない。合衆国憲法により連邦政府に委任されず，また州に対して禁止されて
いない権限は，州およびその人民に留保されることを，1791年に制定された修
正第10条は定めているのである。

　しかしながら，修正第10条の制定前もその後も，連邦政府から交付された
土地の収益で公立学校を設立することを，連邦議会は準州が州になる時に求め
ていた。南北戦争期の半ばには，リンカーン大統領が州立大学の設置のための
法律に署名を行った。南北戦争後には，共和党が多数を占める連邦議会は，解
放された奴隷のための学校を南部州に設置することを定めた。20世紀になる
と，連邦議会は職業教育や学校給食プログラムへの連邦援助を始め，第2次世
界大戦後には退役した兵士に大学や中等教育後の職業訓練のための援助を定め
た。

　このように，アメリカの歴史のほとんどで，連邦政府は教育に何らかの関わ
りをもってきた。この連邦の役割に対して異議が出される時，合衆国憲法の他
の条項，特に「合衆国の一般の福祉」のための連邦資金の支出を認めた条項に
言及することによって，裁判所は連邦の役割を支持してきた。学校に影響を与
える連邦の活動に関する論議で修正第10条を引き合いに出すことができよう
が，教育への連邦の関与は私たちの歴史においても合衆国憲法の法的解釈にお
いても確固とした基盤があるのである。

　長く続いてきたとはいえ，初等中等教育への連邦援助はほとんどの学校の通
常の運営に大きな影響を与えるようなものではなかった。しかし，1960年代に
変化が生じた。全国の教室で行われている日々の教育に連邦政府が関与するよ
うになったのである。この移行は簡単なものではなかった。この変化がもたら
した衝撃を理解するためには，1960年代より前に公立学校がどのように運営さ
れていたのかをまず知っておく必要がある。

1.　1960 年代より前の公立学校の教育

　地理的に合衆国は非常に大きな国である。建国後間もない 18, 19 世紀には，特に当初の 13 植民地を越えて拡大していった地域では，人口が少なく人口密度も低かった。準州が州になる時に連邦政府が公立学校の設置運営を奨励したことから，西への人口移動に伴い学校教育が行われる領域も広まっていった。

　この地理的な広大さと州と連邦政府が実質的な責任を担う能力が限られていたことから，合衆国において学校教育の 2 つの特有のやり方が発展した。第 1 に地方で選出された委員からなる教育委員会が自分たちの学校の教育を管理するということであり，第 2 にこのような委員会が自分たちの学校を維持するための資金を調達する責任を有しているということである。

　公教育のこの地方的性格の全体像を捉えるために，次の事実を考えてみよう。学区の多い州も少ない州もあったが，1939–40 年度には全国で 11 万 7108 の学区が存在していた。学区数は 1965–66 年度までに 2 万 6983 に減少したが，2009–10 年度でも 1 万 3620 の学区が残っている。学区の統合は，地方における人口の減少，より大きな学区のほうがより多くの教育課程の提供が可能になるとする改革者の主張，そして道路や他の交通手段の改善によって行われた。1940 年でも学区数が非常に多いことは，アメリカ教育の地方的性格の伝統を表すものであり，依然としてかなり多くの数の学区が残っていることから，この地方的性格が今日でも生きていることが示されている[1]。他の国々はそれぞれ異なる歴史があるが，アメリカの学校教育にみられるほどの地方統制はない。

　他の多くの経済先進国においてと同じように，合衆国の一般の人々は時代とともにより良い教育を受けるようになった。1940 年には，17 歳の過半数がハイスクールを卒業するという画期的な時期をアメリカは迎えている[2]。

　当時，初等中等教育の地方統制は依然として強く，このことは公教育費の財源負担に示されている。1940 年では，公教育費の約 68％ は地方税で賄われ，州が 30％ くらいを提供し，連邦政府は残りの数％ を担うくらいであった[3]。

　障がいのある子どもたちは家にいるか，州の施設や地方の隔離された学校に送られた。英語を話せない子どもたちが，特別のプログラムなしに英語を学ばなければならないことも稀ではなかった。女子と男子が別々の学校に通う学区

もあった。1954 年のブラウン対教育委員会事件判決にもかかわらず，1960 年代まで人種によって分けられた学校が南部諸州だけでなく多くの北部の学区においても一般的であった。

　州憲法は公教育に関する州の権限を定めていたが，州政府がこの権限を積極的に行使することは伝統的になかった。通常，州知事や州議会は州の学校財政制度の見直しに自らの役割を限定し，前述のように，教育への財源負担は地方教育委員会よりも少ないのが一般的であった。

　連邦政府の役割はもっと限定されていた。学校給食や職業教育，数学と科学の分野の教員養成プログラムのための資金が連邦政府から出されたが，これらは学校の維持にとって補助的なものにすぎなかった。しかし，1960 年代が近づくにつれて政治的情勢が変わり始め，公教育のガバナンスと財政がアメリカ史のそれまでの数十年とは異なる展開をみせるようになった。

　第 2 次世界大戦後，連邦政府の限定された役割を変えようとする一般の人々の要求が生まれた。兵士が戦争から戻って家庭をもつことからベビーブームが生まれ，それにより 1940 年代後半から 1950 年代にかけて学校在籍者が大幅に増大した。親は子どもたちにより多くのより良き学校を求め，どのレベルの政府であれそのための措置を取ることを望んだのである。連邦レベルの政治家がこの要求に応えることになる。

　1946 年，連邦議会上院は連邦教育援助法案について審議を行っている。同法案の審議において，提案者のロバート・タフト上院議員（Robert Taft，共和党：オハイオ州）は自らの信念を次のように述べている。

　　教育は第一義的に州の権能である。しかし，教育は健康や困窮者救済，医療と同じように，合衆国のすべての成人と子どもたちにとって欠くことのできないサービスであり，連邦政府はこのような領域のサービスの必要最小限の基準が確保されるようにする第二義的責務を有している[4]。

本法案は制定されなかったが，この問題は 1948 年にも審議された。その審議過程で，タフトはさらに前の連邦議会法案に対する自らの立場を振り返りながら，それがどのように変わったのかを説明している。

　4年前，この問題 (連邦教育援助) に関する当時懸案の法案に私は反対したが，合衆国の多くの子どもたちが教育を受けないままになっていることが，審議の過程で明らかになった。また，その後調べてみると，次のことも明らかになった。このような状況は必ずしもその子どもたちが居住する州の過失ではなく，むしろ州の財政能力によるものであること，文字を読み書きできなかったり教育を欠いたりしている人が合衆国にいるという現状に対処する方法を，私は連邦援助なしには見出せないこと，そしてこれは富が合衆国の平均よりも低いと考えられている州にとって特にそうであることである[5]。

　1948年，ハリー・トルーマン (Harry Truman) 大統領は公立初等中等学校への連邦政府の一般援助を支持することを表明したが，彼自身は法案を連邦議会に提出せず，タフト上院議員が作成した法案を支持した[6]。トルーマンはフランクリン・ルーズベルト (Franklin Roosevelt) 大統領のもとで副大統領を務め，彼の死後大統領職を継ぎ，1948年に選挙で大統領に選出された。

　タフトの法案は上院で可決されたが，下院を通過することができなかった。当時，下院は教育法案の墓場であった。

　何年も後の1967年，私が下院教育労働委員会で働き始めた時に，同委員会の議員たちは，ジョン・ケネディ (John F. Kennedy, 民主党: マサチューセッツ州) もリチャード・ニクソン (Richard Nixon, 共和党: カリフォルニア州) もこの委員会の委員であって，1940年代にはともに連邦援助法案を否決する票を投じたが，それはまったく異なる理由からであることをよく話してくれた。ケネディ下院議員はカトリック学校への援助が除外されたために反対し，ニクソン下院議員は学校への連邦介入を理由に反対したのであった。何十年にもわたって連邦援助が直面してきた主要な障害を，これらの理由は示している。

　1940年代と50年代の初めにおいて，タフトは共和党保守派のリーダーと考えられていたので，彼が連邦援助を支持したことは特に重要であった。1952年にタフトは大統領選に出馬したが，ドワイト・アイゼンハワー (Dwight D. Eisenhower) 将軍に共和党の大統領候補指名選挙で敗れた。アイゼンハワーは民主党候補のアドレー・スティーブンソン (Adlai Stevenson) を破って大統領選に勝利し，共和党が多数を占める連邦議会をもたらすことになった。

　もしタフトが 1952 年の共和党の大統領候補指名選挙で勝利し，その後に共和党が多数を占める議会とともに大統領に就任していたとしたら，何が起こったのかを考えてみるのは面白い。共和党が大統領も議会も支配した 1950 年代初期に，連邦政府は教育への一般援助を実現しただろうか。タフトは連邦援助へのこれまでの障害を回避する方法を見つけることができたのだろうか。もしできたとしたら，教育における連邦政府の実質的な役割は，実際よりも 10 年ほど前に実現していたであろう。

　一方，民主党ではこの間に何人かの議員が教員給与や校舎建築のための重要な法案を提出していた。しかし，1954 年に民主党が連邦議会で多数を占めた時，民主党議員は重要な連邦教育援助法を制定させるための障害を乗り越えることができなかった。主に，アイゼンハワー大統領がリーダーシップを取らなかったことによるものであった。

　その代わりに民主党議員は，ソビエト連邦が合衆国よりも先に人工衛星を打ち上げたことから生じた不安をうまく利用した。両国は地球を周回する人工衛星を最初に打ち上げ，それによって科学技術の優位性を示そうと競っていた。これは冷戦期のことであり，ソビエト連邦が共産主義の優位性を示そうとした一方で，合衆国と西ヨーロッパの同盟国は民主主義の価値を主張していたのである。

　スプートニクが地球を回り始めると，合衆国はソビエト連邦の科学力に驚かされることになった。連邦議会は科学と数学の教育の改善に焦点を当てた目的の限定された法案を可決することでこれに対応し，アイゼンハワー大統領が署名して法律が制定された。この 1958 年の「国家防衛教育法」(National Defense Education Act, NDEA) は補助金額も目的も限定されていて，一般援助や教員の給与への重要法案とは異なるものであったが，教育への連邦政府のさらに大きな関与に向けたドアが後に開かれるのに寄与した。

　1950 年代の終盤まで，一般援助や教員給与あるいは校舎建築への援助のための補助金の主要な提案は，次の 3 つの議論のためにどれも成立しなかった。第 1 に，連邦援助を受領するために学校での人種分離を止めなければならなくなることを恐れて，南部議員が連邦援助に反対したことである。1954 年のブラウン判決にもかかわらず，南部の学校は多くが依然として人種によって分けられ

ていた。第 2 に，私立学校の支持者が私立学校を連邦援助の対象とするよう求
めたことである。特にカトリックの司祭はこの問題について断固とした立場を
とり，私立学校を援助の対象としない法案はどのようなものであれ制定を阻む
ように議員に働きかけた。この問題のもう一つの側には公立学校組織があった。
なかでも全米教育協会 (National Education Association, NEA) は，カトリックの司
祭が私立学校への援助を支持したのと同じように強固にそれに反対し，私立の
宗教学校への援助を阻むために影響力を行使した。第 3 の障害は，連邦政府の
財政援助がカリキュラムや教員の雇用などの連邦統制につながることへの恐れ
であり，これらは伝統的に地方の裁量事項と見なされてきたものであった。一
般的に，保守派のほうがリベラル派よりもこの連邦統制の問題を重視した。タ
フトが保守派でありながら連邦援助を支持したことの重要性がここにある。

　ロバート・タフトが大統領になっていたら，連邦統制の問題を他の 2 つの障
害と同じように回避する方法を見出すことができたかもしれない。しかし，そ
のようなことにはならず，問題の解決はその後の大統領に残されることになっ
た。成功への道は一般援助や教員給与，校舎建築から離れて，違うタイプの援
助に通じていた。言い換えれば，特別の目的に焦点化され制限されたやり方で
のみ，連邦政府は学校への補助金の支出を行うことができたのである。

2.　貧困問題の克服に決着

　アイゼンハワー大統領は 1950 年代の国政を象徴していた。第 2 次世界大戦
中にナチスとの戦いに勝利を収めた連合国の最高司令官として，彼は穏やかで
有能なリーダーシップの雰囲気をもって軍隊を指揮した。アイゼンハワーは
1950 年代のほとんどの期間に大統領職にあり，大統領としての彼の振舞いは，
国家が安全な状態にあることを国民に確信させるものであった。彼の政治哲学
はほとんどの決定を州や地方政府に委ねることであった。第 2 次世界大戦に勝
利するために国によって多くの人と物資が動員されたその後の時代に，この姿
勢は適していた。

　しかし，1950 年代が終わりを迎えると，アイゼンハワー大統領の政治姿勢が
国家の問題に対処するのに適しているという合意も，終焉を迎えることになっ

た。貧困問題の重要性が高まり，マイケル・ハリントン（Michael Harrington）の
貧困と飢餓に関する著書が，この問題に対する認識を高めた[7]。ブラウン判決
から 5 年も経つのに南部では人種統合が遅々として進まない状況に，アフリカ
系アメリカ人は不満を募らせていった。概して，親たちは子どもが通う学校で
満足のいくような改善がなされるのを見ることができなかった。

　1959 年の大統領選挙戦で，ジョン・ケネディは増大する不満に訴えて，教育
や公民権や飢餓に対処するために，国家のもっと積極的な行動を求めた。対立
候補のリチャード・ニクソンは，もっと慎重な姿勢をとった。ケネディが勝利
を収め大統領に選出されると，彼の政権はこれらの問題に対処するための法案
を作成し，そこには大規模な教育援助法案も含まれていた。

　連邦議会議員としてのケネディは，私立学校に利益をもたらすものでなけれ
ば連邦援助に反対したが，カトリック教徒の最初の大統領としてのケネディは，
私立学校を含まない援助を提案した。政治には，主張は立場を反映するという
ことわざがある。連邦議会では，ケネディはカトリック教徒の多い選挙区から
選出されていた。大統領としては，彼はより広い選挙民を代表していたのであ
る。しかし，他の要因も関わっていった。大統領選の間に，カトリック教徒で
あるのでその宗教の立場を代弁するだけになるという非難に，ケネディは対抗
しなければならなかった。カトリックから独立した立場を有していることを示
す機会を，この教育法案は彼に与えることになったのである。

　ケネディの政治的動機が何であれ，教育などに関する彼の法案は動かしがた
い障害に直面した。下院には特有の問題，下院本会議までの法案審議の流れを
コントロールしていた議事運営委員会の問題があった。南部の民主党議員がこ
の委員会を支配し，連邦政府の活動は南部の人種により分離された生活様式を
危険にさらすため，彼らはケネディの熱意を共有することはなかったのである。

　1963 年のケネディの暗殺は国民に衝撃を与え，政治の現状を打破することに
なった。新大統領のリンドン・ジョンソン（Lyndon Johnson）はケネディの政策
を引き継ぎ，ケネディ政権の副大統領になる前に上院の優れた多数党院内総務
として磨いた政治手腕で課題に取り組んだ。

　翌年，ジョンソンは選挙で大統領に選出された。就任宣誓後も，彼は引き続
きケネディの教育政策を積極的に進め，前大統領が行ったよりもうまく政策を

遂行した。1965 年にジョンソンは連邦教育援助法案の制定につながる道筋を見出した。彼のアプローチは，学区に居住する低所得家庭の子どもたちの数を連邦援助の基準にすることであった。この戦略は 2 つの目的に役立った。第 1 に，それが当時の時代思潮に適合していたことである。より大きな公正を実現すること，そして貧困や飢餓の影響に焦点を当てることは国家的問題であり，ケネディ―ジョンソン政権の政策の根本をなしていた。第 2 に，この戦略が宗教系私立学校の問題に妥協の余地を生み出したことである。ジョンソン政権の提案は，私立学校に通っている貧困家庭の子どもたちへの教育も連邦援助の対象とする一方で，その管理権を公立学校を所管する学区に与えようとするものであった。この解決策はこの問題の両陣営を十分には満足させるものではなかったが，カトリック司祭も全米教育協会もジョンソンが法案を成立させる強い意志を持っていることを理解し，嫌々ながらではあるがその妥協を受け入れたのである。

　南部議員は人種によって分離された学校制度を保持したいために連邦援助に反対していたが，「初等中等教育法」(Elementary Secondary Education Act, 以下「ESEA」) の 1 年前に，ジョンソン大統領が 1964 年の「公民権法」(Civil Rights Act) を制定させたことによって，この障害は克服された。同法は人種分離学校の廃止を加速させる方途を連邦政府に与えたのであった。このことは，連邦援助法が制定されない場合でさえも，学校の人種統合への連邦政府の圧力が高まることを意味していた。

　最後に，連邦教育統制の恐れは 1964 年の選挙における民主党の圧勝によって解消された。この勝利は部分的にはケネディ暗殺の影響によるものであった。民主党が上下両院で多数を占め，南部以外の地域の民主党議員は，連邦教育統制に関する保守派の懸念を一般的に共有していなかった。別の言い方をすれば，ジョンソン大統領の地滑り的勝利とともに 1964 年に新たに選出された多くの議員を含めて，連邦議会にはリベラル派の議員が多くなり，連邦教育統制への反対は脇へ押しやられることになったのである。連邦統制の問題が法案制定の障害とならないことをより確かにするために，連邦職員は学校のカリキュラムや教育に関していかなる統制権も行使することができないという規定が，法案に盛り込まれた。

　ESEA となる法案は議会ではなくジョンソン政権によって作成され，草案が

議会に提出された。法案はわずかな修正がなされただけで記録的な速さで議会を通過した。修正は私立学校規定に関する技術的なものと，不利な状況にある子どもたちのためのタイトル I プログラムのもとでの補助金の配分方法の変更という重要な修正とがあった（法律の大きな括りは「タイトル」と呼ばれている）。ジョンソン大統領と議会の法案支持者は，審議を早く進めることが伝統的な論争，特に宗教系私立学校問題に関する論争で動きが取れなくなるのを回避する唯一の方法と思っていたのである。

　ジョンソン政権の草案に対してなされた配分方法に関する修正は，北部諸州，特に北部の大都市がタイトル I のもとで受領する補助金を少し多くしようとするものであった。新しい補助金で自分が公正な配分と考える額を，自分たちの学校は受領することになるのか。本修正案の採択は，このことに議員がいかに関心があったのかを示している。ジョンソン大統領が連邦議会に提出した法案は，10 年ごとの国勢調査で示される年収 2000 ドル以下の家庭の子どもたちの数にもとづいて，タイトル I の補助金を州や学区に配分することを求めるものであった。国勢調査では南部の州に貧困家庭の大きな集中がみられるので，この配分方法を用いると南部諸州が補助金の多くを受けることになる。北東部，大西洋岸中部，そして中西部の大都市から選出された議員は，南部州よりも生活費が高いことを理由に反対した。北部の都市では家庭の所得が 3000 ドルでも貧困状況にあると，これらの議員は主張したのである。本法案の審議を所管する下院教育労働委員会は，北部の都市部出身の民主党議員が委員の多数を占めたので，これらの議員の見解は重要であった。

　年 2000 ドル以上の生活保護費を受けている家庭を国勢調査から得られる貧困家庭の数に加える修正案を，ローマン・プシンスキー議員（Roman Pucinski, 民主党: イリノイ州）が提出した。プシンスキーは私と同郷の議員であって，初等中等教育に関する彼の小委員会のスタッフの長にするために 1967 年に私をワシントンに連れてきた人物である。この修正案は下院委員会で採択され，貧困家庭の子どもの対象数が約 10 % 増えた。この数は北部州のための補助金の増額に十分なものであった[8]。北部の州は南部の州よりも生活保護費が高く，これらの家庭を含めることによって北部州もまた利得者になったのである。

　下院で法案を可決させるためには，委員会の都市部の民主党議員の支持が必

要であったため，ジョンソン大統領は仕方なくこの修正案を受け入れた。しかし，彼は他のいかなる重要な修正も拒否した。上院はその独立性と，すべての法案にどのようなタイプの修正案であれすべての議員が提出する権利を有することを誇りとしていたが，上院において本法案の提案者のウェイン・モース議員（Wayne Morse, 民主党：オレゴン州）が，法案の審議を進めるためにすべて修正案を撃退した。このようにして，上院は下院を通過した法案を修正なしに可決したのである。

　上院における審議過程で，新しい連邦補助金はどのように学区に届くのかという質問が議員から頻繁に出され，モース議員はそれに対する説明に法案の審議時間の多くを使った。彼の説明はタイトル I の目的に関する論点に及んでいる。

　　本法案の目的は，州ごとに，貧困学区やスラム学区，困窮学区などと呼ばれている学区の水準を，その州のより恵まれた学区の水準に近づくように高めること，低いレベルの学校と高いレベルの学校の格差を縮めることである。貧困家庭の子どもがすでに高いレベルの学校に通っているとすれば，彼は私たちが与えようとしている教育機会をすでに得ているものとみなす[9]。

本法案に関する上院委員会の報告書は，補助金支出のこの焦点についてさらに説明を行っている。

　　この問題に対処するために使用されたり開発されたりすることのできる技術や設備や資料が欠如しているのではなく，それらを最も必要としている学区が必要な財政支援を最も提供できないでいることについて，教育長や教育指導者や研究者は証拠を示してきた。教育的に剥奪された子どもたちへの援助が，わが国の幅広い改善への基本的アプローチであると証言している人たちの間には，全員に一致すると言っていいくらいの合意があった[10]。

　下院では，本法案の主要な提案者であるカール・パーキンズ議員（Carl Perkins, 民主党：ケンタッキー州）が，法案審議における発言で同じ意見を表明した。彼は

後に 12 年間，私の上司であった。

　多くの田舎や小さな学区において，タイトル I の影響で 1966 年度の地方学
校予算が 30% ほど増加することになろう。このような地域では，地方の財
源不足のために，学区は新しい教育技術や新しい設備や適切なカリキュラム
についていくことができなかった。これらの学区のほとんどにおいて，生徒
一人当たりの平均支出は，その学区が位置する州の生徒一人当たりの平均支
出を大きく下回っている[11]。

　連邦議会の主要なリーダーたちが，教育プログラムの改善のために追加財源
を必要とする学区に対して，その財源を提供することを望んだのは明らかであっ
た。タイトル I 資金は貧困にもとづいて配分されるために，不利な状況にある
生徒は補助金の交付を通じて支援を受けることになろう。これらの議員や学校
の指導者たちは，これをどのように行うかを教育者はわかっているものとして，
そのことについてほとんど疑いをもたなかった。問題を解決するための財政手
段を教育者に与えるだけの問題であった。
　これらの点をもっと直接的に述べるなら，連邦議会で法案の制定を担った人
たちは，問題は資金の不足であって，子どもたちをより良く教育するための専
門的知識技術の欠如ではないと信じていた。タイトル I は財政援助の仕組みで
あって，教授学習過程に関する特定のアプローチを支持する手段ではなかった。
しかし，問題は資金調達にだけ限定されるのではなく，資金がどのように用い
られ，資金を受ける学区に学習の成果に対してどのようにアカウンタビリティ
をもたせるのかにも問題が及ぶことを，後に連邦議会は確信するようになる。
　1965 年に，ジョンソン大統領は ESEA を，国の社会状況を改善するための
彼の「偉大なる社会」(Great Society) プログラムの要石と考えていた。ジョンソ
ン大統領はアメリカにおいて飢餓や貧困をなくしたいと思い，この目的を達成
するために連邦政府の資源を用いようとした。「メディケア」「メディケイド」
「ヘッド・スタート」や他の多くのプログラムが，この目的の達成に依然として
役立つ確固たる施策として今日でも残っているが，この構想の一部として始め
られた他のプログラムにはほとんど成功せずに立ち消えになったものもある。

　国内により大きな公正さをもたらすという「偉大なる社会」政策の最も高い期待の中には，新しい教育法に委ねられたものがあった。大学を卒業後，ジョンソンは貧困の集中した学区で教員を務め，変化を生み出す教育の力を信じていた。1965年のESEAに署名する時に，彼は次のように述べている。「私がこれまで署名した，あるいはこれから署名するいかなる法律も，アメリカの将来にこれほど重要な意味をもつものはないと，合衆国の大統領として私は深く信じている」[12]。

第 2 章

連邦教育援助の目的の焦点化——1965–1978 年——

　1965 年の制定時には，ESEA は 5 部構成であった。本法の補助金の約 90 %
を占めるタイトル I は，各学区の貧困家庭の子どもたちの数にもとづいて学区
に新しい財源を配分した。本法のタイトル II からタイトル V は図書館の書籍，
刷新的プログラム，研究，そして州教育省の拡充への補助金の支出を定めてお
り，州教育省の拡充は州が新しい援助プログラムを運用できるようにするため
のものであった。

　ESEA の初年次の歳出予算は 11 億ドルで，当時としては巨額であった。し
かし，これよりももっと重要なことは，ジョンソン政権が 1969 年までに一挙
に 80 億ドルまで歳出予算を増額することを，その後は，サムエル・ハルペリ
ン（Samuel Halperin）の表現を借りれば，「年間わずか 80 億ドルよりもはるかに
多い支出金額」にする規定を設けていたことである[1]。ハルペリンは同政権で
ESEA の制定において主要な役割を担った一人であった。不運にもベトナム戦
争の経費がこの目的の達成を妨げることになったが，法律の規定の仕方からす
れば，ジョンソン大統領が大きな補助金額を考えていたことに疑問の余地はな
かった。

1.　連邦援助の目的に関する論争

　新法で規定された目的は，「全国の初等中等学校における教育の質と機会を強
化し改善すること」であった。タイトル I の個別の目的は，次のように表現さ
れていた。

　低所得家庭の子どもたちの特別な教育的ニーズと，適切な教育プログラムを
　維持する地方教育当局の能力に低所得家庭の集中が与えている影響に鑑み，
　連邦議会は次のことを合衆国の政策としてここに宣言する。すなわち，低所

得家庭の子どもたちが集中する地域の地方教育当局に（本タイトルに示されたように）財政援助を行い，教育的に剥奪された子どもたちの特別な教育的ニーズに対応するのに特に役立つような（就学前プログラムを含む）様々な施策によって，その子どもたちの教育プログラムを拡大し改善することである[2]。

　ESEA の制定後まもなく，タイトル I の目的規定の以上の文言が正確には何を意味するのかをめぐって論議が起こった。貧困家庭の集中する学区では，その財源不足が特に貧困家庭の子どもたちに良き教育を提供する能力を損ねてきた。タイトル I の文言は，新しい資金がこのような学区の一般財源を強化することを意味するものなのか。あるいは，これらの文言は，新しい補助金が一般財源とは別の追加的な資金であり，「教育的に剥奪された子どもたち」のための特別で個別のプログラムに学区で割り当てられるべきことを意味するのか。法案の主たる提案者であったパーキンズ下院議員とモース上院議員の行った説明は，彼らが第 1 の解釈寄りであることを示していた。しかし，（当時は連邦保健教育福祉省の一部であった）連邦教育局には，後者の意見を表明する者もいた。

　法律自体が曖昧で両見解を許すものであった。この不確定さの主要因は事業全体が新しいものであり，このような法案を起草した経験がほとんどなかったことである。しかしまた，第 1 章で検討したように 3 つの大きな障害が何十年にもわたって連邦援助を阻んできていて，この障害を乗り越えることができる法案をまとめ上げるのに，政治力学が必要であった。曖昧さが合意を生み出すのに役立った。様々な見解の人たちが自らの意味をその言葉に読み込むことができたからである。曖昧であるというこの手法は連邦議会では決して稀なことではなく，連邦議会では相互に異なり強く主張される多くの見解の対立を抑える必要があった。しかし，この手法は法案の制定に役立つものであっただろうが，論争の種をまくことにもなり，ESEA の制定後にその論争の芽が育っていくことになる。

　法律が制定され歳出予算が支出されると，資金が州や地方学区に配分され始めた。教育関係者たちは学校改善のための新しい資金を得ることを喜んだ。ESEA の初年度において，連邦教育局は巨額の資金の配分と同時に，資金の使用規則の策定のための法の解釈という大きな課題に直面することになった。新

しいプログラムの運用について連邦政府が明確な指針を打ち出す前に，地方学区は資金を得ていたのである。

　1967年，ベトナム戦争への国民の反対が主要因となって，ジョンソン大統領は再選への出馬を断念した。1968年，リチャード・ニクソン（Richard Nixon）が大統領選に勝利し，連邦議会においても多くの新しい共和党議員が誕生した。ニクソンと共和党員の勝利は，ベトナム戦争のためだけでなく，ジョンソン大統領の「偉大なる社会」プログラムへの国民の支持の低下によるものでもあった。そのため，新大統領はこれらのプログラムをまったく廃止したり，簡略化したり，そのための補助金を減額したりしようとした。

　教育については，ニクソン大統領はESEAを廃止し，制限のない包括的補助金として各州に資金を提供しようとした。しかし，彼はまた補助金の相当額の削減を望んでいたため，彼の提案する包括的補助金ではESEAの下でよりも教育への支出は減少するものであった。

　ニクソン大統領の教育提案に対して，連邦議会での第1の反対者がパーキンズ議員であった。パーキンズ議員は民主党員で，ケンタッキー州の東部山間地方の出身であり，この地方はとても貧しく石炭以外にほとんど産業がなかった。パーキンズ議員はまさにこの地方の土地柄を表す人物であり，鼻声訛りで話す現役の農業従事者で，ワシントンでもファッショナブルとは言えないサイズの合わないスーツを着て，体を傾かせながら歩き，まったく気取らない人であった。

　パーキンズ議員の選挙民は十分な教育が受けられず，彼の学区は財源がほとんどなかった。ジョンソン大統領と同じようにパーキンズ議員は大学卒業後に学校の教員になり，後にロースクールで学んだ。今日ではパーキンズ議員は政治的にはポピュリストで，必ずしもリベラル派とは見なされていないであろう。彼の地域は他にほとんど財源がなく，産業を引きつけるようなものもなく，地域が栄える唯一の方法が連邦援助であったため，彼は連邦援助に対して賛成票を投じた。彼は南部人とされ南部の民主党員とつながりがあったが，1964年の公民権法に賛成票を投じた。同法に賛成した南部民主党議員は2人だけで，彼はその1人であった。

　後に私は12年間パーキンズ議員のもとで働いたので，彼を「カントリーボー

イ」と見なすもっと垢抜けした議員がいたことや，「おとうちゃん」と呼ぶ議員
も少なからずいたことを知っている。しかし，こうした議員たちはパーキンズ
議員の知性を過小評価していて，これは大きな誤りであった。彼はエリート大
学の学位を持っていたとは言えないかもしれないが，人々の本性というものを
理解していた。彼はまた自らの選挙区のために休むことなく働き，会期中は毎
週末に選挙区に戻り，議会がない時はずっとそこにとどまった。

　パーキンズは私が最も尊敬する連邦議会議員であり，私たちは一緒に多くの
時間を過ごし，法の制定にあたったり政治や政治家について話したりしたので，
彼は私が最も多くを学んだ議員でもあった。連邦議会に勤務した 27 年間に，私
は多くの公職者を知るようになったが，その中でパーキンズ議員が最も献身的
で最も勤勉な政治家だった。貧しく忘れられた人々の支援への彼の献身は，注
目すべきものであった。ニュース・メディアで絶えず引用されるけれども法案
をまったく通すことのない同僚を，議員たちは「見せ馬」と呼んでいたが，パー
キンズ議員は「見せ馬」ではなかった。彼は，宣伝活動を控え，法律を法令集
に載せる「働き馬」であった。

　ニクソン大統領にとってパーキンズ議員は手ごわい対戦相手であり，パーキ
ンズ議員は下院教育労働委員会の委員長としてのあらゆる権限を用いて，大統
領の提案とたたかった。この全力を投じた救援活動において，パーキンズ議員
は全国の公教育に関する諸組織と緊密に連携した。彼は根気強く全国各地で公
聴会を開き，ニクソン大統領の提案が可決された場合に失うことになる正確な
金額を，地方教育長に伝えた。地方からの反対のためにニクソン大統領の提案
は葬られ，ESEA は改正されて引き続き施行された。当時，補助金は目的が絞
られた援助というよりも一般援助のように用いられたので，地方の教育行政官
はほとんど制限が付されないこの追加資金の受領を望んだのである。

　しかし，ニクソン大統領の提案が失敗した後，ESEA の補助金について地方
行政官が享受していた自由は，連邦教育局がより積極的な役割を担うようにな
るにつれて縮小し始めた。貧困家庭の子どもたちの支援者が 1960 年代後半に
出した報告書によって，この連邦教育局の行動は誘発された側面があり，学区
が例えばプール建設のようにタイトル I 補助金を誤用している事例を，支援者
たちは明らかにしたのである[3]。

　1970年代には，不利な状況にある子どもたちがタイトルⅠ補助金の支払われたサービスを受けていることを示す証拠を，連邦教育局の職員は地方学区に求めるようになった。連邦プログラムは連邦政府によってそれまでよりも厳しく規制されるようになり，規則の遵守に対する連邦政府の監査が増えていった。この間，連邦議会もまた補助金の受領に対する付帯条件を増やした。このようにして，連邦援助は不利な状況にある特定の生徒たちのニーズへの対応に厳密に焦点づけられるようになった。このことは，準一般援助から不利な状況にある子どもたちに目的の絞られた援助，通常「特定援助」として知られているものへの転換点となった。

　連邦教育局タイトルⅠ課の初代課長であるジョン・ヒューズ（John Hughes）は，連邦省職員の見解を次のように説明していた。

　タイトルⅠは一般援助への第一歩として教育界から歓迎された。教育界の人たちは長年にわたって一般援助の要求にこだわってきたので，連邦政府がようやく学校財政の本格的なパートナーとして州と地方当局に加わろうとしていると思ったのである。しかし，タイトルⅠは低所得家庭の子どもたちが集中する地方当局への援助を目的としており，その具体的な規定はすべての子どもたちへの一般援助とは異なる概念であった。タイトルⅠは実際に個別目的のための特定援助であり，連邦議会によって制定された他の教育プログラムの伝統を引き継ぐものであった。……タイトルⅠの最終的な勝利は，貧困家庭の子どもたちへの特別の援助という原則を，特定教育プログラムとしてしっかりと確立したことであった。特定援助の適切な原則を確立しようとした初期の努力は，1970年代の連邦議会によるこのような特定援助の概念の立法上の強化において報われたのである[4]。

　この期間，私は下院で初等中等教育に責任を負う小委員会のスタッフ・ディレクターと法律顧問を務め，ジョン・ヒューズが説明したような一般援助から特定援助へのタイトルⅠの展開を見ていた。タイトルⅠプログラムの初期の執行について研究を行ったフロイド・ストーナー（Floyd Stoner）は，連邦議会と連邦プログラムを執行する行政官がプログラムの性格に関して異なる見解を有す

る事例として，この状況をうまく説明していた。結局は行政官がタイトル I を特定援助プログラムとすることに勝利し，最終的には議会が補助金を維持していくことに同意したのである。

「法案に深く関わった議員のほとんどが，一般援助を別の名前で可決させていると信じていた」と，ストーナーは記している。しかし，行政府には改革を生み出す手段としてタイトル I を用いることを望んだ人たちがいた。そのため，連邦議会の影響力のある議員の反対にもかかわらず，連邦教育局は州や地方の行政官の行動を変えさせようと補助金要項を作成した。徐々に，多くの議員が連邦歳出予算を維持するためこれらの規制を擁護するという厄介な状況に置かれることになった[5]。

1970 年代初めまでに，タイトル I の目的規定の曖昧さは解消された。パーキンズ下院議員やモース上院議員，そして他の法案を支持した議員にも，タイトル I が地方学区，特に貧困家庭の子どもたちの集中している学区の支出額を均衡化する手段になるだろうと考えた人たちがいた。その一方で，連邦教育局で重要な役割を担った行政官は，プログラムの目的が不利な状況にある子どもたちに連邦援助を焦点化させ，そのような子どもたちに特別の援助を提供することであると信じていた。連邦議会の法案支持者が立場的に地方の学校行政官によって支持された一方で，連邦政府の行政官は貧困家庭の子どもたちの擁護者と連携した。後者が勝利を収め，明確にタイトル I は不利な状況にある子どもたちへの「特定」のプログラムとなった。

1974 年，連邦議会は ESEA の定期的な見直しを行った。他の教育法とともに，ESEA は 1974 年教育関連修正法 (Education Amendments of 1974) と呼ばれる一括法として修正され更新された (このタイプの包括的な名称は多様な修正法のセットに対して一般的に用いられるようになった)。これらの修正によって，次の点を確保することを目的とするいくつかの規定が加えられた。タイトル I 補助金は特別のサービスを提供するものであること，そして，より恵まれた生徒の在籍する学校で用いられるのと同額の資金を，タイトル I 補助金を受ける学校も州と地方の財源から受けること，である。この動きは，不利な状況にある子どもたちの支援に焦点を絞った取り組みとしてのタイトル I の理念を，連邦議会が受け入れ始めたことの一つの指標となった。

2.　政治の支持の拡大と論争の継続

　1970 年代に，ESEA のプログラムは地方の学校教育で一般的に見られるものとなった。タイトル I プログラムは，学校図書館の改善への援助のような ESEA の他の小規模なプログラムとともに，全国に広まっていった。

　連邦議会においてこれらのプログラムへの政治的支持は高まり，かつて法案に反対した議員でもこの種の連邦援助に対する立場を変えるようになった。下院において，民主党議員の 80％ が 1965 年の最初の ESEA に支持票を投じたが，共和党議員で支持したのはわずか 27％ であった。1974 年の再認定においては，民主党議員の 84％ が支持し，共和党議員の 74％ がこれに加わった。上院では当初から，より超党派的な支持があった。1965 年には民主党議員の 93％ が賛成し，共和党議員の賛成は 56％ であった。1974 年には，民主党議員の 93％ と共和党議員の 72％ が賛成している[6]。

　教育における連邦政府の役割の拡大が政治的に受け入れられていくにつれて，連邦議会での論議はタイトル I や他のプログラムの性格並びにこれらの新しい相当な額の補助金の配分方式へと移っていった。この論議の最初の主要な舞台が，ESEA の 1974 年の見直しであった。

　すでに述べたように，1974 年にいくつかの修正案が採択され，それは不利な状況にある子どもたちに特別のサービスを提供することを目的とする特定援助プログラムとして，タイトル I を承認するものであった。しかし，同年の最初の大きな論争は，タイトル I 補助金の州間，学区間の配分をめぐってであった。アル・クイー下院議員（Al Quie，共和党：ミネソタ州）は，教育に関する委員会で少数派の共和党のリーダーとなった人であり，貧困に関するデータに代えて，生徒のテストの成績を基金配分に用いる修正案を提案した。

　この修正案に関する議論は，いくつかの理由から興味深いものであった。クイー議員は 1965 年の最初の ESEA の時は反対の意見を述べ，反対票を投じた。その数年後に，彼は同法のプログラムのいくつかを廃止しようとした。しかし，1974 年までに彼は ESEA を受け入れ，自分がもっと効果的と考えるものに変えようとした。これは教育における連邦政府の新しい役割の安定化に向けた重要な一歩であった（これとは対照的に，連邦議会のほとんどの共和党議員は 2010 年に

オバマ大統領の国民医療保険制度改革に反対票を投じ，2014 年の時点でも依然として法全体を廃止しようとしていた）。クイー議員の修正案のもう 1 つの興味深い点は，教員の業績を評価し教員の給与や職の継続を決定する目的で生徒のテストの得点を用いることについて，2010 年代の論議の先駆けとなったことである。

　クイーはまじめで勉強熱心な議員であった。パーキンズ議員のように，彼は農業に従事し馬が好きであった。このことが教育に関する委員会の委員長との連帯意識をもたらし，両者の協力を容易にした。公聴会で，参考人は長い陳述書を一語一語大きな声で読み上げている時に，演壇の後ろでパーキンズ議員とクイー議員が椅子に深くもたれているのを見ることがよくあった。参考人は両議員が自分たちの提案について話し合っていると思っていたが，実際には彼らは馬の話をしていたのである。

　クイーは良き体型を保ち，晩年に合衆国の南の境界から北の端まで大陸分水界の全行程を馬に乗って旅をした。彼は精神的にも活動的であった。彼が議会の仕事の準備で委員会の報告書や他の資料を読んでいるのを，私はよく見ることがあった。

　クイーは後にミネソタ州知事選に出馬して当選した。私たちの委員会の公聴会がミネソタ州で開かれた時に，パーキンズ議員と私は知事公邸で彼と朝食を共にした。連邦議会議員であることと州知事であることの相違について，私は彼にわかったことは何かを尋ねた。彼は 2 つのことがわかったと答えた。第 1 に，議員ほどには知事について，思っていた以上に知っていなかったことである。第 2 に，知事は隠れる場所がないことである。このことで彼が言いたかったのは，知事はニュース・メディアに毎日追いかけられ，あらゆる種類の問題について公的な態度をとらなければならないことであった。議員としては，彼はニュース・メディアにはそれほどさらされず，彼がどのように投票したのか，彼の意見が何なのかを選挙民も知らないことがよくあった。

　クイー議員は誠実さ，知性，仕事への打ち込み方で私が最も尊敬する連邦議会議員の一人であった。彼はまた優れたスタッフを選んでいた。その中にクリストファー・クロス (Christopher T. Cross) がいて，彼は保健教育福祉省からやってきて，1970 年代を通じてクイー議員の教育分野の首席補佐官になった。クリスは仕事に熱心に取り組み，より良き仕事をするよう私の意欲を掻き立て，そ

のことからクリスと私の間に尊敬しあう関係が築かれ，それが穏当で超党派的な立法を生み出していった。

　このことは，私の思うところクイー議員の考えがすべて妥当であった，と言っているのではない。例えば，タイトルⅠのために支出される数十億ドルの配分基準を，国勢調査や生活保護のデータを使用することから生徒のテストの得点を用いることに変えようとする，彼の提案がそうである。資金配分の定められた方法に対する彼の批判は的を射ていたが，彼の代替案は事態を悪化させたことであろう。修正案の論拠として，クイー議員は地方への補助金額を決めるのに国勢調査のデータを用いるのを批判したが，このやり方は勉学上の支援を必要とする子どもを識別できないからであった。貧困家庭の子どもが必ずしも学校で勉強のできない子どもではない。さらに，国勢調査のデータは 10 年ごとに収集されるため，人口移動により数年もすると古くなってしまう。クイー議員のこの点の説明は見事であったが，パーキンズ議員や他の議員は彼に反対し，彼の修正案は成立しなかった。それは巨額の連邦補助金をテストの得点にもとづいて配分することへの懸念からであり，このような配分方法は劇的な変化をもたらし，補助金の受領がテストの結果と結びつけられれば操作されてしまうことへの懸念であった。

　クイー議員の修正案の決着がついた後，連邦議会の注目は最初のタイトルⅠの審議で加えられたプシンスキー修正の影響に絞られた。同修正は 2000 ドル以上の生活保護費を受けている家庭の子どもの数を，10 年ごとの国勢調査から得られる貧困家庭の子どもの総数に毎年加えるというものであった。1965 年にプシンスキー修正は補助金の配分に用いられる貧困家庭の子どもの数を 10% 増やしたが，1974 年までにこの配分方式で算出される子どもの 60% がプシンスキー修正によるものとなった[7]。この結果，北部諸州が 1965 年以降生活保護費をかなり増額させたため，シカゴやニューヨークのような北部大都市に多くの補助金がいくようになった。損をしたのは南部州と全国の非都市部であり，そこでは生活保護費は依然として低かった。

　タイトルⅠ補助金のこの変化は，同プログラムへの支持，特に将来の歳出予算への支持を危うくさせるものであった。南部出身の議員が上下両院の歳出委員会の委員になることを求める傾向があったからである。主に北部州が利益を

得るような都市の教育を主対象としたプログラムとして，タイトル I を維持していくことは困難だったであろう。

　ケンタッキーは損をする州の 1 つであり，それゆえパーキンズ議員は生活保護要因の影響を制限することによって，配分基準を変えようと奮闘した。当然のことながら彼は都市部出身の議員の反対を受け，その中には同じ委員会の同僚の民主党議員の多くが含まれていた。当時，教育に関する委員会は北部州の比重が重く，民主党側では大都市出身者が多かった。

　当時，パーキンズ議員の法律顧問だった私は，生活保護家庭の子どもの数を減らす修正案にスタッフとしての仕事のほとんどを費やし，この変更が受け入れられるよう政治の仕事に貢献した。これは皮肉なことであって，プシンスキー議員が私をワシントンに連れてきてくれたのに，彼が自ら手掛けた仕事の一部を私はなくそうとしていたのであった（プシンスキー議員は 1972 年に連邦議会を離れ，少なくともこの争いには関わっていない）。

　連邦議会がどのように運営されているのかについて，この闘争は私にいくつかの側面を示してくれた。第 1 の側面は明白で，スタッフは仕える議員に忠実でなければならないということである。スタッフは選挙で選出された連邦議会議員の名前で多くの仕事を行うので，忠実さが他の資質よりも高く評価される。プシンスキー修正は手に負えなくなり，プログラムへの幅広い支持を危うくさせるということで，私はパーキンズ議員に同意していたが，たとえ同意していなかったとしても，私はパーキンズ議員の法律顧問として，彼の立場を遂行していかなければならなかっただろう。

　第 2 に，他の議員の支持を得るのに役立つように，委員会の委員長が行うことのできる利益供与があることである。北部の議員や大都市出身の議員に対抗するために，パーキンズ議員は彼の委員会で得ることのできる票をすべて確保する必要があった。フロリダ州のマイアミ地区選出の民主党のビル・リーマン（Bill Lehman）議員は，パーキンズ修正案を支持していたが，パーキンズ議員は彼の支持をより確実なものにしたいと考えた。そこで，リーマン議員が学校訪問のためにイスラエルへの旅行を申請した時に，パーキンズ議員はそれを承認した。この種のスキャンダルが彼の前任の委員長を悩ませたために，パーキンズ議員が海外旅行を認めることは稀であった。リーマン議員と委員会のもう一

人の議員に私が同行することになったが，帰国した時に投票があることを両議員に日々思い出させるためだったのだろう。

　第3に，連邦資金が自分たちの選挙区にどれくらいもたらされるのかを，連邦議会議員は非常に気にかけていることである。私はシカゴ市の出身だが，同市選出の民主党議員のダン・ロステンコウスキー（Dan Rostenkowski）に会ったことがなかった。彼は，下院で，おそらく連邦議会全体でも，最も力のある委員会である下院歳入委員会の委員長だった。プシンスキー修正の影響に関する論議が始まった時，パーキンズ議員の対抗修正案によって，シカゴ市へのタイトルⅠ補助金がどのようになるのかを説明するために，私はロステンコウスキー委員長に会うよう呼び出された。私たちの会話は弾み，ロステンコウスキー議員は私がシカゴ市の出身であることを思い出させ，この補助金の減額がなされれば，シカゴ市の学校の子どもたちがいかにひどい状況になるのかを私に話した。ロステンコウスキー議員の事務所をあとにした後，私は忠実さの価値がわかっていたので，話し合われたことをパーキンズ議員に報告した。この種の圧力が私にのしかかってくる場合，パーキンズ議員の修正案への支持票や反対票を得るのに，他に何がなされるのかを想像することくらいしか私にはできなかった。

　この論争から私が学んだ政治の他の教訓は，勝利における超党派的で度量の広いことの利点である。パーキンズ議員はタイトルⅠ補助金の配分にテストの得点を用いるというクイー議員の修正案を頓挫させたが，タイトルⅠや他の連邦援助プログラムへのクイー議員の支持を保ち続けたいと思った。そこで，彼はクイー議員と共通の基盤を見出す方法を探した。

　生活保護費を受けている家庭の子どもの人数——人数がプシンスキー修正で非常に増えた——を抑制する闘いにおいて，パーキンズ議員は協力者になってくれるようクイー議員を誘った。プシンスキー修正の影響は地域や州，都市か田舎かで異なっていて，党派の問題ではなかった。連邦議会議員は，議員たちが好んだ言い方を用いれば「私の地区に投票した」。このことが意味するのは，自分たちの選挙区が法を修正しないで資金を得るなら，現在の配分方法を維持するよう投票するだろうということであった。同じように，配分方法を変えることで自分たちの選挙区が資金を得るなら，プシンスキー修正の影響を抑えよ

うとするパーキンズ修正案を支持するであろう。このような状況の中で，クイー議員のような共和党の有力な擁護者を得ることは，パーキンズ議員にとって有益であった。クイー議員は多くの共和党員から信頼されていて，このような議員と話すことができ，それはパーキンズ議員ではできないことであった。クイー議員にとっての利点は田舎地域の卓越した代弁者となることであり，この地域では共和党議員が選出されることが多かった。

　激しい論争の末，パーキンズ議員が教育労働委員会で勝利し，その後は下院本会議で勝利を収めた。彼は私をジョン・マクレラン（John McClellan）上院議員のところに送り，概要を説明させた。マクレラン議員はアーカンソー州選出の民主党員であり，上院の教育に関する委員会では北部州の議員が多かったために，マクレラン議員が上院で修正案の提案者となった。パーキンズ／マクレラン修正案が上院で勝利を得て，論争が基本的には終結した。しかしながら，ESEA の改正のための下院と上院の法案には他の相違点があり，両院協議会で調整しなければならなかった。

　この協議会で，クイー議員が後押しする修正案のいくつかを，上院は受け入れることを拒否した。パーキンズ議員は私のほうを向いて，クイー議員が賛成できるように彼が望む規定を見つけるよう話した。私は 2 つの条項を考え出した。第 1 に，学区のタイトルⅠ補助金は学区の貧困家庭の子どもの数にもとづくという方式はそのままにして，学区における学校間の資金配分では貧困家庭の子どもの数の代わりに，テストの得点を用いるという選択肢を学区に認めることであった。クイー議員の最初の修正案に対する主要な反対は，それが州間や学区間の資金配分に影響することであって，学区内でテストの得点を用いることの限定された影響についてはさほど関心がなかった。第 2 の修正はタイトルⅠに関する科学的に基礎づけられた研究を認めることであった。パーキンズ議員はこれらの規定に対して強く賛成意見を述べ，両院協議会委員は両規定を承認した。パーキンズ議員はクイー議員と一緒に仕事をすることに価値を置き，国や州の補助金の配分にテストの得点を用いることに変えるというクイー議員の重要な修正案は成立しなかったけれども，パーキンズ議員は ESEA にクイー議員の足跡を残してあげたかったのである。

　別の言い方をすれば，パーキンズ議員はクイー議員を手ぶらで帰したくなかっ

たのである。パーキンズ議員はクイー議員の主張を最終法案に入れることを望んだ。このような政治的な気配りが，連邦援助が 50 年にわたって続くのを確かにするのに役立った。ESEA は民主党員と共和党員の両方で長い時間をかけて形成され，このことが連邦議会において政党の支配が変わっても ESEA が存続していくことを助けたのである。

　1976 年，ジミー・カーター (Jimmy Carter) が大統領に選出され，1978 年のESEA の再認定を見越して，カーター政権はタイトル I や他のプログラムの多くの修正を含んだ法改正のための法案を作成した。そして，同政権は下院教育労働委員会の委員長のパーキンズ議員にその法案の提出を依頼した。しかし，連邦援助支持の超党派的な基盤を構築する取り組みの一部として，パーキンズ議員はすでに超党派的法案を 1978 年に提案することでクイー議員と合意していた。同法案はタイトル I に関する科学的に基礎づけられた研究の成果にもとづいて作成されることになっていて，このことはクイー議員が支持し 1974 年修正に入れられたものであった。

　カーター政権の担当者はこのことが理解できず，同政権の法案が再認定のために用いられることを望んだ。パーキンズ議員は自分の立場を堅持したが，カーター政権の提案の中に自分が支持することができる部分を見つけるよう私に指示し，カーター政権の提案を完全に排除しないようにした。いくつかの修正が選ばれ，その中には貧困家庭の子どもが高度に集中する学区への補助金の増額につながるような，重要な修正案も含まれていた。これらの修正案は後にパーキンズ議員とクイー議員が支持した超党派的な法案に加えられることになった。

　クイー議員との対話を保つというパーキンズ議員の決断は，真の超党派主義の例であった。科学的研究にもとづく法案の提出に合意し，その後に自らの政党の大統領にノーと言うことは，性格の強さを必要とする。この種の超党派主義が 40 年前には可能だったのに，今日の連邦議会には不足しているのは残念である。

3.　頂点に達した特定援助プログラム

　1978 年に制定された ESEA の再認定法は，特定援助の頂点を示すものであっ

た。目的を絞った多くの新しい援助プログラムが創設されたが，その中で実際に予算措置がなされたのはわずかで，他のプログラムは法律書に名前が載せられただけであった。教育の領域では，ほとんどのプログラムはまず1つの委員会，つまり下院教育労働委員会で承認され，後に法案が署名されて法律になると，下院歳出委員会が資金を出すかどうか，出すとすればどのくらいの金額とするかを決定する。同じ手続きが上院でも取られる。例外は学校給食プログラムと連邦中等教育後ローン・プログラム，大学の学生へのペル・グラント［クレイボーン・ペル上院議員の名を付された連邦政府の奨学基金］の一部であり，これらは認可されれば資金支出を行わなければならないことになっている。

　1978年教育関連修正法はESEAの諸修正だけでなく，「連邦活動影響地域援助法」(Impact Aid Acts)のような他の多くの連邦教育法の修正を含んでいた。同法は，連邦職員の子どもが公立学校に通っている場合でも，軍事基地や他の活動のための連邦政府の土地について連邦政府は税を支払わないために，学区に対して地方財産税の収入減を補填する目的で補助金の支出を定めたものである。「先住民教育法」(Indian Education Act)も修正された。同法はアメリカ先住民の子どもたちの教育のために公立学校と先住民局の学校への援助を定めていた。

　同じ再認定において，都市部選出の議員は下院で4年前の敗北を取り返そうとしたが成功しなかった。ESEAの再認定の2つの法案の相違を解決するための同年の両院協議会の開催中に，都市部選出議員のリーダー格のジェイコブ・ジャビッツ (Jacob Javits, 共和党: ニューヨーク州) は，彼と都市部選出の同僚議員が配分基準の変更を元に戻そうとしたが，「田舎者たちがわれわれをもう一度打ち負かした」ために失敗したことを，下院の調停役のリーダーであるパーキンズ議員に公然と認めていた。

　それにもかかわらず，ジャビッツ議員は，本書の第Ⅲ部で検討する反強制バス通学修正案のような他の多くの問題では，パーキンズ議員と緊密な連携を取っていた。実際に，1978年の同じ両院協議会で，パーキンズ議員と私はジャビッツ議員に非公式に会い，人種統合のための生徒のバス通学に対する下院で成立した制限について，受け入れることのできる代替案を探った。当時，連邦議会の議員が，ある問題では協同し他の問題では反対し合うということは稀ではなく，どれくらいの資金を選挙区にもたらすことができるかを決めるような，重

要な問題でさえもそうであった。

　1978 年修正法は，連邦援助へのそれまでで最も高い政治的支持を示すもので
あった。同法は多くの新しい特定援助プログラムを定め，地方学区に新しい行
政上の負担を課すものであったが，連邦議会では幅広い超党派的な支持を得た。
下院では民主党議員の 98％ と共和党議員の 90％ が最終法案に賛成票を投じ，
上院での賛成票は民主党議員が 97％，共和党議員が 86％ であった[8]。

第3章

規制の負担がもたらした変革——1978-2015年——

　1970年代後半までに，連邦教育援助への連邦議会の支持は明らかに拡大していた。連邦政府の財政援助にもとづくプログラムは全国の学校で共通に見られるようになり，何百万もの不利な状況にある生徒たちが特別のサービスを受けるようになった。1970年代半ばには，「障がいのある個人のための教育法」(Individuals with Disabilities Education Act, 以下「IDEA」) が制定され，本書の第Ⅲ部で検討するように，障がいを有する何百万もの生徒が通常の公立学校に通学するようになった。

　しかし，方程式のもう1つの側には，学校行政官が従わなければならない規制や受けなければならない監査の数の増大があった。1978年教育関連修正法はタイトルⅠへのいくつかの重要な修正を含んでいて，これらの修正は当時では有用でまた必要でさえあると思われたが，施行されると学校行政官のタイトルⅠに対する支持を低下させていった。

　例えば，タイトルⅠプログラムに参加する子どもたちの親は，補助金が用いられる活動の教育目標について学区に助言を行う機会を与えられなければならなくなり，タイトルⅠのサービスを受ける生徒数が最小限の学校でさえも父母協議会の会員資格について詳細な規則が定められ，協議会を維持していくための資金支出が認められた[1]。また，他の修正では，タイトルⅠの補助金を受けている学校の状況が，補助金を受けていない学校と比べて遜色のないものであるかどうかを，学区は毎年報告することが求められるようになった。学区がこの報告書に記載しなければならない事項を指示する権限が，連邦教育局に与えられた[2]。この規定の実施において，連邦教育局は教員給与やその他の地方学校予算について詳細なデータを求めた。

　対象生徒を限定する連邦要件に従うために，不利な状況にある生徒を通常の教室から他の場所に移動させ，タイトルⅠやそれと類似のプログラムによる特別の支援が受けられるようにすることが，学区で一般的に行われるようになっ

た。さらに，補助金は支援が最も必要な子どもたちに対象を絞らなければならなかった。そのため，タイトル I プログラムを受けている間に成績が十分に向上した生徒は，プログラムを受ける資格を失った。

プログラムのこのような特徴は善意によるものであったが，次章で検討するように学校や教室で運営上の問題を生み出していった。また，タイトル I は学区内および学区間に元々あった学校の質や財源や支援の不公正を埋め合わせることができなかったので，その効果は限定されていた[3]。特に州や地方での財源の不公正な配分によって生じる諸資源の格差を埋めるのには，タイトル I の補助金は少なすぎたのである。

要約して言えば，タイトル I や他の連邦特定援助プログラムは，学校や特定の生徒集団に必要な資源やサービスをもたらすことにおいて有効であったが，施策の展開とともに限界が露呈してきた。これらのプログラムは大規模な援助を行うには金額が少なすぎたのである。これらのプログラムは経験の豊かな教員の配置と財源の配分が公正になされていない学校で実施され，その不公正さはこれらのプログラムでは克服できるものではなかった。また，プログラムの要件は，規則に従っていることを示すための多くの書類の作成につながった。

ある時点で一線を越え，州や地方の行政官は追加の財政援助に感謝するよりも規制の負担に憤慨し始めた。それはまさにロナルド・レーガン（Ronald Reagan）が国政の場に登場した時であった。ディビッド・コーエン（David Cohen）とスーザン・モフィット（Susan Moffitt）はタイトル I に関する著書の中で，1980年代まで進展してきた連邦援助のメリットとデメリットについて考察するとともに，広い観点から次のように結論づけている。

　不利な状況にある子どもたちの教育の観点から 1965 年のアメリカを考えるなら，タイトル I は 1970 年代の終わりまでに重要な進歩を生み出した。不利な状況にある生徒の多い学校に対して，かなりうまく対象を絞った補助金を配分した。不利な状況にある生徒たちへのより良き教育の保障を，タイトル I は教育の新しい優先事項とするのに役立った。タイトル I は連邦補助金の地方での使用を，多様で教育と関わらないサービスから教育へとシフトさせ，しかもこれを政治の支持を失うことなしに行った。……補助金額は限定

され憂慮すべき欠点があったにもかかわらず，タイトルⅠは対象とした生徒
の多くに対して成績の相対的低下を止め，低学年ではわずかではあるが成績
の相対的上昇を可能にした。このことは，このような生徒に対するそれまで
の教育の弱さとともに，タイトルⅠの成功を間接的に示すものであった。成
功の要素は限定的であったが，プログラム自体もそうであった[4]。

1.　連邦援助の縮小

1970 年代の終わりから 1980 年代の初めにおいて，タイトルⅠは公立学校教
育の全経費と比べると補助金の交付水準は「わずか」で，最も必要な生徒に援
助を絞ったプログラムの試みは運営上の問題を生み出していた。それにもかか
わらず，タイトルⅠプログラムは全国の学校で見られるようになり，連邦議会
における政治の支持も高まっていった。

レーガン新政権の改革の影響が地方で感じられる前の 1982–83 学校年度にお
いて，タイトルⅠだけで次の便益をもたらしていた。

- 475 万人以上の子どもたちが毎年援助を受け，ここには私立学校の生徒 18
  万人も含まれていた。
- 約 350 万人の子どもたちが毎年リーディングの補習授業を受けた。
- 約 220 万人の子どもたちが毎年数学の補習授業を受けた。
- おおよそ 16 万 600 人の常勤で同等の資格をもつ教職員が毎年補助金で雇
  用された[5]。

第 7 章で検討するように，「バイリンガル教育法」（Bilingual Education Act）や
「障がいのある個人のための教育法」や他のプログラムもまた補助的サービスを
提供した。季節農場労働者の多くの子どもたちが援助を受けた。母語が英語で
ない子どもたちが合衆国で使われる主要言語の英語での教育を受けた。身体的
知的障がいを有する子どもたちが通常の教室で授業を受ける一方で，育児放棄
された人や非行を行った人のための州の施設で，若者が数学やリーディングの
教育を受けた。

　1980年代の初めに，これらの便益が提供されていたのとほぼ同じ時期に，新大統領のロナルド・レーガンは自らの哲学を実践しようと闘った。彼の哲学は，政府は問題の解決を導くものではなく，政府自体が問題の一部であるとするものであった。レーガンは地方の公立学校も連邦政府も「政府」に含めていたので，公教育への連邦援助を廃止ないしは削減しようとしたのである。

　連邦教育援助へのこの第2の重要な攻撃は，10年以上前にリチャード・ニクソン大統領によって始められた第1の攻撃と類似性を有していた。レーガン大統領は多くの連邦プログラムを包括的補助金に統合し，連邦補助金への規制条件のほとんどを廃止することを提案した。地方の教育関係者はニクソン大統領の予算削減に反対しそれを打ち負かしたが，今度はタイトルⅠの増大する規制が重荷となっていたために状況が異なっていた。実際に，特定のあるいは対象の絞られたプログラムのための修正案について，1970年代に連邦議会と緊密に連携をとった教育指導者の中には，1981年に忠誠の先を変えて，共和党議員がレーガン大統領の理念を具体化する法案の作成を助けた者もいた。特に，ロサンゼルスやフィラデルフィアや，多額のタイトルⅠ補助金を受領する他の多くの大都市の学校行政官が，法案の起草に深く関わった[6]。このような学校行政官にとって，ターニングポイントとなったのは1978年のタイトルⅠの修正であり，同修正は父母助言協議会について詳しく規定するとともに，タイトルⅠ補助金を受けている学校とそうでない学校の両方の地方教育経費の報告という，時間のかかる要件を課すものであった。

　連邦議会はタイトルⅠをほとんど変えない法案を可決したが，保護者協議会の規定や経費に関する報告要件，行政的に負担と考えられる他の義務は削除された。同法案はまた28の小・中規模の特定援助プログラムを，規制条件がほとんどない減額された包括的補助金に統合した。

　タイトルⅠの諸条件を整理し他のプログラムを削除するのに成功した後も，レーガン大統領は補助金を削減して教育における連邦政府の役割を縮小させる努力を続けた。私のかつての同僚で，後にジョージ・ブッシュ（George H. W. Bush）第41代大統領の政権で高官を務めたクリストファー・クロスが指摘したように，「レーガンの時代を通して，連邦財源による幼稚園から第12学年までの教育歳入の割合は約30%減少した。教育経費をめぐる継続的な闘いは，レー

ガン時代の最も重要な繰り返されるテーマであった[7]」。

レーガン大統領のもとでのこのような改革の後，連邦援助は外観を保っては
いたが，それは縮小された形態でのことであった。タイトルⅠや不利な状況に
ある子どもたちへの類似のプログラムにより提供される特定援助は生き延びた
が，財源の減少は支援を受ける生徒の減少を意味した。この点はウェイン・リ
ドル（Wayne Riddle）の分析によって明らかにされている。リドルは，上下両院
のための情報の収集と分析の超党派的機関である米国議会図書館調査部で，
ESEA の元首席専門官であった。彼の研究によれば，1981–89 会計年度の期間
を通して，タイトルⅠへの年間支出水準は 2014 年ドル換算で 93 億ドル以下と
なった。対照的に，その前の 10 年間の 1970–80 会計年度の期間では，2 会計
年度を除けばすべてこの支出水準よりも高かった[8]。

2.　連邦政府の役割の変化

タイトルⅠや他の連邦プログラムへの政府歳出予算の縮小にもかかわらず，
このようなプログラムの支持者の間には，貧困家庭の生徒が集中する学校で生
徒の学力が向上していないことに，もどかしさを感じ始めている人たちがいた。
連邦援助が 20 年を経る中で，これらの人たちはより明確な進歩を見たかった
のである。

1988 年の ESEA の再認定が，このような人たちにとって変化を求める好機
となった。1980 年代の後半期に下院教育労働委員会の委員長を務めたアウグス
トゥス・ホーキンズ議員（Augustus Hawkins, 民主党：カリフォルニア州）は，巨大
都市ロサンゼルスの最貧困地域の 1 つであるウォッツ選出のリベラル派であっ
た。私は主席法律顧問としてホーキンズ議員のもとで働いていた時に，彼の選
挙区の学校は多くの連邦補助金を受けているにもかかわらずテストの結果が依
然として極めて低いと，彼が嘆くのをよく聞いたものだった。

ホーキンズ議員は私に解決策を見つけるよう望んだ。幸運にも私たちのスタッ
フに臨時のインターンのジュディ・ビリングズ（Judy Billings）がいて，彼女は
ワシントン州教育省のタイトルⅠディレクターであって，当時，休暇をとって
私たちのところにいた。彼女は連邦援助が州や地方レベルでどのように用いら

れているのかを知っていて，有効に機能するよう改善をもたらすには連邦法を
どのように修正したらよいのかに関して考えをもっていた。このことは適時に
適所に適材がいた好例であった。

　その結果，1988 年の ESEA の改正に向けた審議で，ホーキンズ委員長は学
区に対して生徒の学習目標を設定することを求める修正案を提出した。学区が
この目標にもとづいて生徒の基礎的スキルやより高度のスキルを改善できない
場合，継続的な改善を示すまで，州が学区と協同で改善プランに取り組まなけ
ればならなくなった。このプロセスは，1990 年代に全米規模で採用されたスタ
ンダードにもとづく改革を実施するテンプレートとして役立った。

　このアカウンタビリティの増大と引き換えに，貧困家庭の子どもの比率の高
い学校は，タイトルⅠ補助金を「全校プロジェクト」に用いることが認められ
た。これは特定援助の規則のいくつかを緩和して，最も不利な状況にある生徒
にサービスを限定することにかえて，学校がすべての生徒の利益に資するサー
ビスに補助金を用いることを認める規定であった。このようなサービスの例に，
学級規模の縮小のためのより多くの教員の雇用や，どのような生徒も支援する
ことのできるリーディングの講師の採用などがあり，最も置き去りにされてい
る生徒に援助を絞ったタイトルⅠの正規規定のもとで資格があるかどうかにか
かわらず，この支援はすべての生徒を対象とするものであった。

　ホーキンズ委員長の提案は認められ，その結果，1988 年修正法は連邦議会の
指導者の考えに変化が生じていることを明確に示すものとなり，それは連邦援
助を受けた結果として学習の成果を明らかにすることへの，教育関係者に対す
る要求の高まりによって特徴づけられた。1960 年代にモース上院議員が述べて
いたように，問題は単に資金不足であるとは，このような指導者たちはもはや
考えなかった。むしろ，生徒たちの学習が大きく改善していることを，連邦補
助金を受領する学校は明らかにすべきであるという考えが強まっていった。ホー
キンズ修正案は，1990 年代初めに連邦議会の連邦援助支持者が，スタンダード
とテストによるアプローチを承認していく土台を築くものであった。

　ホーキンズ議員はアフリカ系アメリカ人であり，アフリカ系アメリカ人が非
常に多い地区の選出であった。選出地域の学校で改善がみられないことへの彼
の苛立ちが，連邦援助で期待されるべきことに関する議会のこの考えの変化を，

加速させることになった。今にして思えば，これは都心部の公立学校へのアフリカ系アメリカ人の苛立ちの先駆けでもあり，私立学校の授業料やチャーター・スクールのためのバウチャー［学費用金券］を求めるアフリカ系アメリカ人の指導者には，この考えを支持する者もいた。マイノリティの親が自分の子どもたちが良い教育を受けているとは思えなくなった時，公教育の価値に関する議論は色あせ始めていた。

　1988 年の ESEA の修正法は，ホーキンズ下院議員とロバート・スタッフォード上院議員（Robert Stafford, 共和党: バーモント州）に敬意を表してホーキンズ = スタッフォード修正法と名付けられた。スタッフォード上院議員は，初等中等教育に対しても中等後教育に対しても連邦援助の強い支持者であった。超党派の精神が本法案の最終投票で反映された。下院ではすべての民主党議員と共和党議員の 99％ が支持票を投じ，上院ではすべての民主党議員と共和党議員の 98％ が「賛成」を表明した[9]。

　レーガン政権期の党派対立の後，これらの投票は連邦援助への支持が超党派精神に戻ったことを示した。このほぼ満場一致の支持はすべての ESEA 法案の中で最も高い賛成票の得票率を記録するものであり，その主要因はタイトル I の新しいアカウンタビリティ機能にあった。タイトル I はもはや追加のサービスを提供するための学区への単なる連邦補助金ではなく，生徒の成績を改善するための補助金となり，改善がみられない場合は改革がなされなければならなかった。民主党議員も共和党議員もこの新しいアプローチを支持したのであった。

　1990 年代にさらに大きなアカウンタビリティへの圧力が強まったが，連邦援助の強調点がタイトル I や他の特定援助プログラムから離れていった。1992 年にジョージ・ブッシュ第 41 代大統領は全米レベルの学習スタンダードとテストを提案したが，それは公教育の地方統制というアメリカの伝統からの驚くべき離脱であった。この新しいスタンダードとテストによる改革の提唱者の前提はタイトル I が効果的でないということであり，さらなる前提は新しい改革が連邦プログラムの弱点を埋め合わせてくれるというものであった。その結果，注目点がタイトル I から学習スタンダードとテストの新しい機構の創設に移っていった。

　ブッシュ大統領はこの分野の法律を制定させることはできなかった。改革への次の機会は，1994 年の ESEA タイトル I と関連プログラムの正規のスケジュールによる再審査と再認定で生じた。その時までに，ブッシュは大統領選でビル・クリントン（Bill Clinton）に敗れていた。クリントン政権はこの機を利用して 2 つの重要な法律を制定させた。1 つは「2000 年の目標」（Goals 2000）であり，これは州の学習スタンダードとテストにもとづく改革の枠組みを作成する州への任意の補助金プログラムであった。もう 1 つは ESEA の修正であり，タイトル I 補助金を受ける州に対してスタンダードとテストの採用を求めるものであった。

　1994 年改正法はまたタイトル I の他の修正も含んでいて，連邦援助から生じる教育改善への期待を高めた。最も重要な例はタイトル I の新しい目的であった。タイトル I の援助は今や，州の厳しいスタンダードの内容を学び州の達成目標を満たす機会を，生徒に提供することを意味するようになった。生徒は豊かで水準の高いプログラムを与えられ，内容の充実した複雑な思考や問題解決の学習の機会を有し，タイトル I の対象とならない生徒と同じ量と同じ質の教育を受けることとされた。成果に対するアカウンタビリティも高まることが期待され，援助を最も必要としている学校に対する資源配分への言及もなされた。改正法の他の条項では，不利な状況にある生徒とそうでない生徒の間の学力格差を狭めるという目的や，タイトル I への歳出予算を増額させるという目的も記載された[10]。

　これらの期待は 1965 年の最初の ESEA の目的からの重要な変化を象徴するものであった。1965 年の目的は財源の必要性を強調していたが，学習面での期待や活動についてはほとんど言及していなかった。対照的に，1994 年法は学力格差の縮小とともに厳しいスタンダードと教科の学習にもとづく大きな成果を期待していたが，地方の財源配分における不公正にはほとんど注意を払っていなかった。1994 年修正に関する連邦議会審議においては，学力格差を埋める必要性について多くの言及がなされ，このことがタイトル I の目的のように思われた。さらに，州レベルでの厳しいスタンダードと豊かなカリキュラムの必要性についても，多くの言及がなされた。

　連邦補助金を受領する学校に対して，1994 年の ESEA の再認定が 1965 年よ

りもはるかに学力面での要請を行ったことは明らかであった。加えて，アカウンタビリティの要請は，第Ⅱ部で検討するように 1965 年の最初の ESEA よりもはるかに重いものであった。

　1994 年の修正におけるタイトルⅠの他の主要な変更は，全校プロジェクトの使用を拡大したことであった。全校プロジェクトは低所得家庭の生徒が集中する学校に対して 1978 年に初めて認められ，1988 年にさらに奨励された。1994年の ESEA の修正は有資格基準を下げて，在籍者における低所得家庭の生徒の構成比が少なくとも 50% の学校は，学校全体の教育改善のためにタイトルⅠ資金を用いることができるようになった。これらの学校はまた，タイトルⅠ資金を他のいくつかの連邦補助金と合わせて用いることが認められた。この柔軟さの拡大により，1988 年のホーキンズ修正法と同じタイプの活動に学校は補助金を用いることが認められ，それは例えば学級規模を縮小するための教員の雇用や，タイトルⅠの対象者だけでなくすべての生徒へのコンピュータの購入，すべての教員の職能向上にあたるリーディングと数学の専門家の雇用などであった。

　2001 年，ESEA は次の再審査と更新の日程にあった。ジョージ・ブッシュ(George W. Bush) 第 43 代大統領にとって，これはスタンダードとテストに取り組んだ 1994 年のクリントン改革を強化する機会となった。タイトルⅠは改革のプラットフォームになったが，焦点は明らかに新しい改革にあり，タイトルⅠや伝統的な特定援助プログラムではなかった。ブッシュ大統領の ESEA 改正法は，「どの子も置き去りにしない法」(No Child Left Behind Act, 以下「NCLB法」)と呼ばれた。

　スタンダードとテストに関する要件の強化に加えて，全校プログラム（以前は全校プロジェクトと呼ばれていた）を実施する学校の基準を，NCLB 法は在籍生徒数に占める貧困家庭の子どもの比率を 40% 以上に引き下げ，これによってより多くの学校が全校プログラムの実施を認められた。現在，タイトルⅠの援助を受けている学校の半数以上が，補助金を全校プログラムに用いることができる。この資格の拡大はスタンダード・テスト・アカウンタビリティ改革の実施と同時に行われたために，補助金の多くは生徒が州の達成目標を満たすのを助けるためにだけ用いられることも可能になった。

　これらの学校はタイトルⅠや他の特定の連邦教育プログラムからの資金を，

事実上学校改善のための一般援助の一形態として用いることができる。公教育への連邦政府の一般援助に関するタフト上院議員の最初の構想に，これは近いものである。しかし，大事な相違は，タイトル I 学校には依然として経験の少ない教員が配置され，経験のある教員は同じ学区のより豊かな学校に行っていることである。また，このような学区は州内のより豊かな学区よりも，教育に用いることのできる州や地方の財源が少ない可能性がある。このように，全校プログラムは連邦資金の使用においてより柔軟性を認められる一方で，不公正なシステムの中で運用され続けているのである。

　最後に，2008 年にバラク・オバマ（Barack Obama）が大統領に選出され，タイトル I や伝統的な特定援助プログラムよりも新しい改革を強調する政策を継承した。オバマが大統領に就任したのは，世界規模の財政危機の真っ只中であった。数年間，オバマ政権はこの危機が経済不況になるのを防ぐのに力を注がなければならなかった。オバマ政権が多くの力を注がなければならなかった他の重要な目標が，国民医療保険制度法案の制定であった。

　オバマ候補は大統領選で ESEA の最新の改定法である NCLB 法の修正を約束していたが，これらの問題に集中するために NCLB 法の改定は脇に置くことになった。しかし，合衆国の経済を活性化させる方策である「アメリカ再生・再投資法」（American Recovery and Reinvestment Act of 2009, 以下「ARRA」）の一部として，オバマ大統領と連邦議会は初等中等教育への連邦援助をほぼ倍増させた。しかし，これは経済的な危機に対応するための一時的な増額であることが明らかにされた。経済危機によって州の歳入が大きく減少しており，これらの連邦資金のほとんどが経済危機の間の公立学校の維持のために，州に対して交付されたのである。これらの資金は地方学区への州の支出金に組み入れられ，教員や他の教育関係者の給与の支払いに用いられ，それにより大量解雇を避けることができた。この財政支出は公教育の存続を助け，教育関係者の雇用を確保することによって，経済へのさらなるダメージを防いだ[11]。

　しかし，ARRA 資金を受ける州は学校改革要件に従わなければならなかった。具体的に言えば，州の厳しい学習スタンダードを採用し，そのデータ・システムを改善し，より徹底的に教員を評価し，成果の上がらない学校を改善しなければならなかったのである。

ARRA はまたいくつかのかなりの資金を連邦教育省に与え，これらはほとんど教育長官の裁量で用いることができるものであった。これらの新しいプログラムの中で最も重要なものが，「頂点への競争」(Race to the Top, 以下「RTTT」) であり，RTTT は教育長官と大統領のお気に入りのプログラムとなった。当初は経済を刺激するための ARRA の一部として認められたものであったが，大統領は毎年の予算措置を求め続けてきた。

RTTT は州への競争的補助金プログラムである。要件を満たし改革に着手することを誓約する補助金申請で高い得点を得ると，州は連邦政府からかなりの額の資金を受けることができる。2014 年 6 月現在で，資金獲得の最初の競争で 18 州とコロンビア特別区が補助金を受領し，その額は 2500 万ドルから 7 億ドルと幅があった。補助金受領の資格を認められるためには，州は特定の要件を満たさなければならず，その中には，州で認められるチャーター・スクール (いくつかの規制を免除された公立学校) の設置数に関する制限をなくしたり，生徒のテストの得点を重要な要素として用いる現職教員の評価制度を設けたりすることが含まれていた。

オバマ政権は，RTTT 補助金を受領する州が教育制度の大きな改善を行うことに高い期待をもっている[12]。ただし，この基金の成果を知るには時期尚早である。

RTTT や他の競争的プログラムを優遇する一方で，オバマ政権は最近の 3 年間でタイトル I や他の伝統的なプログラムへの補助金の大幅な増額を求めてこなかった。2009 年に連邦資金が倍増されたが，それはタイトル I や他の伝統的なプログラムの改善をもたらす力への信頼の証というよりも，経済回復を理由に進められた。オバマ政権は RTTT やそのための他の小規模の新しいプログラムに資金を投入しているのである。

オバマは大統領になる前に，シカゴ市でアフリカ系アメリカ人の生徒が集中する公立学校のある地区で生活し働いていた。ホーキンズ議員のロサンゼルスの地区の学校と，これらの学校は同じようなものだったであろう。マイノリティの生徒たちが伝統的な都心部の公立学校で受けている教育の質に対して，ホーキンズ議員や後の人種的民族的マイノリティの指導者たちがもっていた苛立ちを，合衆国の最初のアフリカ系アメリカ人の指導者として，オバマ大統領は反

映しているようにもみえる。迅速な変革と改善への強い願いが，なぜオバマ大
統領がRTTTのような新しい改革を支持し，タイトル I のような伝統的な連邦
プログラムに関心を欠いていたのかを，説明してくれるようにも思える。

　理由が何であれ，オバマ政権の政策展開はタイトル I や他の特定援助プログ
ラムから，変革のための異なる理念に注目点が大きくシフトしたことを示して
いる。タイトル I は後景に退き，学校改善への希望があちこちに広がっている。

3.　小結

　本書の副題は「教育改革のポリティクス」であり，公立学校への連邦援助プ
ログラムの創設と発展，縮小の50年にわたる歴史を描こうとするものである。
タイトル I がこの歴史の中心であるが，それはタイトル I が最も大きな連邦援
助プログラムであり，他の特定援助プログラムのお手本の役割を果たしてきた
だけでなく，ジョンソン大統領などが教育を改革するタイトル I の可能性に，
大きな期待をかけていたことによる。タイトル I は1960年代後半と1970年代
では政治パーティーの華であったが，今日では蔑まれる継娘となった。シンデ
レラの物語と順番が逆になっている。RTTTとチャーター・スクールが今や，
政府で権力のある人たちや慈善財団，ハイテク大富豪のお気に入りになった。
タイトル I にとって，「大金持ちから無一文」への何という冒険旅行だったので
あろう。ひどい没落である。

　同じように皮肉なことは，一般援助から特定援助へ，そしてまた一般援助へ
と変わってきたことである。この物語はタフト上院議員と，教育への一般援助
を求めたがそれを得ることができなかった連邦議会のESEA提案者から始まっ
た。その後の数十年は，不利な状況にある子どもたちへの焦点化が進められた。
そして現在では，全校プログラムの使用が対象を絞った改善アプローチを斥け，
ほとんどのタイトル I 補助金は準一般援助のように用いられるようになった。

　スタンダードとアカウンタビリティの運動が，タイトル I に対する不満の広
まりと学校改善の新しい方法の模索から生まれた。しかし，この運動の分析に
進む前に，少し立ち止まって，生徒の学びの改善におけるタイトル I の有効性
を検証しておきたい。

第4章

連邦教育援助施策は効果的だったのか

あるレベルでは ESEA による新しい連邦援助の効果は明確だったし，現在で
も明確である。1960 年代後半以降，教育について特別の援助を必要としている
全国の何百万もの子どもたちが，補助的サービスを受けてきたからである。し
かし，この追加的援助は生徒の学力を高めてきたのだろうか。ESEA や関連プ
ログラムの起草者が，問題は教育の改善に関する知識の欠如ではなく財源不足
と考えていたことを思い出してみよう。この人たちは正しかったのだろうか。

この疑問に答えるのに役立つように，ロバート・ケネディ上院議員（Robert
Kennedy, 民主党: ニューヨーク州）は，ESEA の早い時期に新しい連邦プログラ
ムの評価を求める修正を提案し，修正が認められた。多くの経費が用いられて
いるので，学区や州が成果を示すことができるようにすべきである，と彼は主
張したのである。

その結果，州と地方学区は毎年自分たちのプログラムを評価することになっ
たが，「学校の運営やプログラムの効果に関する有効なデータを収集する能力を
もつ学区や州はわずかしかなかったので，ほとんどが形だけの報告となった」[1]。
このデータ不足に対処するため，連邦政府は「タイトル I 評価報告制度」（Title
I Evaluation and Reporting System, TIERS）と呼ばれるシステムの採用を通じて，
データのより高い統一性を求めることになった。しかし，このシステムは評価
の一般的な枠組みにすぎなかったので有用性は限定され，教授学習過程に関し
ては科学的根拠をほとんど提供するものではなかった[2]。

1974 年教育関連修正法により求められたタイトル I の評価検証は，第 2 章で
検討したように，タイトル I は教育的に不利な状況にある子どもたちに追加の
サービスを提供するのに成功していること，学区は生徒の学力を上げる条件を
生み出すことができること，しかし必ずしもすべての学区がそれに成功してい
るわけではないことを，結論として示した。国立教育研究所（National Institute
of Education, NIE）もまた調査を行い，タイトル I への連邦議会の目的は教育の

成果の向上に限定されるものではなく，タイトルⅠプログラムを受ける資格の
ある子どもたちへの貧困の影響を弱めるための，社会的サービスや保健に関す
るサービスも含むものであることを指摘していた[3]。

　この評価検証はいくつかの疑問に答えるものであったが，基本的な問題が引
き続き問われた。つまり，タイトルⅠは生徒の学力を向上させたのかというこ
とである。それゆえ，1970年代後半と1980年代初めのタイトルⅠに関する全
国調査は，この問題に焦点を当てることになった。『持続的効果に関する研究』
は，全国の生徒の代表サンプルについて第1―第3学年からの3年間のデータ
を集めた。1982年に発表された調査結果によれば，タイトルⅠ参加者の学力向
上は不利な状況にある非参加者と比べると，第4―第6学年のリーディングで
は有意な差はみられなかったが，第1―第6学年の数学と第1―第3学年のリー
ディングで有意に大きかった[4]。

　これは概ね良いニュースであったが，他の結果は好ましいものとは思われな
かった。不利な状況にある生徒とそうでない生徒との学力格差は，タイトルⅠ
参加者の成績の改善が他の生徒と同じ比率だったために減少しなかった。最後
に，プログラムへの参加期間が比較的短い生徒では成績の向上が保たれたが，
プログラムにとどまった生徒，つまり一般的には最も不利な状況にある生徒の
成績は改善しなかった[5]。

　このように，調査はタイトルⅠのいくつかの欠点とともにいくつかの成功を
明らかにした。低学年の生徒は有意な向上を示した。しかし，それは不利な状
況にない生徒の向上を越えるものではなかった。さらに，最も不利な状況にあ
る生徒はうまくいっていなかった。不利な状況にある生徒の改善を助ける手段
として，このプログラムに大きな期待が寄せられてきたので，全体的には調査
結論はがっかりさせるものであった。

　『持続的効果に関する研究』は，連邦議会における連邦援助をめぐる政治論争
で武器となった。調査結果が公表された年である1982年に，レーガン大統領
と以前よりも保守派の多い連邦議会は，教育における連邦政府の役割を減らそ
うとした。前章で述べたように，レーガン大統領と保守派の多い連邦議会はこ
れに成功したのである。

　次の10年間に，タイトルⅠに関する他のいくつかの調査研究が出されたが，

どれも『持続的効果に関する研究』ほど包括的なものではなかった。1993年の
ランド研究所［カリフォルニア州に本部を置くシンクタンク］の研究は，平均してタ
イトルⅠは「わずかばかりの短期間の利益」をあげたと結論づけた。さらに，
多くの個別プログラムが優れた成果を達成したが，プログラムの成果が全国レ
ベルで平均化されると，それは見えなくなってしまったとされている[6]。

　同じ年に，チャプター1委員会が調査結果を発表した。この委員会は，1994
年のESEAの再認定の前にタイトルⅠ（一時期「チャプター1」と称された）の効
果について報告するために，連邦議会によって設置されたものである。同委員
会は，評価の高い全米調査である全米学力調査（National Assessment of Educa-
tional Progress, NAEP）において，白人生徒とヒスパニックの生徒，白人生徒と
アフリカ系アメリカ人生徒の間の格差が概ね半減し，チャプター1／タイトル
Ⅰがその主要因であると結論づけている。しかし，同委員会はまた，チャプター
1／タイトルⅠ参加者は基礎的スキルの改善で支援を受けたが，高度の学習ス
キルではそうではなかったことも明らかにした。ランド研究所とチャプター1
委員会の研究の主要な限界は，その検証作業が新しいデータの収集を伴わなかっ
たことであり，正確に言えば他の研究の再分析であった[7]。

　いくつかの良いニュースは，十分には良いものではなかった。貧困家庭の子
どもたちの学力の向上に大きな成功があったことを，これらの調査研究は示す
ものではなかったため，当時のプログラムに対する不満が高まっていった。そ
れゆえ，著名なタイトルⅠ研究者のディビッド・コーエンとスーザン・モフィッ
トが記しているように，「1980年代に，学校に資金を配分するというプログラ
ムから離れて，生徒の学力の点数を高めることを学校に強いるプログラムへと
向かうほうに，タイトルⅠは根本的な変化を始めた」のである[8]。

　この変化の最初の兆候は，アウグストゥス・ホーキンズ議員によって1988
年に提出されたESEA修正案の形態で現れた。同修正案のアカウンタビリティ
要件は，前章で検討したように，近年の4人の大統領により提唱されたスタン
ダード・テスト・アカウンタビリティ改革の先駆けとなったが，これについて
は次章で検討する。

　タイトルⅠにおけるこの変化はまた，多くの生徒を対象に膨大な量のデータ
の収集を行った重要な研究である『教育の成果と機会に関する見通し調査』に

よっても影響を受けていた。この連邦議会により命じられた調査は，第 3 学年から第 7 学年のタイトル I 参加者のサンプルの分析を行い，1993 年に，数学で第 7 学年の生徒の学力にわずかな向上が見られただけであることを明らかにした。同調査はまた，学力格差の縮小についていかなる証拠も見られず，タイトル I 参加者と「比較群」の間に成績の向上に関して有意な差は見られなかったことを明らかにした[9]。

　長年にわたる異なるアプローチを用いた種々の調査研究は，ほぼ同じ結論に達した。極めて簡潔に言えば，タイトル I に費やされた何十億ドルもの資金は，プログラムに参加した不利な状況にある生徒の学力にひいき目に見てもわずかばかりの効果しかなく，最も不利な状況にある生徒にはほとんど効果が示されなかった。さらに，不利な状況にある生徒と恵まれた状況にある生徒との学力格差の縮小 (これは 1994 年までは法の明確な目標ではなかった) によって連邦援助の効果を測定するなら，それは成功しているとは言えないものであった。

　これはなぜそうだったのか。ESEA の起草者たちが補助金の有効な使用を教育関係者に任せたのは誤りだったのか。

　このような結果の検証において，注意しなければならないいくつかの重要な点があることを，心に留めておかなければならない。例えば，『見通し調査』に関わった研究者は，タイトル I 参加の生徒が特別のサービスをまったく受けなかったとすればどうなっていたのかについて，自分たちの結論は言及するものではないと指摘していた。これらの生徒たちは，はるかに置き去りにされていたかもしれないのである[10]。季節農場労働者の子どもたちへの支援のような，他の特定援助プログラムについても，同じ指摘をすることができただろう。

　しかしながら，タイトル I や他の類似の援助の成果に影響を与えた最も重要な要因は，このような特定援助プログラムの性格そのものと関わっていた。加えて，これらのプログラムへの支出総額は極めて限られていた。タイトル I は最も援助の必要な生徒への特別な支援に対象を絞ることを求める要件を含んでいたが，それに伴う重い運営上の負担と途切れがちな授業への出席が副作用をもつことも多くあった。特定の生徒に対象を絞る連邦要件に従うために，タイトル I や他の類似のプログラムにより維持される特別な支援を受けさせるために，不利な状況にある生徒を通常のクラスから連れ出すことが，学区で一般的

に行われるようになった。しかし，授業から連れ出された生徒は不利な状況に
あるものとして同級生に識別され，また教室を離れている間に通常の授業で教
えられる教科の内容を学ぶことができなくなることを，プログラムのこのよう
な実施方法は意味した。

　連邦援助の研究者のジェシー・ローズ（Jesse Rhodes）は，このことを次のよ
うに述べていた。

　　さらに，連邦プログラムとその対象者は，正規の学校プログラムとプログラ
　ムの非対象者から隔離されることが多くあった。これは1つには，連邦政府
　のアカウンタビリティのルールに従うために，州や地方の政策担当者が補償
　教育の提供を「連れ出しプログラム」として企画することが多かったことに
　よる。このプログラムでは，不利な状況にある生徒は通常のクラスから引き
　離され，連邦政府により経費が賄われる指導者によって分離された特別の教
　育を提供された。このアプローチは連邦政府の監察官が連邦資金を跡づける
　のを容易にしたが，連邦援助の対象者の教育を断片化することで，連邦プロ
　グラムの学校への全体的な影響を限定するものとなった[11]。

　連邦補助金の対象者を最も援助を必要とする生徒に絞らなければならなかっ
たことから，別の問題が生じた。特別のサービスを受けている間に生徒の成績
があがると，その生徒はサービスに対して有資格とは見なされなくなった。そ
の結果，「タイトルⅠ対象者の約40％が毎年，別の成績の悪い生徒に入れ替え
られた」[12]。しかし，生徒の成績が維持されるとは限らず，タイトルⅠの支援
はポリオの予防注射のようにはいかなかった。成績が再び悪くなり，タイトル
Ⅰプログラムに戻らなければならない生徒もいた。このような状況は混乱をも
たらし，それはプログラムの評価ではほとんど成果が示されない，あるいはむ
らのある成果しか示されないことを意味した。成績の向上した生徒でももう1
年プログラムに留まることを認めることで，この影響を減らそうとする修正案
を連邦議会は1978年に採択したが，この修正はあまり役立たなかった[13]。
　プログラムのこのような特徴は善意によるものであったが，学校や教室にお
いて運営上の問題を生み出した。タイトルⅠの有効性はまた追加的財源という

位置づけによって制限されることになり，学校の質や財源や支援における学区内と学区間の本来的な不公正を埋め合わせることができなかった。学区内では，経験のある教員や専門職支援者はもっと豊かな家庭の子どもたちが通う学校で働くのを選ぶことが多いために，タイトル I 対象校は十分な教育を受けていない支援者や経験の少ない教員を抱えることが多かった[14]。

　さらに，タイトル I のサービスは地方や州で支出される財源とともに地方学区で提供されたが，この財源には大きな開きがあった。別の言い方をすれば，教育のための州や地方の基礎的支出財源は不公正に配分されており，タイトル I 補助金は財政支出の乏しい学区において，この格差を埋め合わせるには少なすぎたのである。

　シカゴ市郊外の 2 つの学区の現在の例は，この不公正が依然として存在していることを示している。イリノイ州のシセロでは在籍者の 93% が低所得家庭の生徒であり，学区は 2011–12 学校年度に生徒一人当たり 9669 ドルを支出した。イリノイ州の同じカウンティのウィネトカでは低所得家庭の生徒は約 0.3% で，学区は 2011–12 学校年度に生徒一人当たり 1 万 9663 ドルを支出した。シセロは 1800 万ドルの連邦補助金を受け，ウィネトカは連邦財源から 30 万ドルを受領した[15]。シセロは予算の約 8.3% をワシントン特別区から得ており，ウィネトカではその支出について連邦からの受領額はほとんどない。しかし，シセロが受領する連邦資金は，シセロとウィネトカの間の大きな支出格差を埋め合わせるには至っていない。モース上院議員とパーキンズ下院議員の当初の意図は，とても実現されている状況ではないのである。

　タイトル I の有効性に関するこの重要な限界を検証していくもう 1 つの方法は，連邦議会によって提供された資金の支出水準を見ていくことである。『見通し調査』を主導したマイケル・プーマ（Michael Puma）は，「子どもの貧困と結びついた著しい教育的剥奪を補償するという，非常に困難な課題への唯一の解決策としてタイトル I に」期待するのは，非現実的であると結論づけていた。彼によれば，その主要な理由はタイトル I の歳出予算が「初等中等教育の全経費と比べて相対的に少額」だったことである。タイトル I の補助金額は 1999 年で合衆国の初等中等教育への全歳出額の 3% 以下だったのである[16]。

　タイトル I についてのプーマの指摘は 1990 年代に当てはまるものであった

が，1966年や1980年といった初期の歳出予算と比べても支持できるもので
あった。次の具体例はウェイン・リドル（Wayne Riddle）が収集したデータから
のものであり，原価ドル（その時点の額面額）と恒常ドル（経年の物価指数で調整し
た額）の両方を用いている。

　1996年に，タイトルⅠは最初の歳出予算9億6993万5000ドルを受領した。
1980年までに歳出予算は原価ドルで27億3165万1000ドルになっており，非
常に大きな増額のようにみえる。しかし，2014年の恒常ドルでは，タイトルⅠ
プログラムが受領した額は1966年が101億7497万6000ドル，1980年が102
億6637万2000ドルであった。換言すれば，大きな政治の支持にもかかわら
ず，ドルの価値の観点からすれば，同プログラムは1980年でも1966年のESEA
の初年次とほとんど同じ水準の資金しか受けていなかったのである[17]。

　これを検証する別のやり方は生徒一人当たりの経費の観点からの分析である。
1966年に貧困家庭の子ども一人当たり1321ドルが支出された。1980年の貧
困家庭の子ども一人当たりの分配額は恒常ドルで1445ドルであり，ほとんど
同額であった[18]。

　このように，タイトルⅠは合衆国の初等中等教育の全経費と比べるとかなり
小さなプログラムだっただけでなく，ジョンソン大統領や最初の連邦議会の支
持者が意図したような大きな効果をもつために，十分に資金が増額されること
のないプログラムでもあった。

　タイトルⅠや他の連邦特定援助プログラムは，学校と特定のグループの生徒
に必要な資源とサービスをもたらしたが，政策の展開とともに限界を示すよう
になった。これらのプログラムは大きな支援を行うには小さすぎたし，正規の
教育への補足として提供されたために教室の教育を改善するものではなかった
し，経験のある教員の配置と財源の配分が公正になされていない学校で提供さ
れたのであった。

　これらの点はタイトルⅠだけでなく連邦特定援助一般に関わるものであるが，
最も大きな連邦プログラムであるタイトルⅠで最も明らかであった。タイトル
Ⅰやこのような他の特定援助プログラムが構想された時は，実際よりももっと
大きく発展しはるかに多くの援助を行うことが意図され，それによって実際よ
りもはるかに大きな効果をもたらすことが意図されていた。これらのプログラ

ムは約束が十分に果たされることはなかったのに，最初の意図によって評価されたのであった。

　『見通し調査』や他の調査研究の結果に関する一般的な議論において，タイトルⅠの独自の特徴はしばしば無視されたり軽視されたりした。タイトルⅠプログラムが実施されたアメリカの公教育制度の不公正の問題も，脇に押しやられた。プログラムの成果はわずかであったが，それは驚くべきものではなかったであろう。コーエンとモフィットは，タイトルⅠに関する彼らの研究の中で次のように断言していた。

　その性格も範囲も限定的であったことを考慮すれば，タイトルⅠは多少なりとも効果的であったが，学力格差に照らしてみればその成果はわずかなものに思われた。学校に関する議論で格差が可視化するにつれて，タイトルⅠは効果的でないと思われるようになった。幅広い学校改革運動がこの見解を補強することになったが，それはその提唱者たちが，合衆国の学校はほとんどの生徒がつまらない学習をするのを許していること，そして解決策はもっと厳しい教科の学習であることを主張したからであった[19]。

スタンダードとテストで
結果責任を問う政策の功罪

　自分の払った税金が無分別に使われることを望む者はいないだろう。政府が支援するプログラムの効果が出ているかに関する討論は、アメリカの国民的議論において、やはり不変のものであり続けた。そして、貧困が学齢期の子どもに与える影響を改善することを目指すタイトルⅠとその他の方策に関しても同様であった。

　1980年代以来、連邦資金援助は失敗だという考えが広がっていった。より正確に言うと、貧困問題に焦点化した連邦教育援助は、教育的に不利な状況にある子どもたちの学力を十分には改善していないという考えが広がったのである。その傾向は、公立学校の改善のために全米レベルの支援をするという概念を決して受け入れることができなかった保守派によって作り出されたもので、保守派はその代わりに、私立学校の拡大を推進する教育バウチャーのような政策を支持した。

　しかしまた、タイトルⅠや類似したプログラムのために以前は闘っていたリベラル派も、1980年代終わりには幻滅していて、連邦援助に関する大きな変革が必要だと信じるようになっていた。88年に著名なリベラル派のホーキンズ下院議員が、学区が生徒の学力を向上しない場合、是正措置を求めるようなタイトルⅠの修正をしたことを思い出してほしい。

　連邦援助の効果の低さに関する考えは、公立学校がうまくいっていないという、より一般的な批判と一体化していった。何十年もの間、PDK／ギャラップ社の公立学校に対する国民の意識に関する世論調査で、全米の公立学校は低い評価を受けてきたが、地域の学校は受けてこなかった。2013

年に，全米の学校に関して A か B の評価を受けたのは，わずか 18% だっ
たが，地域の学校は 53% であった[1]。考えようによっては，一般市民は，
自分が知っている地域の学校には満足しているが，全米の学校に関する印
象は，かなり批判的な場合が多いマスコミ報道で聞いたり読んだりしたこ
とによって形成されているのかもしれない。理由はともあれ，全米の学校
が不適格だという一般的な感情が存在しているのである。

　第 5 章では，公立学校に関する一般的な不満と，とりわけ連邦援助に関
する不満の双方を考察する。そして一般に蔓延した不満が，いかにして学
習スタンダードを向上させる運動へと発展したかを述べる。その運動は，
最終的には 2002 年の「どの子も置き去りにしない法」（NCLB 法）と結び
つく，テストにもとづく改革へと姿を変えている。第 6 章では，第 4 章で
改革がどの程度効果的だったか，というタイトル I に関して尋ねたのと同
じ問いを，このスタンダードにもとづく改革についても尋ねることとする。

第5章

4人の大統領によるスタンダードにもとづく改革

　1983年にロナルド・レーガン大統領のもとで刊行された報告書『危機に立つ国家』は，メディアの大きな注目を集めた。それは，オーバーな論調と激しい言葉遣いのためであった。「もし敵対する外国勢力が，今日存在する凡庸な教育レベルをアメリカに押しつけようとしていたなら，戦争行為と認識してもおかしくなかった。実情としては，われわれは自国にこのようなことが起こるのを許してしまったのである」と宣言した[1]。

　皮肉にも，レーガン政権下のテレル・ベル連邦教育長官 (Terrell Bell) は，新設された連邦教育省を廃止するという提案からレーガン大統領の注意をそらすための一方策として，報告書を作成した委員会を招集していた[2]。報告書を刊行した時，レーガン大統領は，どちらも報告書の提案として盛り込まれていなかったのにもかかわらず，学校での祈禱の再開と私立学校の学費のためのバウチャー制の導入を通してアメリカの学校を改善する要請として，この報告書を歓迎した。

　いずれにしても，報告書は，学校の状態に関してアメリカ国民の神経をいらだたせることとなった。ビジネス・リーダーは，アメリカの労働者が高いレベルの仕事に就くために十分に教育されていないことへの失望を表明した。州知事や他の政治家は，嘆かわしいレベルのアメリカ教育のせいで，国際市場で他国がアメリカを追い抜くのではという懸念を表した。

　政治的な右派は，公立学校の嘆かわしい状態についての話を広めていった。それは，保守派も，バウチャーや税額控除の形で私立学校への政府の援助を求めていたからである。しかし，連邦援助に関して研究している大学教授のパトリック・マグィン (Patrick J. McGuinn) は以下のように指摘している。

　公立学校のレベル向上を目指した連邦政策の失敗に注目を集めようとする共和党の試みは，いろいろな意味で逆効果となった。共和党は，教育に関する

メディア報道を拡大することと，メディアが学校を否定的に描くようにすることに成功した。しかしながら，共和党のレトリックは，教育分野における連邦政府の役割の縮小への国民の支持を拡大することになるどころか，逆に国内政治や有権者の間での教育の重要性を増すこととなり，学校改革における連邦政府のリーダーシップの拡大への弾みをつけることとなった[3]。

　タイトルⅠと他の連邦援助プログラムが不利な状況にある生徒の教育を十分に改善していないという見解は，公立学校がうまくいっていないという考えを強化した。そしてメッセージは以下のようになった。学校は良い仕事をしておらず，連邦援助は効果的でなく，役に立っていない。もう1つの答えが見つけ出される必要があったが，それが，結果的にスタンダード・テスト・アカウンタビリティ運動となった。

　この新たな改革が，いかにして連邦法に組み込まれ全米の政策となったかに関する物語は，4人の大統領が関わるものである。2人は共和党，2人は民主党で，それぞれがアメリカの教育の大改革に関して独自の貢献を果たした。概して言えば，既存のタイトルⅠの連邦教育構造を使い，新たな要件をその上に積み重ねたことになる。伝統的な連邦プログラムは継続され，テストとアカウンタビリティの要件が加えられた。

1.　第41代ブッシュ大統領と全米スタンダード

　レーガン政権の副大統領だったジョージ・ブッシュは，1988年の選挙で自らの力で大統領になった後，レーガン政権の連邦政府の学校教育への関与に関する放任的態度を改めた。89年にブッシュ大統領［第41代］は，バージニア州シャーロッツビル市で，公立学校の改善方法を議論するために全米州知事による異例の教育サミットを開催した。

　当時のアーカンソー州知事だったビル・クリントンはそのサミットに参加し，その後民主党知事の代表として，他の州知事と超党派で，全米教育目標の立案のための作業を行った。州知事たちは，そのような目標が，全米スタンダードと全米テストにつながると予期していたと，クリントンは後に説明した[4]。

　その作業の象徴的意味は，驚くべきものだった。民主党と共和党の州知事は，各自の州で学校改善のため奔走していたが，州の努力を後押しする，より大きな連邦政府の役割が必要だったと述べていた。州知事は，州の権限を必死で守ろうとすることで知られているので，全米レベルの注目や介入を求めていること自体が大転換であった。州知事たちが必要としていなければ，連邦と州の関係の中で，そのような転換を求めなかっただろう。

　全米教育目標においては，学校改善のための野心的な目標が設定された。例えば，2000年までにアメリカが，数学と科学で学力世界一になるというものが盛り込まれていた。これらの目標は達成できなかったが，期待されている高い学習目標にもとづく新たな全米の学校改革運動を展開していく基盤としての機能を果たした。それと同時に，様々なグループが学習レベルの厳格さを引き上げる必要性を叫んでいた。

　数学教員たちは1980年代終わりに，全米数学教師協議会（NCTM）を通して，生徒が数学分野で学ぶべきことをまとめた全米スタンダードを開発し，90年代初めに公表した。91年には，ビジネス関係者や教育者からなる大統領の諮問委員会は，ブッシュ大統領に，アメリカ教育界では新たな一歩となる初等中等教育レベルの全米テストの採択を提言した。ALCOAグループの会長兼CEOで，後に連邦財務長官となったポール・オニール（Paul O'Neill）は，教員は一連のスタンダードに合わせて教えるべきであり，全米テストが学校改善の目標を達成する唯一の方法となるだろうと主張した。数週間後に，共和党のニュージャージー州トーマス・キーン知事（Thomas Kean）が代表を務める教育グループは，すべての高校3年生に，知識と技能に関する全米テストを受けることを義務づけるべきだと提案した[5]。

　このような考えに影響を受けて，ブッシュ大統領は1990年代初頭に，主要教科の学習スタンダードと生徒の進捗度を測る全米テストの策定を提案した。この計画実施の第一歩として，ブッシュ政権は，連邦教育省，全米人文科学基金とその他の政府機関からの連邦資金を使って，全米スタンダードの策定のため，いくつかのグループと契約を結んだ。

　これらのスタンダードの開発には，民主党が多数派の連邦議会は関わっていなかったが，ブッシュ大統領は，すべての下院選挙区におけるモデル・スクー

ルの設立を財政支援する小規模な法案を連邦議会に提出した。下院の教育労働委員会はその手法を拒否し，ビル・フォード委員長 (Bill Ford, 民主党：ミシガン州) は委員会の教育法律顧問である私に代替案を策定するように要請した。

　ミシガン州選出のフォード下院議員は，教職員組合と公立学校の管理職と非常に親しい関係にあった。フォード議員は，そのようなグループの人たちに，ブッシュ大統領の全米スタンダードとテストの提案についての疑念を伝えた。フォード議員は，1964 年のジョンソン大統領の地滑り的勝利の時に初当選し，最初の議会で初等中等教育法 (ESEA) を立案した。政治哲学は，モース上院議員，パーキンズ下院議員，そして他の 1960 年代の連邦援助立案者のものと類似していて，教育者は全般的に自分たちの仕事についてわかっていて，やるべき仕事をするのに十分な資金が足りないことが，唯一の制約になっていると考えていた。

　ブッシュ大統領の提案への代替案を考える際に，孤立した変革手法ではなく，一部の州の包括的改革を採用する動きに関してまとめた教育政策研究コンソーシアム (CPRE) による調査報告に，私は感銘を受けた[6]。マーシャル・スミスとジェニファー・オデイ (Jennifer O'Day) による論文は，この新しい改善手法の知的基盤となるものであった。過去 10 年間の学校改革について再検討する中で，スミスとオデイは，州レベルの政策で一貫性が欠如していること，そして生徒のより高度な技能ではなく，基礎技能の開発に焦点化されていることを見出した。2 人は，州政府が，高次思考能力を重視した教育スタンダードを採用し，その他の改革をそのスタンダードに結びつけることを提案した。言い換えれば，州内で，専門職能研修にもとづく学校改善，新任教員の研修，教科書，その他の学校教育の側面が，教室内の教授学習過程を改善するという教育目標によって支えられるべきだと考えたのである[7]。

　フォード議員はこの手法に懐疑的だったが，教育労働委員会が，政権案への代替案を提示しなければならないことをわかっていた。そこで，委員会の委員長として，フォード議員は，州政府が組織的に学校改善に取り組むという目標のために資金を提供する法案を発表した。この法案は，政権案の代わりに下院と上院で可決され，両院協議会で承認された。その後，下院は合意法案を可決したが，教育分野の連邦政府の影響力の拡大に反対するジェシー・ヘルムズ上

院議員（Jesse Helms, 共和党: ノースカロライナ州）とその他の保守的な上院議員
が議事妨害を仕掛けることで合意法案を否決した。しかしながら，ヘルムズ議
員とその同僚は，連邦政府の包括的改革への援助の概念を完全に消し去ること
はできなかった。次の議会で，その手法は，ビル・クリントン大統領による州
政府が広範にわたる改善のための土台として学習スタンダードとテストを採用
するという法案の基となったのである。

　しかし短い期間に，ブッシュ大統領は，議会の保守派の反対により政権主導
の法案を失うこととなった。加えて，いくつかの教科の全米スタンダードを策
定するという政権による史上初の活動も崩壊した。段々と明らかになったが，
そのようなスタンダードに関して合意に達することは難しい課題であった。特
に歴史のスタンダードの内容に関して，感情的な対立が表面化した。そのスタ
ンダード開発の資金援助をした全米人文科学基金のリン・チェイニー元代表
（Lynne Cheney）は，以下のように述べた。

　　ジョージ・ワシントンが一瞬出てくるだけで，われわれの初代大統領として
　　記述されないようなアメリカ史の授業内容の概要を想像していただきたい。
　　または，シエラ・クラブ［自然保護団体］と全米女性組織（NOW）の設立は注目
　　すべき出来事とされる一方で，アメリカ連邦議会の最初の会議は同様に扱わ
　　れないものを想像していただきたい[8]。

　このようなスタンダードへの当初の批判の後，スタンダードの執筆者たちは，
より良い政治的均衡がもたらされるように修正したが手遅れとなった。全米ス
タンダードという概念に対する保守派の反対は強固なものになっていた。英語
のスタンダードにも問題があり，保守派の評論家は，フォニックス［単語の綴
りと発音の関連性を重視する語学指導法］の指導が正当に評価されていないと
主張した。皮肉なことに，ブッシュ大統領は，政権主導の法案と全米スタンダー
ドの概念のどちらでも敗北したが，それは，チェイニー元代表のような以前政
権で役職に就いていた数人を含む，共和党保守派の反対によるものだったので
ある。

　法案を制定し，新たな全米スタンダードの承認を得ることには失敗したが，

ブッシュ大統領の行動は，保守派の共和党議員が，全米スタンダードとテスト
を通した公立学校の改善を提案したという点で重要であった。教育が，建国か
ら最初の 200 年の間，地方の教育委員会によって支配され，すべての政治家が
公教育の地方自治を支持しているように見えたアメリカの中で，その提案は革
命的な概念だったからである。ブッシュ大統領は，アメリカが世界の中で経済
的に衰退していて，その理由の一つが，労働者が十分な教育を受けていないこ
とだと主張したビジネス・リーダーに支持されていた。

　このように，ブッシュ大統領は，地方の学校で教えられる内容が連邦政府に
よる影響を受けるべきかに関する議論への扉を開いた。言い換えれば，カリキュ
ラムの地方自治の概念に異議を申し立て，連邦レベルから，すべての学校の改
善について議論をし始めたのである。伝統的な連邦政府の手法では，特定の子
どもへの支援に焦点化していたが，ブッシュ大統領は，すべてのアメリカの生
徒の学力を向上させることを提案したのである。

2.　クリントン大統領と州レベルのスタンダード

　1992 年に，ビル・クリントンは，再選を目指して戦ったブッシュ大統領に勝
利したが，大統領選挙中に，教育に関する包括的な政策を実現することを約束
していた。その計画の一環として，学習スタンダードを採用する方策を継続し
ようと考えたが，全米スタンダードとテストを策定しようとするブッシュ政権
の試みが失敗に終わったことを目の当たりにしていた。そこで，大統領選挙に
勝利すると，クリントン大統領は，異なる方策を提案し，ブッシュ大統領が成
し遂げられなかったことを成し遂げた。

　クリントン大統領は，スタンダードとテストを策定する責任を，全米のグルー
プや連邦政府ではなく，州にシフトしようとした。スタンダードとテストを策
定するための州政府への元手となる創業資金の予算を盛り込んだ「2000 年の目
標」（Goals 2000）とその後の ESEA の再改定法の制定を通して，タイトル Ⅰ 資
金援助の受給資格を維持し続けたければ，スタンダードとテストによる制度を
確立することを州政府に事実上義務づけたのである。

　クリントン大統領は，連邦政府を，スタンダードの策定業務から解放するこ

とに成功したが，州政府が州の学力スタンダードを策定するように促されたこと自体が非常に珍しいことであった。前に，地方学区への州の資金の配分手法の策定に関して，州政府が伝統的に公立学校への影響力を制限していたことを議論した。州の学習スタンダードを設定する動きは，数世紀にわたる公立学校の地方自治の伝統からの大きな離脱となった。連邦政府による統制ではなかったけれど，同時に連邦政府の推奨にもとづく，教室内で教えられる内容に関する州レベルの統制であった。そして，この展開は，連邦レベルの立法を通して実施されたのである。クリストファー・クロスは，「1994 年の法律の重要性は誇張してもし過ぎることはない。重要な角を曲がったのであり，今や連邦政府は，新たなスタンダードとテストに関する 2000 年の目標と ESEA の要件を通して，全米のほぼすべての学区で起こっている教育プログラムに深く関与することとなったのである」と述べた[9]。

　しかしながら，「学習する機会 (学習機会)」(opportunity to learn, 以下「OTL」) と呼ばれる主要概念が，議会の審議過程で 2000 年の目標の法案から効果的に取り除かれた時に，クリントン大統領の成功は台無しとなった。OTL は，もしすべての生徒が，当時教えられていたものより厳格なスタンダードに盛り込まれた内容を学ぶとしたら，十分に訓練を受けた教員，高い質の教材，そして良い教育と関連づけられる他のリソースへのアクセスが必要だという概念に立脚している。各州は学習スタンダードとともに OTL スタンダードを策定することになっていた。

　当初クリントン大統領は，より高いレベルの学習スタンダードとテストを推進し，OTL についてはほとんど言及していなかった。連邦議会の民主党議員がこの概念がどんな法案にも盛り込まれるべきだと主張して初めて，クリントン大統領はその概念を支持することに合意した。しかしその後，連邦議会がその法案を審議した際，ジャック・リード下院議員 (Jack Reed, 民主党: ロードアイランド州) がさらに一歩先に進み，地方学区で OTL スタンダードが実施されなかった場合，州政府が是正措置を取ることを義務づける修正案を提示することに成功したのである。この行動が，この条項のある法案は支持しないと言い出した共和党議員からの反対の嵐を巻き起こした。その結果として，クリントン大統領は再度考えを変え，共和党側と同調することとし，最終的な法案は，州政府

にOTLスタンダードの実施を義務づけなかったのである。不本意ながら，リード下院議員や他の民主党議員はその法案を支持した[10]。

　OTLを除外したことは，政治的に必要だったかもしれないが，致命的な誤りであった。というのは，この決定の結果として，より高度なスタンダードを実施するための地方学区の能力に関する検討も棚上げされたからである。同様に，教員がスタンダードに盛り込まれた，より高度な内容を教えられるように訓練されていること，そして学校がより高度なスタンダードを実施することを保証することが，州や学区の職員の責任から除外された。OTLの欠如は，役割を遂行するのに必要なリソースや訓練を受けたかの承認なしに，テストの点数を伸ばしたかのプレッシャーを学校や教員に残すこととなった。OTLの欠如は，そのようなリソースを提供する義務から，選挙で選ばれた議員を解放することにもつながったのである。

3.　第43代ブッシュ大統領とどの子も置き去りにしない法

　スタンダードにもとづく改革に関わった3人目の大統領であるジョージ・ブッシュ大統領［第43代］は，クリントン大統領の成功を土台にして教育政策を推進した。ブッシュ大統領が，スタンダードとテストの運動を拡大する連邦法案を支持したことは，ある人たちにとっては驚きだった。と言うのは，連邦議会の共和党議員は，この改革に敵対し，クリントン政権下で成立した法律を撤廃し，資金援助を停止しようと考えていたからであった。

　ブッシュ大統領が全米レベルからの教育改革を擁護したのは，部分的には政治的動機にもとづくものだった。ブッシュ大統領は，票を勝ち取るためには，教育を共和党の課題にする必要があることを知っていた。1996年に，当時テキサス州知事だったブッシュは，クリントン大統領の再選を説明する際に，『ワシントン・ポスト』紙に，「政治的な観点から言うと，クリントン大統領は問題を盗み，女性票に影響を与えたことは疑いの余地がない……共和党議員は自分たちが教育を支援しているとはっきり言わなくてはならない」と引用された[11]。

　ブッシュ大統領は，スタンダードとテストの手法に慣れていたこともあった。それは，テキサス州は1980年代からそのような制度を推進していたからであ

る。そこで，上記の政治的要因と手法を熟知していたことが混ざり合い，ブッシュ新大統領は，最初の法案として，後に「どの子も置き去りにしない法」となった法案を提案したのである。

　連邦議会の共和党議員にしてみれば，クリントン大統領の法律への反対からブッシュ大統領の法案への賛成に方向転換することは難題であったが，ブッシュ大統領への忠誠心と政治的必要性のために支援に回ったのであった。下院の教育労働委員会の当時の委員長だったベイナー下院議員 (John Boehner, 共和党：オハイオ州) は，この政治的順応性の最高の例となる。クリントン政権下では法律に反対し，連邦資金をほぼ条件なしに州政府に支給する法案の共同起草者となった人物であるが，今やベイナー議員は，アメリカのすべての公立学校への影響力を行使する，かつて制定された中で最も強制力のある連邦法となった NCLB 法の起草者であり，主要な支持者だったのである。

　2002 年に制定された NCLB 法は，2014 年までにすべての生徒が英語と数学で習熟レベルに達することを州政府に義務づけた。州政府は，独自の習熟レベルを設定し，独自の英語と数学のテストを使うことができた。さらに，各州は，毎年習熟レベルに達する生徒の割合が徐々に向上するような到達目標のスケジュール［適正年次進捗度］を設定しなければならず，すべての生徒および指定されたサブ・グループの生徒が年次目標に到達しなかった学校に対する NCLB 法の罰則規定を実施に移さなければならなかった。サブ・グループごとのアカウンタビリティは，特に注目に値するものだった。それは，人種や民族，貧困層の子ども，英語学習者，障がいのある子ども，ならびに学校全体の生徒が，州のテストの目標点に達する必要があることを意味していた。この条項は，多くの学校にとって達成が難しい目標だということがわかった。

　クリントン大統領の ESEA 修正法案に関する審議過程で，連邦議会の特に共和党の一部の議員は，連邦資金援助にもとづくサービスを受給していない生徒が連邦レベルで義務づけられた学習スタンダードによって影響を受けることを憂慮していた。しかし，ブッシュ大統領の NCLB 法は，州のスタンダードとテストの要件を各州の公立学校に在籍するすべての生徒に適用するものであり，それは連邦資金援助を受給していない学校の生徒さえも含まれていた。2002 年の NCLB 法の大胆さは，1994 年のクリントン政権下の 2 つの法律の広範さと

強硬さをはるかに上回るものであった。しかしながら，連邦議会の保守派は，2000年の目標と1994年のESEAの再改定法には，連邦政府による地方学校への不当な介入だとして反対していたのにもかかわらず，NCLB法には賛成票を投じたのである。

　NCLB法は，その習熟の目標，予定表，罰則規定の厳密さのために，クリントン大統領の法律よりもさらに強力なものでもあった。唯一与えられた自由度は，州政府が，習熟レベルに関して独自のスタンダードを設定し，生徒が習熟レベルに達するための1年ごとの独自のスケジュールを決められることのみであった。言い換えると，NCLB法は，プロセスに関しては非常に厳密だが，内容に関しては大雑把なものだったのである。

　クリントン大統領の法律とブッシュ大統領の法律は，教育分野における連邦政府の役割に関する大きな転換点となった。もはや連邦政府の主要な関心事が，追加のサービスを必要とする特定の生徒層に限定される時代は終わり，今や連邦政策が求めるものは，全米のすべての公立学校の生徒の学力向上に他ならなくなったのである。パトリック・マグィンは，NCLB法の重要性を以下のように表現した。

　　2002年のNCLB法の制定は，連邦教育政策の目的と手段を，1965年の最初のESEAで提示されたものから根本的に変え，その過程で，新たな政策体制を確立した。1965年に生み出された従来の連邦教育政策体制は，学校改革を不利な状況にある生徒のための公正とアクセスを保障することを中心的な目的と見なす政策体制にもとづいていた。……NCLB法体制の核心にある政策体制は，すべての生徒の教育を改善するという，はるかに広範な目標に重点を置き，連邦政府によるプロセスとインプットへの影響を大幅に削減し，その代わりに学校教育の成果へのアカウンタビリティを増大させることで目標を達成しようとしている。NCLB法が定める新たな厳しい連邦レベルの予定表やアカウンタビリティ方策は，州政府を，1994年に導入されたスタンダードとテストによる改革に従わせるために必須のものと理解された[12]。

　連邦政府の役割が，不利な状況にある子どもたちの支援に焦点化したものか

ら，すべての生徒のための教育を改善するという，より広範な目標へと転換したことの重要性を指摘している点で，マグィンは正しい。しかし，連邦政府によるプロセスへの影響を削減し，その代わりに成果へのアカウンタビリティを増大させるという 2 点目に関しては，少し説明が必要である。

　NCLB 法に関して強く主張されていたことは，同法が地方の裁量を増すだろうという点である。例えば，全校プログラムへの申請資格は，40 % かそれ以上の生徒が低所得家庭の子どもで構成されている学校を含むように拡大された。他の連邦政府の要件もいくつか緩和された。タイトル I や他の援助プログラムに関して地方レベルの柔軟性が増えたのと同時に，ほぼすべての生徒対象の年次テストなどのアカウンタビリティのための非常に詳細な連邦要件が義務づけられたことで，相殺以上の事態となっていたのである。そこで，多くの地方の教育者が，NCLB 法とより広範な柔軟性を結びつけるかどうかについて，私は疑問に思っている。全般的な行政上の負担は，政治家の言葉とは裏腹に，NCLB法の後で，より重くなったのである。

　いかにして，そのような厳格な法律が連邦議会で制定されたのだろうか。

　一つの要因となったのは，当時の雰囲気である。2001 年の夏の間，法案は行き詰まっていたが，そんななか，9 月 11 日のテロ事件が起こった。ニューヨークとワシントン D.C. への攻撃の後，愛国の精神が高まり，政治的リーダーは力を合わせようとした。その雰囲気は，法案に関する妥協を引き出すのを手助けした。

　他の要因も関係していた。連邦援助に関する専門家で大学教授のポール・マナ (Paul Manna) はいくつかの理由を挙げている。

　連邦議会の共和党の一部は，全米の学校への連邦政府の関与の増大をひどく嫌っていたが，このような批判者も，政治的結果については文句を言えなかった。例えば，2001 年 5 月に，ミッチ・マコーネル上院議員 (Mitch McConnell, 共和党: ケンタッキー州) は，同僚の共和党議員に，ブッシュ大統領が，「教育分野の 20 ポイント差を挽回し，逆転するところまで導いてくれたことを」思い起こさせた。翌月のインタビューで，下院の教育労働委員会でベイナー議員のスタッフを務めたサリー・ラブジョイ (Sally Lovejoy) も同意し，1990 年

代の共和党の経験を踏まえて，ブッシュ大統領の影響力について以下のように私に語った。「かつて 1994 年に，われわれ（共和党）は連邦議会の多数派を奪還し教育予算を削減した。われわれは連邦教育省の存在に反対だった。教育支出に関する民主党との対立が，政府機関閉鎖の一因だった。それらが保守強硬派の立場だった。ブッシュ大統領が出てくるまで，われわれはその窮地から脱することができなかった。ブッシュ大統領が，共和党を教育分野のどん底から抜け出させてくれたのだ」[13]。

　共和党議員からのこのような論題は，2003 年に当時私が代表を務めた教育政策センター（CEP）が主催したワシントン D.C. での会合でも繰り返された。われわれは，NCLB 法の立案に最も密接に関わった 6 人の民主，共和両党の下院，上院議員をインタビューした。さらに同時期に数回 NCLB 法の効果に関する要点を伝えていた他の重要な上院議員のうちの 1 人の意見も知ることとなった。われわれは，NCLB 法の立案を含む業務に下院と上院で携わった，主要な共和党・民主党のスタッフからも話を聞いた。これらの議員とスタッフは，連邦議会での長年の仕事を通した知り合いだったため，率直に意見を述べてくれた。そして，完全にオープンに話せるように匿名性を約束した。

　インタビューを受けた人たちの多くは，共和党議員が法案を支持したのは，「身動きできない状態」にあり大統領に従うしかなかったからだったと述べた。この点は明らかに重要な要因だったが，インタビュー対象者の一人は，NCLB 法を立案することで，「共和党がしばらく前に失った教育問題を奪取することができたのだ」と指摘した。

　共和党議員の数人は，連邦援助はうまくいっていなかったという信念を表明し，もう一人は，「多額の資金がタイトル Ⅰ に投入されながら結果が出ていなかった」と表現した。同じ議員は，NCLB 法による今回の試みがうまくいかなければ，このような連邦援助は止めるべきだと主張した。別の議員は，連邦教育資金に関する考え方は変わる必要があったし，連邦政府は，「できる限り資金を用意しようとしている」と付け加えた。

　民主党側は，ある議員が述べたように，NCLB 法への関与は，州政府や地方学区に公教育の質を改善するように促すことが目的で，状況改善のため「一定

のプレッシャーを与えること」を意図していたと述べた。同じ議員は加えて，「連邦資金が欲しいなら，こちらは改善を期待する」というメッセージを送ろうと考えていたと述べた。他の議員もその意見に同意した。

　民主党側は，特に低所得家庭の子どもたちが適切に教育を受けていなかったこと，そして連邦援助がそのような子どもたちの助けになっていなかったことに特に心を痛めていた。民主党議員は，貧困層の生徒が通う学校は，都市部か地方かにかかわらず，これらの生徒の教育に関して良い成果を出していないことを示しているメディア報道や研究やデータを引用した。

　主要なスタッフは，NCLB法の立案過程で，共和党と民主党のどちらが学校からより多くのアカウンタビリティを求められるかという，両党間の競争が生まれていたことに気づいていた。別の人物は，共和党議員の数人とブッシュ政権の高官が，公立学校がうまくいっていないことを示すためにNCLB法を使いたがっていたこと，そしてそれを通して，バウチャー導入の基礎固めをしようとしていたことを認識していた。

　インタビュー対象者の多くは，NCLB法がしばらくの間，修正されることはないだろうと語った。彼らは，同法が学校に馴染み，学校教育の一部となることを望んだ。しかしこれは，学習機会 (OTL) スタンダードを除外したのと同じレベルで，大きな間違いだった。不満を持っていた教員や州のリーダーやその他の人たちがガス抜きをする場がなかったため，NCLB法に対する憤りは増大していったのである。

　父親と同様に，ジョージ・W.ブッシュ大統領は，連邦教育政策の既成概念の枠を超えていった。保守派としては，ブッシュ親子は，教育分野の連邦政府の役割の大幅な拡大を提案した。最初は，全米スタンダードとテストとして，その後は，生徒のテスト結果の向上を強制する厳格なアカウンタビリティとしてということである。もしリベラル派の大統領がこのような概念のどちらかを最初に提案していたら，政治的な右派は，連邦政府による学校の乗っ取りだとして抗議の嵐を巻き起こしただろう。ただ，右派は，提案が自分たちの側から出されたため，集団として口をつぐむこととなった。

　NCLB法は，アメリカ教育界に良い意味でも悪い意味でも足跡を残した。2015年に未だ合衆国の法律であり続け，スタンダード・テスト・アカウンタビ

リティ運動は全米の学校における日常の一部となっている。同法を通して，ブッシュ大統領は，ジョンソン大統領以降のどの大統領と比べても，学校へのより大きな影響を与えることとなったのである。

4.　オバマ大統領と頂点への競争

　バラク・オバマ大統領は，スタンダード・テスト・アカウンタビリティ運動に関わった4人の中で最新の大統領である。その行動が示すのは，同大統領がこの運動の反対者ではなく，支持者だということである。

　オバマ大統領は，大統領選挙に立候補した時，NCLB法の問題に対処することを約束したが，法律の基本理念を否定することはなかった。経済危機への対応がNCLB法の変革を遅らせることとなったが，その期間に，オバマ大統領とアーン・ダンカン連邦教育長官（Arne Duncan）は時間を割いて他のプログラムを策定していた。NCLB法の反対者の視点から見れば，特に教員や学校管理職の視点からは，生徒のテスト結果の使用に大きく依存する方策は，言わば傷口に塩を塗るものとなった。NCLB法の批判者を最も傷つけたのは「頂点への競争」（RTTT）プログラムであり，RTTTは，州政府が学校に対して，広範でシステム・レベルの改善をもたらす支援をするために，数年間で約50億ドルの予算を「アメリカ再生・再投資法」（ARRA）から受給した。

　経済不況の真っ只中での連邦政府からの追加の資金援助は非常に魅力的だったため，ほぼすべての州がRTTTに応募した。オバマ政権は，資金獲得の確率を向上させるために，州政府が，教員評価制度にアカウンタビリティ方策を活用し，州内に存在しうるチャーター・スクール数に関する州法にもとづく上限数を撤廃すべきであることを明示した。結果として，多くの州はまさにそのように政策変更を行った。最終的には，18州とワシントンD.C.がRTTT資金を受給した。

　ARRAから資金を受給したオバマ政権のもう一つの構想は，州内の学業不振校の改善を促すための資金援助プログラムである。連邦教育省によって運営されるこのプログラムも，支援を受けるのに適格かの決定方法は，やはりテスト結果に大きく依存している。競争資金プログラムであるRTTTとは異なり，こ

の資金は計算式により州に配分されるため，すべての州が参加している。

　就任 2 年目が終わり，下院の多数派が共和党に奪還された後になって初めて，オバマ政権は NCLB 法の変革に真剣に取り組むようになった。ただその時までには，政治状況は，再改定法の策定を助長するものではなくなっていた。民主党議員の間に同法の修正方法に関する合意がなかったが，より重要だったのは共和党側の態度であった。上院の共和党リーダーであるマコーネル議員は，その状況を，「われわれが達成したいと思っている最重要課題は，オバマ大統領を一期のみの大統領にすることである」と要約している[14]。したがって共和党議員は，オバマ大統領に，NCLB 法の再改定法制定などの立法上の勝利を与えたくなかったのである。

　NCLB 法の修正に関する連邦議会内の合意がなかったため，オバマ政権は，ほとんどの州で同法の規定の義務を免除する手法に打って出た。義務免除は各州で異なるため，同法が部分的に変えられることを意味し，連邦議会における再改定法の通過がもたらすような，国民の間の周知の事実とはならなかった。ダンカン連邦教育長官は，単に法律の規定を免除すること以上のこともしたが，各州が免除を受けたい場合，新たな義務を課したのである。このような条件は，数年前に ARRA 資金の受給のために義務づけられた要求と類似しており，つまりそれは，高度な学習スタンダードの採用，州レベルのデータ・システムの向上，教員評価制度の変革，学業不振校の改善であった。

　2014 年 5 月 13 日現在，42 州とワシントン D.C. が，NCLB 法の義務免除を認められていた[15]。そのうちの圧倒的多数の州は，この免除が NCLB 法によって引き起こされた問題のいくつかの解決の手助けになると信じていたが，長期的に何が起こるかを懸念していた。その懸念とは，免除が継続されるのか，次の ESEA の再改定法が，免除によって認められているのとは異なる方策を採用するのではないかといったものであった[16]。

　オバマ政権の方策が成功したかどうかを知るのにはまだ早すぎる。今のところ州は，RTTT による大成功を示してはいない。州政府は，教員評価制度の修正案を実施しているが，その結果を判断するのにも早すぎる。教員評価に関する改革に不満を持つ教員や教員組合が，いくつかの訴訟を起こしている。

　オバマ政権のプログラムの有効性に関する判断はまだ下されていないが，明確になっているのは，広範にわたる免除規定の使い方や連邦議会におけるNCLB法の再改定または撤廃に向けての行動の欠如は，アメリカの合衆国憲法により想定された全米レベルの政策決定過程の機能停止を示すものであるということである。ことわざにあるように，「大統領が提案し，連邦議会が処置する」ことになっている。この意味するところは，政策に関する決定は，大統領と連邦議会で下され，それらの決定が，われわれの社会を統治する規則となるということである。

　近年，全米における初等中等教育の政策分野では，その過程が守られてきていない。ほとんどの責めを負うべきなのは，オバマ大統領との交渉を拒んできた下院の共和党議員であるが，法案成立による勝利を与えないことで，オバマ大統領を負かしたり，傷つけたりすることを政治的に狙ってきたマコーネル上院議員や他の上院の共和党議員にも責任がある。しかし，民主党側にも責任の一端はある。オバマ大統領とダンカン連邦教育長官は，オバマ政権1期目の最初の2年間に連邦議会での行動を起こすべきだったのであり，連邦議会の民主党議員は，NCLB法再改定を進めるべきだったのである。その義務を怠ったことが，結果的に，開かれた一般的規則ではなく，免除による政策に結びついている。それはアメリカにとって好ましいことではない。

　結論として，4人の大統領が，スタンダード・テスト・アカウンタビリティ改革を推進してきた。結果として，その改革が連邦法に根ざし，アメリカの何百万人もの生徒の毎日の学校教育に影響を与える，全米の主要な教育政策となったのである。

　その改革がアメリカの教育を改善してきたのかという疑問は，いまだに残っている。

第6章

スタンダードにもとづく改革は効果的なのか

第Ⅰ部の終わりに，タイトルⅠは，制定当時に思い描かれたように効果的だったのかを問い，追加資金援助は，限られた予算と不公正な公教育制度の中で，不利な状況にある生徒の到達レベルの改善に関してわずかに効果があっただけだと結論づけた。別の言い方をすると，普段の教授学習過程の基本原則を変えずに，生徒への追加援助を提供しても，学力へのプラスの効果はわずかだったということである。

ここでは，連邦援助と公立学校に関して認識されている失敗の結果として採用された変革の理論について，同じ質問がなされなければならない。州レベルの学習スタンダード，そのスタンダードにもとづく州テスト，そしてより高度な学習スタンダードを支えるアカウンタビリティ方策の導入は効果的だったのだろうか。

NCLB 法がアメリカの子どもたちの広範にわたる学力向上に結びついたという決定的証拠はないというのが，その問いに対する答えである。そのような学力向上が，13 年前の NCLB 法制定時の公約だったのにもかかわらず，これが真実なのである。学力に関する問いとは別に，スタンダード・テスト・アカウンタビリティ運動は，教育分野における良い実践と良くない実践をどちらももたらしており，両方が混在している。

実践や生徒の学力に関してこのような結論に達した過程を見るには，研究と評価の結果をチェックする必要がある。手始めとなるのは，CEP による包括的で長期的な調査の結果である。NCLB 法は，2002 年 1 月の同法施行の当日から物議を醸すものだった。私自身の当時 30 年に及んだ連邦プログラムに関わる経験から，そうなるだろうとわかっていた。CEP の代表として，NCLB 法の効果に関する客観的で多面的な点検をするために，慈善財団からの資金を募った。幸いにも，CEP は資金を受給し，ブッシュ大統領が 2002 年 1 月に同法に署名した数カ月後に調査を開始した。

　それ以来，CEP は，州政府と学区の調査や事例研究を通して，NCLB 法の効果を調べてきた。初期の研究は，『首都から教室へ』と題する一連の年次報告を含んでいた。そのような研究は，NCLB 法実施の結果，教育実践がどのように変わったかを調べるだけでなく，同法を通して生徒の学力向上が達成されたのかに関する問いにも答えようとした。その後の研究は，超党派の専門委員会の指示のもとで，50 州すべてとワシントン D.C. の協力を取りつけ，膨大な量の州や全米のテスト結果のデータの編集と分析を含むものとなった。

1.　実践における変化

　この一連の研究は，NCLB 法実施の結果として学校における実践がどのように変わったかに関して以下の一般的な結論を導き出した。このスタンダード・テスト・アカウンタビリティ政策は，全般的な改善という側面と，良い教育への障壁という側面の両方をもたらした。

　NCLB 法の最も有益な成果は，教育するのが困難なためにしばしば見過ごされていた生徒たち，ならびに学業不振の生徒たちが集中する学校に光を当てたことであった。同法は，黒人，ヒスパニック，英語学習者，障がいのある生徒などのすべての主要グループのアカウンタビリティを重視したため，各グループの学力レベルが，学校自体が十分な進捗度を示しているかを見極める要因となった。過去には，このような生徒たちの進捗の欠如が，全生徒の平均的な学力傾向によって隠されていることがよくあった。しかし同法により，ある特定のグループの失望させるような結果が，白日のもとにさらされるようになったのである。学校は，すべてのグループの生徒に対して責任を負うようになり，学区は，各学校に責任を負うようになった。そのような方策により，学校内のサブ・グループの生徒，あるいは学区内の学業不振校の芳しくない成績のどちらも，覆い隠すことができなくなったのである。

　NCLB 法の主要な欠陥は，州の結果責任を問うテストを重視しすぎた点にある。教員はテスト対策の授業をしようとし，予想問題の準備のために長い時間が割かれ，テストに出ない教科は二の次となり軽視された。このような欠点は，低所得層家庭からの子どもが集中する学校においてより顕著となったが，それ

は，そのような学校のテスト結果が最低レベルだったからである。より裕福な
家庭からの子どもが集まる学校では，障がいのある生徒と英語学習者という例
外を除けば，ほとんど問題なく州の到達目標を満たすことができていた。

　このように，NCLB法は，まさに長所と短所が混在したものであった。注目
を集めたのは，過去には隠されていた学力の低い生徒のグループであり，学区
はすべての学校の結果責任を負うこととなったのである。一方で弱点は，テス
トが良い教育をつくるわけではないことだった。言い換えれば，生徒の学力は，
年一回実施される州統一テストでは，完全に，または公正に測定されるとは限
らず，つまり，良い目標を達成するための手段に欠陥があったのである。

　学校での実践に与えたNCLB法の個別の効果の要約も，この混在した状況を
示している。

- 生徒たちは，以前より多くのテストを受けている。
- 多くの学校，特に低所得家庭の子どもが集中する学校は，テストに盛り込
  まれない教科を犠牲にして，英語と数学に，より多くの時間を割いている。
- 追加の援助を受け取った学業不振校は，一貫してより大きな改善は示して
  いない。
- ほとんどの教員は，NCLB法の要件によって定義される「高い資格を有し
  て」いるが，その標語の価値に関してかなりの疑義が生じている。
- 学校は，州のスタンダードにもとづくカリキュラムと指導を統一すること
  に一層大きな注意を払い，テスト結果をこれまで以上に綿密に分析してい
  る。
- 学校は，学力格差と特定の生徒のグループの学習上のニーズに，これまで
  以上に注意を払っている。
- 連邦政府，州政府，地方学区は，すべて責任を拡大したが，十分に責務を
  果たすのに必要な州や学区レベルの資金が不足している[1]。

　この短いリストは，NCLB法の効果に，良い面と悪い面が混在していること
を示している。指導の改革のためにより良く，より頻繁にデータを活用するこ
とは，明らかに改善と呼べるが，教育がテストに依存し，まとまった時間が指

導から奪われてテスト準備に向けられる時，より多くのテストを受けることは，良い実践とは言えない。

　タイトルⅠと特定援助プログラムの実践も，学校現場において変化してきた。例えば学校は，英語または数学の学力向上のための特別の指導のために，教育的に不利な状況にある生徒を，通常の教室から連れ出していたが，この指導の効果は参加する生徒に限定された。NCLB法の導入により，全校がその政策の影響を受けるようになった。今や，すべての生徒が数学と英語で習熟レベルまで引き上げられなくてはならなくなり，学校内のサブ・グループだけでなく，全校生徒が2014年までに習熟レベルになるという目標達成のため，毎年実施の州テストで習熟レベルの生徒の割合に関する特定の目標をクリアしなくてはならなくなった。このような広範にわたる要件は，NCLB法によりもたらされた指導実践における変化が，タイトルⅠと他の特定目的プログラムによってもたらされた結果よりも幅広い効果を持つことを意味した。

　そのような幅広い効果に不可欠なのは，2014年までにすべての生徒が数学と英語で習熟レベルに達するというNCLB法の目標だった。その目標はその年に達成されず，多くの州では，連邦教育省によりその要件が免除された。皮肉なことに，その目標を達成できなかったことについては，メディア報道ではほとんど議論されてきていない。その目標は，「どの子も置き去りにされない」という法律の表題が達成されるようにするというNCLB法の最重要項目だったのにもかかわらず，そうなのである。明らかに，多くの生徒が置き去りにされてきたが，今問われなくてはならないのは，その目標は妥当だったのか，そして目標達成のための手段が学力向上のために役立つ方策だったのかという点である。

2.　アカウンタビリティ制度

　NCLB法は，生徒の学力の向上を促すために，目標が明確なアカウンタビリティ制度を重視した。この制度の主要な構成要素は3つある。第1は2014年までに英語と数学ですべての生徒が習熟レベルに達するという目標，第2はこの目標に向けて進捗度を測るために州が設定した目標値，そして第3は全生徒と特定のサブ・グループの生徒のために設定された目標に向けての適正年次進

捗度（adequate yearly progress, 以下「AYP」）を満たさなかった学校への罰則である。

このアカウンタビリティ制度は，膨大な数の学校が目標に到達しないという結果をもたらした。2010–11年度までに，全米のほぼ半分の学校がNCLB法のもとで「要改善校」と見なされたが，それは，そのような学校が，習熟レベルに達することが期待された生徒の割合に関する州の年次目標値を複数年続けて満たせなかったということであった[2]。

では，全米の半分の学校が失敗校ということなのか。いや，そうではない。これが示しているのは，NCLB法が学校を成功と判断する手法が不適当であり，AYPと呼ばれる手段があまりにも粗雑だったということである。42州がその意見を共有し，連邦教育省より，AYPやその他のNCLB法の要件からの義務免除を認められた。学校における生徒の進捗度を適切に測定するという点で，NCLB法は間違っていたのである。

3.　生徒の学習到達度

正確さに欠くAYP制度についてはさておき，重要な問いは，NCLB法のもとで生徒の達成度が著しく向上したかどうかである。その問いに答えるために，3つの情報源を用いて検討する。第1は州統一テストの結果，第2は全米学力調査（National Assessment of Educational Progress, 以下「NAEP」）の主調査（main NAEP），第3はNAEP動向調査（Longitudinal NAEP）である。これらの3つのテストは，異なる仮定のもとに策定されたため，様々な結果を生み出している。この結果の分散が，テスト政策の効果と生徒の学力の状況に関する混乱させるような議論を時折引き起こしている。疑問や混乱を時々生じさせているもう一つの要因としては，異なるNAEPデータを，経年変化の傾向を確定する際に，異なる年と比較していることが挙げられる。この問題が起こる理由は，あるNAEPテストが決まった年にのみ実施されるからであり，その年を比較の基準の年としなければならないのである。

以下のテスト結果の分析が複雑であることは認識しているが，NCLB法のもとでの生徒の達成度について考察するには不可欠なものとなる。NCLB法の効

果の全容を把握するために，州テストのデータを考察する。州テストは，英語と数学の2つの教科において，全生徒とサブ・グループに関して，第3学年から第8学年まで毎年と高校で1回実施されている。次に，州テストの結果とNAEP主調査の結果を比較し，後者のデータが，2教科における全生徒とサブ・グループに関する州テストの傾向を，独自に裏づけられるかを検証する。その後，NAEP主調査の結果自体を考察する。最後に，NAEP動向調査の結果を考察する。動向調査は，州ごとの結果を算出できないが，NAEP主調査が示せない，ある一定の全米の傾向を示すことができる。その分析過程で，異なる生徒のグループ間の学力格差の解消に向けての進歩の有無を示す情報も盛り込むこととする。

　課題となるのは，2つの教科の全生徒とサブ・グループに関する，異なる学年と年齢を対象とした3つの異なるテスト制度にもとづく膨大な量のデータから，一般的な結論を導き出すことである。膨大な量の情報に飲み込まれてしまうこともありうるだろう。

　NAEPがこの分析すべてに織り込まれているため，NAEPが何であり，何を示すのかを知ることは重要である。1967年に私が連邦議会での仕事を始めた時には，全米一般に関しても，ほとんどの州でも，生徒の学力を測る有効な手段は存在しなかった。70年のNAEPの確立とともに，その状況が変わった。NAEPは，連邦資金による評価制度であり，英語と数学の到達度を測ることから始まったが徐々に拡大し，今では他の教科の到達度も測っている。NAEPの一部である動向調査は，70年代初頭から基本的に同じ学習内容を用いて英語と数学を測っているため，英語と数学の結果を示す有効な長期的データを提供し，経年変化を比較できるようになっている。結果の測定に関しては，500点満点制を用いている。

　NAEPのもう一つの部分である主調査は，1990年代に始動した。主調査は，時間とともに更新されてきたカリキュラムに関する到達度を測っており，生徒の水準を3つの到達レベルと点数評価で示している。NAEPのこの部分は意欲的なものと呼ばれているが，それは生徒が到達しているレベルを適正に測るには設定が高すぎると批判されてきたからである。代わりに主調査は，生徒が最終的に知っていることが期待されているものを測っている。

　1960年代の終わりに，NAEPの必要性に関する議論が始まった時，州政府はその確立に抵抗したが，各州の個別の結果が特定されないことを保証するという妥協による合意に達した。80年代にはそれが変わり，現在では州レベルのデータがあるが，NAEP主調査のみである。

　NAEPの主調査も動向調査も，全米のすべての生徒にテストを受けさせるのではなく，生徒の代表的サンプルを対象としているが，2つの調査はやや異なる人口をテストの対象としている。NAEP動向調査は，9歳，13歳，17歳の生徒を対象に，4年に1度実施されている。NAEP主調査は，第4学年，第8学年，第12学年を対象にしており，異なる教科を一定の間隔で測定するスケジュールに従って，2年に1度実施されている。どちらの調査も，主要な人種グループ，性別，貧困状況，障がいのある生徒に分けてデータを公表している。もう一つの最新のNAEP調査である，実験的都市学区評価 (Trial Urban District Assessment) は，全米で最大の都市学校制度の学区レベルの結果を公表している。

　全米学力調査管理委員会 (National Assessment Governing Board) は，連邦教育長官によって任命され，NAEPの両方の調査とテスト対象となる教科の実施スケジュールを含むNAEPの政策を決定している。

　制約もあるが，NAEPは，全米の初等中等レベルの公立学校の生徒の学力に関する非常に貴重な情報源となっている。NAEPは，しばしば評価の「ゴールド・スタンダード」と呼ばれているが，それは，NAEPが様々な教科におけるアメリカ人生徒の知識と技能に関する全米最大の代表的，継続的な評価制度だからである[3]。

州テストとNAEP主調査

　州テストの分析を始めるにあたって，CEPは，2002年から09年にNCLB法のアカウンタビリティのために使われた州統一テストにもとづく生徒のテスト結果のデータを，すべての州とワシントンD.C.から収集し，さらに一部の州からはそれ以前のテスト結果も収集した。NCLB法のもとでは，各州が，生徒が学ぶべき内容に関する独自の学習スタンダード，そのスタンダードにもとづく州独自のテスト，そしてテストにおける習熟レベルの独自の定義を設定し

たことを理解しておくことは重要である。そのような理由のため，1つの州のテスト結果は，別の州のテスト結果と単純に比較できないのである。そこで，CEPは，1つの州のテスト結果と別の州のテスト結果を比較することはせず，むしろ各州の独自のテスト結果にもとづく州内の一般的な傾向を分析した。主要な質問は，この期間のテスト結果が上がったか下がったか，変化しなかったかであった。その後CEPは，各州のテスト結果の傾向を，共通の全米テストであるNAEP主調査の同じ州の結果の傾向と比較した（NAEP動向調査は，州レベルのデータがないため，この目的では使うことができなかった）。

　この分析にもとづき，CEPはいくつかの結論に達した。2005年以来，州テストの結果は比較可能なデータのあるほとんどの州で向上していた。州テストの傾向は，一部の州でNAEPの傾向と同じ方向に動いていたが，すべての州でそうではなかった。州テストの向上度は，NAEPの向上度と比べて，より大きいという傾向があった[4]。

　州テストの結果は，異なる生徒のグループ間の学力格差を少し縮めていることも示していたが，この縮小は，州，学年，教科に関して不規則に起こっていて，すべての生徒のグループで起こったわけではなかった。格差が縮まったとしても，ほとんどの場合に格差をなくすためには同じような進歩が長い年月かかるというようなペースの進捗度であった。州テストとNAEPの学力格差の傾向はほとんど一致しなかった。州テストの学力格差に関する傾向は，NAEPの英語でわずかに一致したが，数学ではしばしば相反する結果が出た[5]。

　州テストの結果が，NAEPの傾向よりも全般的に肯定的であることには，それ相応の理由がある。それは，ある州の生徒は，州テストが測定する教科を教えられており，教員はNCLB法のもとで結果責任が厳しく問われ罰則もあるため，州テストを真剣に受け止めているからである。一方で，NAEPが測定する内容にもとづいて指導をする州はほとんどなく，NAEPのテストは生徒や教員の結果責任が問われないものとなっているのである。

　それでもなお，州テストとNAEPの結果が一致しないことが，客観的な基準で測定される場合，全般的な生徒の学力を向上させるためのNCLB法のアカウンタビリティ規定の力量に疑問を投げかけることになる。この疑問をさらに掘り下げるために，州テストには言及せずに，NAEP主調査の結果を検討すべき

である。

NAEP 主調査

　ダンカン連邦教育長官などは，テスト結果の向上における進捗度を示す際に NAEP 主調査の結果を使っており，そうすることで，NCLB 法のアカウンタビリティ改革の成功を示唆している。上述した通り，NAEP 主調査は，1990 年代に始まり，習熟レベルと点数制を採用している。

　NAEP 主調査は，NCLB 法導入の前後のテストの点数の改善を示している。ただ，進捗度は，2003 年以前と比べて，2003 年以降が一律により高くなっているわけではない。つまり，状況は複雑なのである。

　表 6.1 は，NCLB 法が施行する前のおよそ 10 年と施行した後の 10 年の到達度を比較している。表の中の正確な年としては，1992 年，2003 年，2013 年が使われているが，それは，それらの年に NAEP が実施されたからである[6]。

　表 6.1 のデータが示しているのは，全生徒の結果が英語と数学で異なる点である。英語では 2003 年以降，点数が向上しているが，数学では逆の結果となっている。サブ・グループに関しては，英語では，4 つが 03 年の後で，それ以前より向上しているが，2 つは同じで，2 つは点数が下がっている。数学では，6 つのサブ・グループが 03 年以降に点数が下がり，2 つは向上している[7]。

　要約すると，NAEP 主調査における学力進捗度は，NCLB 法が学校における既定方針になる前も後もどちらも向上を示しており，この点は心強いものである。アメリカ人生徒の学力は向上しており，次節で説明するように，特にサブ・グループの結果が考慮される場合そう言える。しかし，問われなければならないのは，2002 年以降にスタンダード・テスト・アカウンタビリティ改革が実施された後に，それ以前と比べて，生徒の学力が向上しているのかということである。結局，このような結果は，NCLB 法の支持者がその効果を証明するのに必要となるような明確な傾向は示しておらず，むしろ，NCLB 法が要求したアカウンタビリティ政策の見識に疑問を投げかける結果となっている。

表 6.1　NAEP 主調査(英語, 数学)の 1992-2003 年と 2003-2013 年の間の
学力進捗度

	英語		数学	
	1992–2003	2003–2013	1992–2003	2003–2013
〔4 年生〕				
全生徒	+2	+4*	+15*	+7*
白人	+4*	+4*	+16*	+7*
黒人	+6*	+8*	+24*	+9*
ヒスパニック系	+5	+7*	+20*	+9*
アジア系／太平洋諸島系	+10*	+10*	+15*	+12*
〔8 年生〕				
全生徒	+3*	+5*	+9*	+7*
白人	+5*	+4*	+11*	+7*
黒人	+8*	+6*	+16*	+11*
ヒスパニック系	+5*	+11*	+11*	+13*
アジア系／太平洋諸島系	+1	+10*	-1	+17*

＊テスト・スコアの変化には, 統計的有意差がある (p < .05)。
注: 時間延長などの受験上の配慮は, 1996 年以前の NAEP 数学テスト, 1998 年以前の NAEP 英語テ
　ストでは認められなかったため, スコアの経年変化を比較する場合は注意が必要である。NCLB 法は
　公立学校の生徒にのみ適用されるため, スコアは公立校の生徒のもののみである。
出典: U.S. Department of Education, Institute of Education Sciences, National Center for Education
　Statistics, National Assessment of Educational Progress (NAEP), various years, 1990–2013 Mathe-
　matics and Reading Assessments.

NAEP 動向調査

　NAEP 動向調査は, 現代の連邦援助のほぼすべての時期をカバーするもので
あるので, われわれの目的達成のため, 長期にわたる結果を考察する上でより
適している。これらのテストは, まず 1970 年代初頭に, 全米の生徒から抽出
して実施された。最新のテストは 2012 年に実施され, その結果は表6.2 に示
してある。

　簡単に言えば, NAEP 動向調査が示しているのは, 生徒の学力が 1970 年代
初頭から向上してきたこと, そして黒人と白人, 白人とヒスパニックの生徒の
間の学力格差が縮まってきたことである (70 年代初頭以来テストを受けてきたグルー
プに関して)。これは朗報であるが, より慎重に考察するとさらに良く見える。

　大幅な伸びではないけれど, 全生徒のより高いテスト結果が顕著である。細
分類されたデータのある, 白人, 黒人, ヒスパニックの3つの主要な人種グルー
プのすべてで, 顕著な向上が見られ, グループごとの進捗度は, 概して全生徒

表 6.2　NAEP 動向調査の 1973-2012 年と 2008-2012 年の間の変化

	1973 年からの点数の変化			2008 年からの点数の変化		
	9 歳	13 歳	17 歳	9 歳	13 歳	17 歳
〔英語〕						
全生徒	+13	+8	—*	—	+3	—
白人	+15	+9	+4	—	—	—
黒人	+36	+24	+30	—	—	—
ヒスパニック系	+25	+17	+21	—	+7	—
〔数学〕						
全生徒	+25	+19	—	—	+4	—
白人	+27	+19	+4	—	—	—
黒人	+36	+36	+18	—	—	—
ヒスパニック系	+32	+32	+17	—	—	—

*　—は，2012 年に大きな変化がないことを示す。アジア／太平洋諸島系は連邦教育省作成の表に入っていないため除外されている。

出典: National Assessment of Educational Progress, 2012 Long-term: Summary of Major Findings, Institute of Education Sciences, National Center for Education Statistics, U.S. Department of Education. Data downloaded August 14, 2014 from http://www.nationalreportcard.gov/ltt_2012/summary.aspx.

表 6.3　1978 年と 2012 年の NAEP 数学を受験した 13 歳の生徒の人種構成比

人種グループ	1978 年	2012 年
白人	80％	56％
黒人	13％	15％
ヒスパニック	6％	21％

出典: National Assessment of Educational Progress, 2012 Long-term: Summary of Major Findings, Institute of Education Sciences, National Center for Education Statistics, U.S. Department of Education. Data downloaded August 14, 2014 from http://www.nationalreportcard.gov/ltt_2012/summary.aspx.

の進捗度よりも上回っている。さらに，黒人とヒスパニックの生徒の進捗度は，概して白人の進捗度を上回っている。

　全般的にはより低い向上度なのに，主要な人種グループではより高い向上度になるというこの奇妙な結果が起こるのは，アメリカの学校における生徒の人口動態が劇的に変化してきたためである。平均してより高い点数の白人生徒は，全生徒に占める割合が著しく減少してきており，一方で伝統的により低い点数のヒスパニックと黒人の生徒は，全生徒に占める割合が増加してきた。ヒスパニックと黒人の生徒は，全般的には白人生徒の進捗度よりも大きな割合でテス

トの点数が改善したが，そのようなより高い点数は，平均点がより高い白人生徒の減少する割合を相殺するのには十分でなかった。

表6.3は，生徒の人口の変化を説明するのに役に立つ。

表6.2に示されたように，NAEP動向調査の結果は，2008年までは，特に黒人とヒスパニックの生徒の向上を示した。しかしながら気がかりなのは，08年以降，学力は13歳の生徒を除いて向上しておらず，人種間の学力格差も縮まっていないことである。

表6.1と表6.2に関する重要な注意点は，NAEPのテスト結果は，教育における特定の変化との間で原因と結果の関係があるとは言い切れないということである。より肯定的な長期的な結果，またはもしかすると気がかりな短期的な結果の，決定的な理由を導き出すことを可能にするのに十分なデータが収集されていないのである。たとえもっと多くのデータがあったとしても，あまりに多くのことが起こっていたため，確かな結論を導き出すことは依然容易ではないだろう。これはまさに社会科学分野の研究の限界である。

注意点を述べた上で，いくつかの仮説を提示することができるだろう。タイトルⅠや障がいのある個人のための教育法 (IDEA) などの連邦政府の特定援助プログラムは，1960年代と70年代に不利な状況にある生徒のニーズに，より多くの注意を払うことを奨励したため，このように長期にわたり焦点化したことを通して，貧困層の子どもたちによる英語と数学の双方の向上に貢献したと推測することは理に適っている。そして，実際，白人の生徒よりも，低所得層家庭の出身である可能性が高い黒人とヒスパニックの子どものほうが，白人の生徒よりも，テストの点数の向上度が高かったのである。その他の要因も向上に関係していたが，例えば，ディビッド・グリスマー (David Grissmer) による研究では，マイノリティの親がより良い職を得ていること，経済状況が改善していることなどを挙げている[8]。このように，障壁を取り除いた公民権に関わる法律や経済状況の改善が，教育成績に影響を与えた他の要因となった。

一方で，全般的なテストの点数と学力格差に関する，2008年以降のNAEPの進捗度の近年の短期的行き詰まりは，NCLB法のアカウンタビリティ手法の問題点を示唆している。NCLB法は強硬な法律であるが，生徒の学力向上度の鈍化を未然に防ぐことはできていないのである。

　ここで以下の問いが残されている。NCLB 法的なアカウンタビリティを正当化するのに使われた特定援助プログラムの効果の分析は間違っていたのだろうか。1970 年代から 2000 年代初頭にかけて，学力は全般的に向上し，学力格差も全般的に縮まっていたことは皮肉なことである。というのは，その事実が，テスト主導の改革への転換を支持するのに使われたタイトル I の評価結果に，異議を唱えることになると思われるからである。

　同じように皮肉なのは，テスト主導の改革実施後の何年かに，NAEP の点数が，NAEP のどの調査を考察しても，均一にも広範にも向上していないか，向上度が NCLB 法の学校教育への導入前のほうがその後より高かったという点である。その改革を支持するために使われた議論は誤ったものだったのか。

　要約すると，NCLB 法は，タイトル I と他の特定援助プログラムの弱点への解決策だとは証明されておらず，生徒の全般的な学力向上策だとも言えない状況にある。NCLB 法を正当化する主要な理由は，生徒の学力向上であり，その効果が示されていない以上，支援を打ち切る時である。NCLB 法の悪影響は，良い影響を上回っている。NCLB 法は耐用期間を過ぎており，撤廃されるべきである。

　しかしながら，その主張は，この運動のすべてが廃止されるべきだという意味で解釈されるべきではない。残す価値があるのは，アメリカ人生徒のための，より要求レベルの高い学習スタンダードの開発やその他の側面に関する実績である。

4.　コモン・コア・ステート・スタンダード

　英語と数学のコモン・コア・ステート・スタンダード（Common Core State Standards, 以下「コモン・コア」）は，全米のほとんどの学区で実施されており，アメリカの教育の前進を表している。それは，「次世代科学スタンダード」（Next Generation Science Standards）と呼ばれる新しい科学分野の全米スタンダードも同様である。これらの 3 つのスタンダード［日本の国数理］は，公立学校で教えられる内容の質と厳格さをどちらも引き上げる可能性を持っている。

　コモン・コアは，州主導で民間資金により開発された。全米州知事協会（National Governors Association, NGA) と全米州教育長協議会 (Council of Chief State School Officers, CCSSO) が，これらのスタンダードを策定する活動を組織し主導し，ゲーツ財団が主要な資金提供を行った。

　カリキュラムの専門家とその他の専門家が，就職したり，中等教育後の教育や訓練を継続したりすることができるように，高校修了時までに生徒が知っておくべきことをまず特定することで，スタンダードを開発した。その後，小学校の開始時期までさかのぼって，生徒が各学年で学ぶ必要のあることの順番が設定された。英語と数学の知識と技能の習得は，第1学年から始まり，高校卒業まで拡張して積み上げられていく。

　2014年5月現在，44州とワシントンD.C.が，州が策定し民間の資金に支えられたスタンダード（コモン・コア）を採用していた。その一方で，スタンダードへの反対が，オバマ政権がこの改革を画策していると主張した政治的保守派，ならびにテストの影響への懸念を主な理由としてスタンダードに反対した親などの間で巻き起こった。インディアナ州とサウスカロライナ州は，その後，同スタンダードの使用を取りやめ，他の州もコモン・コアの使用を取りやめるかを検討中である。

　全米の教員は，同スタンダードについてよく知るようになり，カリキュラムやその他の教材がスタンダードを支援するために開発されてきている。2014年6月に，全米学校管理職協会 (American Association of School Administrators, AASA) によって実施された500人の学校管理職の調査が公表され，コモン・コアへの圧倒的な支持が示されたが，同時に教員養成の支障となった拙速な実施に関する懸念も示された[9]。2014年7月のギャラップ社の1800人の学区教育長の調査では，3分の2の教育長は，コモン・コアが自分の地域の教育の質を向上させると信じており，22%がスタンダードによる影響はないと述べた。3分の2の教育長は同スタンダードが生徒にとっての難易度の点で「丁度いい」とも確信していた[10]。

　明らかに，このようなスタンダードにもとづく新しい評価制度は必要であるが，それは，現在採用されているテストが，英語と数学における50州の多様なスタンダードに合わせて策定されているからである。ARRAは，新しい評価制度開発の資金として連邦教育省に3億5000万ドルを拠出した。ダンカン連

邦教育長官は，この資金のための競争入札を行い，少なくとも2つの団体が，州に評価方法の選択肢を与えるために補助金を受給すると規定した。2つのコンソーシアムがその競争に勝ち，新しい評価制度を開発してきている。その評価制度は2つの異なる種類のテストを含んでおり，第1は，生徒が教科内容を学んだかの情報を州に提供する総括テスト，第2は，教員の指導改善を手助けする形成テストである。どちらの評価団体も，評価制度が要求するテストの量，州への費用，そして新しいテスト制度のコンピュータによる部分の実施に向けて，一部の学区におけるコンピュータやブロードバンドへの十分なアクセスの欠如に関して困難を抱えてきている。

　その事態を複雑にするように，大学入学試験のスポンサーであるACT，教育部門を有する巨大な国際企業であるピアソン社 (Pearson)，その他の州政府が，コモン・コアにもとづく独自のテストを開発している。ほとんどの州は，連邦資金による2つの評価制度のどちらかを採用する意向をもともと表明していたが，その後いくつかの州は，むしろ他の選択肢から選ぶだろうと述べてきた。一部の州はコモン・コアに対する政治的圧力に対応し，新しいスタンダードは維持しながら連邦資金による評価から撤退している。

　次世代科学スタンダードは，民間財団の資金援助を基に，科学教員の支援を受けて開発された。2014年10月3日現在，アチーブ社 (Achieve, Inc.) によると，12州とワシントンD.C.が，その州の科学教育のスタンダードとして採用していた。

誤った判断

　近年NCLB法への抵抗が広がったことを考えると，連邦議会が，規定に関する論争を解決するために法律を再改定していたら手助けとなっていただろう。しかしながら再改定は実現しなかったので，コモン・コアや関連する新しい評価制度に対する抵抗が拡大しており，科学スタンダードに飛び火してもおかしくない状況になっている。

　教育関係者，管理職，親からの不満が出始めた時に，スタンダード・テスト・アカウンタビリティ運動に関する不満の種がまかれた。残念なことに，そのような批判はほとんど無視された。NCLB法は，その強硬さのために，連邦教育

法の中で珍しいものであるだけでなく，制定から13年間が経過する中で，法律の中の一語も修正されていないという点でも際立っている。過去50年の通例では，いくつかの問題を解決するために，主要な教育法制定の翌年に，技術的法案が可決されていた。加えて，通常のスケジュールでは，法律を再検討し，修正・再改定法案を5，6年ごとに可決することになっていた。その意味で，NCLB法や関連する展開に対する抵抗が起こっているのは当然のことである。連邦議会は，ことわざにあるように，「種をまいたからには，今や刈り取らなければならないのである」。

5.　チャーター・スクールに関する論評

　チャーター・スクール (charter schools) は，学校改革の手法として，過去3人の大統領（民主党2人，共和党1人）と慈善財団，新しいハイテク大富豪などによって支持されてきた。このような学校は，目新しく革新的な組織だと感じさせるオーラがある。

　チャーター・スクールの特徴が，州によって大きく異なることを理解しておくことは重要である。いくつかの州は，監督する上で厳格な法律を有し，他の州は弱い法律を有する。一部の州では，チャーター・スクールの設立が容易にできなくなっており，他の州では，雨後の筍のように設立されている。しかしながら，チャーター・スクールに関していくつか概括できることがあるだろう。

　チャーター・スクールは公立学校であって私立学校ではないが，その独特な特徴が，公立と私立の境界を見極めにくくする傾向にある。公的な税収を受け取り通常の公立学校のように機能するが，州政府による資金提供には異なる手法がある。一部の州では，通常の公立学校よりも生徒一人当たりが受け取る額が少なくなっているが，他の州では，同額を受け取っている。しかしながら，多くのチャーター・スクールは慈善財団やその他の機関からかなりの額の民間資金も受け取っている。これは通常の公立学校では起こらないことである。

　チャーター・スクールは，通常の公立学校に適用される多くの規則を免除されて運営されている。ほとんどの場合，地方教育委員会から独立していて，一般市民による選出ではない独自の理事会によって運営されている。州法によっ

ては，営利目的の企業や非営利団体がこのような学校を運営することも認められている。州政府，地方のチャーター理事会，大学が，多様な種類のチャーター・スクール承認団体となっているが，この点も州によって異なっている。

　このような学校は公立であるため，いくつかの連邦政府の法律や規則を守らなければならない。特に注目すべきなのは，NCLB 法の規定がチャーター・スクールにも適用されることである。例えば，生徒たちはテストを受けなくてはならず，学校の水準を見極め，学業不振校には是正措置を課すために，テスト結果が使われなければならない。

　25 年前にチャーター・スクール設立に関する議論が始まった頃，支持者はこのような学校は革新的なものになると主張したが，その理由は教員契約に根ざした制約を含む多くの規則を免除されるからだとしていた。期待されたのは，通常の公立学校が，後に最高の革新的手法を自分たちの学校の改善のため採用することだった。このような学校を支持する主張には，規則や契約の制約がないため，生徒の学力をより高いレベルに向上できるというものもあった[11]。

　ミネソタ州とカリフォルニア州で 1990 年代に始まったチャーター・スクールは，過去 20 年間に他の州に拡大してきた。多くの大都市に住む親たちは，チャーター・スクールが，典型的なスラム地区の学校に対する魅力的な代替案となることを見出した。このような都市部では，しばしばチャーター・スクールの生徒の大部分がマイノリティ生徒となっている。

　チャーター・スクールは，最初は不利な状況にある生徒のための教育改善の一方策と見なしたリベラル派によって推進された。その後，保守派は，チャーター・スクールの教員が組合員にならなくても良かったため，教員組合の力を弱める一手段としてチャーター・スクールを見ていた。今日，チャーター・スクールは，都市部のマイノリティの親が子どもにより良い教育を受けられるようにする一方策として見ている一部のリベラル派，そして教育界に自由市場原理を導入する一方策として見ている多くの保守派によって支持されている。

　チャーター・スクールに関する共通の論争は，概して組合に加入した教員がいないことである。そこで，教員は地方教育委員会と教員組合の間の契約の対象になる教員より給与が低くなる可能性がある。チャーター・スクールの教員は，給与に賃金格差があったり，普通より長い時間の労働を強いられたりする

ことがあるが，どちらも組合の契約のもとでは許容されない慣行である。

　当然のことながら，地方の教員組合は，学区へのチャーター・スクールの導入や拡大にしばしば反対している。この反対は，チャーター・スクールの普及を止めることにはなっていない。2011 年までに，チャーター・スクールを承認する法律は，41 州とワシントン D.C. で制定されていた。2000 年から 11 年の間に，チャーター・スクールに在籍する生徒数は 30 万人から 180 万人に急増した。同時期に，すべての公立学校に占めるチャーター・スクールの割合は，2% から 5% に増加した。

　チャーター・スクールの在籍者数は，特定の市や州に集中する傾向にある。2011 年に，カリフォルニア州のチャーター・スクール在籍者数が最多となっていて，ワシントン D.C. のチャーター・スクールの在籍者の割合が最高の 38%となっている[12]。ニュー・オリンズもチャーター・スクールの在籍者の割合が高くなっている。

　いくつかの連邦プログラムは，チャーター・スクールの設立を推進し，このようなプログラムへの資金は相当な額になっている。2014 会計年度の連邦教育省の歳出予算額で，チャーター・スクール補助金プログラムは，約 2 億 4150万ドルの資金を受給し，チャーター・スクール施設信用補完プログラムは，9160万ドルを受給した。対照的に，タイトルⅠはほぼ 150 億ドル，IDEA はほぼ 120億ドルを同年度に受給している。しかしながら，これらの大規模なプログラムは，全米のほとんどの学区に補助金を配分している。そのことを考慮すると，連邦政府のチャーター・スクール用資金は，大規模な連邦プログラムのための歳出予算額よりも低いレベルだが，チャーター・スクール補助金の受給者の規模ははるかに小さく，このような援助形態はチャーター・スクールにとって重要になっている。さらにチャーター・スクールは，タイトルⅠのような通常の連邦援助も受給することができる。

　オバマ大統領は，最新のチャーター・スクール推進派の大統領であり，質の高いチャーター・スクールの拡大を支援する規定を複数盛り込んだ RTTT などのプログラムを通して支援した。オバマ大統領と 2 人の前任者による支援，ならびにウォルトン・ファミリー財団，ゲーツ財団やその他の機関によるチャーター・スクール設立のための大規模な補助金にもかかわらず，通常の公立学校

よりもパフォーマンスが優れているかという意味でのチャーター・スクールの実績は，全体的に見ると目覚ましくはない。

　2つの主要な全米調査が，CREDOと呼ばれるスタンフォード大学と関係がある研究グループによって実施された。2009年の調査で，数学では，わずかに17％のチャーター・スクールが伝統的公立学校より優れていたが，37％は劣っており，残りの46％で大きな違いはないという結果が出た。英語では，チャーター・スクールの生徒の平均的な向上度は公立学校の生徒のそれより劣っていたが，数学の違いほどは統計的な有意差がなかったと研究者が結論づけた[13]。

　2013年の調査では，チャーター・スクールの結果が09年のものよりやや良いものとなった。数学では，29％が伝統的公立学校より優れ，31％が劣っており，40％の向上度は統計的有意差がなかった。英語では，25％が伝統的公立学校より優れ，19％が劣っており，残りは大きな違いがないという結果が出た。この実績を見ると，チャーター・スクールが通常の公立学校より優れているという主張を明確に裏づけることにはならない[14]。

　一部のチャーター・スクールは，特に大都市圏で，指導困難な子どもたちの教育に著しい成功を収めてきた。しかし，チャーター・スクールが承認されモニターされる方策を完全なものにするまで，あまりに多くの成果を出していないチャーター・スクールが存続を許されることになってしまうだろう。当初の議論では，好ましくないチャーター・スクールを閉鎖することは，好ましくない通常の公立学校を閉鎖するよりも容易だとされていたが，その意図が実現されるべきである。

　当初の議論の中で期待されたように実現されていないことが他にもある。規制を免除されるチャーター・スクールが，生徒を教育する上で革新的な手法を編み出し，それが通常の公立学校で採用されたという形跡はない。ゲーツ財団は，その実現のために2種類の学校がより綿密に協力し合う活動を支援している。

　チャーター・スクールは，今や全米の公立学校制度の一部となっており，多くの都市部で子どもにより良い教育を確保したいと思っている親たちに希望を与えている。チャーター・スクールが，期待される良い教育を提供することは，その運営の責任を担う者にとっての義務である。それは，チャーター・スクー

ルの当局者が，学業不振校を開設当初の約束通り閉鎖すること，改善を模索することなどを通して，問題に取り組むべきだということを意味している。さらに当局者は，障がいのある生徒や英語学習者のような指導困難な生徒の公正な割り当て分を教育する責務もある。チャーター・スクールがそのような生徒層のニーズを満たすのを渋っていることが，様々な報告書で述べられている。もしそうであると，批評家のチャーター・スクールに対する非難があたっていることになり，通常の公立学校は，特に注意を要する生徒のほとんどを教育することを余儀なくされるだろう。

　チャーター・スクールは，アメリカ社会が抱える教育問題への特効薬ではないが，問題解決のための一翼を担うことはできる。チャーター・スクールが一部の生徒層にとって成功しているとしても，通常の公立学校に通う大多数の生徒を含むすべての子どもの教育の質を向上させるという意味では，問題は依然残ることとなる。

第Ⅲ部
連邦教育政策における司法の役割

　公教育は，アメリカ社会の素地に織り込まれている。学校は，ほぼすべての地域に所在している。教職やその他の学校関連の職には，多くのアメリカ人が雇用されている。全ての子どもの約9割が公立学校に在籍している。

　過去50年以上にわたる教育への連邦支援は，このような社会における学校の広範な関わりを反映してきた。第Ⅰ部で示した不利な状況にある子どもたちへのタイトルⅠプログラム，第Ⅱ部で扱ったNCLB法によって義務づけられた生徒へのテストは，最もよく知られた教育への連邦関与の事例であるが，連邦政府はその他の形態による初等中等教育学校への支援をも提供してきた。

　教員たちは研修プログラムを初等中等教育法のタイトルⅡによって享受してきた。理科と数学の教員たちは全米科学財団（National Science Foundation, NSF）による専門的研修の恩恵を受けてきた。連邦農務省の栄養プログラムは，学校に在籍するすべての子どもに一部助成の給食，そして，貧困線より低い，あるいは，わずかに高い所得の家庭から来ている子どもに無償，あるいは，減額された昼食と朝食を提供してきたのである。先住民の子どもたち，そして，米軍関係者の扶養者もまた，連邦によって支援された学校で教育を受けている。

　しかしながら，教育における連邦関与は，広範囲にわたっているが，それほど深く関わっているわけではない。公立学校の全支出のうち，わずか約10%のみが連邦の財源から支出されており，その余りは州政府と地方

政府の財源によってまかなわれている[1]。

　補助金プログラムを通じた教育への支援に加えて，連邦議会は，学校における祈禱の奨励，学校施設における銃の禁止など，社会的諸問題の扱いに影響を与えようとしてきた。実際，下院と上院が ESEA やその他のプログラムを改正し，あるいは，新しいプログラムを創設するための広範な法案を審議する際に，これらの法案は社会問題をめぐる修正案のマグネットとなった。

　補助金プログラムとこれらの資金を受給するために設定された条件は，連邦教育政策がつくられる一つの方途にすぎない。連邦最高裁やその他の下級審の判決，連邦省庁やその他の機関による規則，そして大統領令は，学校への国家政策を形成するその他のルートである。

　第Ⅲ部は，連邦教育政策が策定される複雑な方途と，これらがいかに広範な社会問題に巻き込まれてきたかを記述するものである。これらの章で記述された5つのケーススタディは，教育における連邦政策の形成を促すあらゆる社会勢力，動機，政治的動態をも描いている。

　「障がいのある個人のための教育法」(IDEA) は，それが強い強制力を伴うものであり，障がいのある子どもの教育を義務づける裁判所命令の影響を受けているにもかかわらず，広範な政治的支持を受けている。バイリンガル教育は，連邦補助金が利用可能であることから普及した英語教育の手法であるが，ここ何年にもわたり，この手法はかなりの論争を集めている。政治的批判が究極的にはこのアプローチを縮減させつつある。これら補助金支出によるプログラムは第7章において言及される。

　第8章は連邦裁判所の判決と議会の規制にもとづく全米政策について言及する。そのなかには，人種差別の救済策としての生徒の強制バス通学，タイトルⅨによる性差別の禁止，そして，祈禱生徒のグループと同性愛者・異性愛者同盟が学校内で集会を行うことを容認する立法の策定も含まれる。

　第9章は，教育における連邦政策の立案と実施に関して学ぶべき教訓を総括し，第Ⅳ部に続く課題の基礎を示すものとなる。

第7章

障がいのある子どもの教育とバイリンガル教育

1. 障がいのある子どもの教育をめぐる論争

　1975年に連邦議会は，知的，身体的障がいのある生徒の教育のための立法，「ハンディキャップのあるすべての子どもの教育法」(Education of All Handi-capped Children Act or Public Law 94–142) を制定した。この法律は，1960年代から70年代にかけて形成された公正原理にもとづく法案のなかでも，ユニークなものであった。なぜなら，同法は通常よりも強制力が強いものであったにもかかわらず，学校の地方自治の原理を脅かすことを理由にして，その他の連邦プログラムに反対してきた多くの人々からの抵抗を受けることがほとんどなかったからである。

　後に，IDEA として知られることになる同法は，障がいのある子どもを支援するための擁護運動と，このような子どもたちへの教育を州と学区に義務づける訴訟に起源を持つ。特に，ペンシルバニアとワシントン D.C. の代表的な司法判断は，合衆国憲法修正第14条の平等保護条項をもとに，障がいのある子どもへの教育を義務づけた[1]。しかしながら，これらの事案は連邦最高裁には訴えられたことがなかったため，このような子どもの教育に関する全国的な効力を持った判決は存在しなかった。

　公立学校への連邦補助金という観点からみるならば，IDEA は，タイトル I に次いで2番目に大きなプログラムである。しかしながら，IDEA の条項は，タイトル I，あるいは，NCLB 法が2002年に署名されるまで，その他の連邦教育関連法に比してはるかに強制力を持っていた。IDEA の独自路線は，少なくとも NCLB 法と同等に強力であるといえる。

　この強制性は，障がいのある子どもが学校，なかでも一般的に通常学級に通学することを保障する公民権そのものに端を発する。この目的を保障するため，学校はこのような子どもの特定のニーズを満たすために提供されるサービスを

特定する個別教育プログラム (individual education program, 以下「IEP」) を個々の
生徒それぞれに策定しなければならない。その後，地方の学区はそのようなサー
ビスを，そのための十分な連邦援助があるかどうかにかかわらず提供しなけれ
ばならない。障がいのある子どもの保護者は，IEP の協議に加えられ，もし子
どものニーズが満たされていないと判断したならば，訴えを起こす権利を持っ
ている。法的解決策には，地元学区の費用負担によって子どもを私立学校に通
わせることも含まれている。

　IDEA の関連規定は，連邦政府が最終的に障がいのある子どもの教育のため
の超過費用の 40％ を支出することを目標に設定していたが，実際の連邦歳出
予算額は，この目標に近づくことがなかった。このような不足の主たる要因は，
IEP によって確定されたすべてのサービスは，連邦補助金の水準にかかわらず
提供されなければならないとする IDEA の義務づけにあった。結果的に，連邦
政府が支出責任を縮減したとしても，障がいのある子どもはすべての範囲にわ
たるサービスを，地方と州政府の出費によって享受している。これらは，その
ような生徒たちに恩恵をもたらす一方で，州，地方レベルでの不満を生み出す
こととなった。それゆえ，これらのサービスの保障は諸刃の剣となった。

　その他の連邦法として，1973 年の「リハビリテーション法」(Rehabilitation
Act of 1973) の 504 条 (Section 504) は，IDEA の有効な補完物となってきたこと
が知られている。504 条は，障がいのある個人に関する初めての公民権関連法
であり，連邦支援を受けるすべての活動におけるこのような人々への差別を禁
止する。504 条は広範な適用範囲を有しており，最も顕著な領域は雇用関係で
あるが，障がいのある個人の交通や施設へのアクセスをも保障する。例えば，
車イスの子どもが，エレベーターのない 2 階に実験室が位置しているために AP
(advanced placement) 化学テストへのアクセスを拒否されることがあってはなら
ない。さらには，糖尿病の子どもへのインシュリン投与など，教育外の支援を
必要とする生徒には，IDEA のもとでの IEP ではなく，504 条にもとづく計画
が時に適用される。

　この 504 条の広い適用範囲は，教育関連法に直接的に定められていない多く
の活動に影響を与えることにより，IDEA を補完するものとしても機能してき
た。例えば，大学は，504 条の施行後に障がいのある子どもにもアクセスが可

能となった。同法は，課外活動やスポーツ，放課後保育など，IDEA によって
適用されていない学校の時間外の問題をも包摂した。

　504 条，IDEA，そしてその他のいくつかの連邦法は，障がいのある個人へ
の差別禁止政策の法的主柱——「障がいのあるアメリカ人法」（Americans with
Disability Act of 1990, ADA）——を打ち立てる基盤となった。ブッシュ大統領（第
41 代）によって署名された同法は，民間領域における障がいのある国民への差
別を広範に禁止した。

　障がいのあるアメリカ国民がより良い生活を送るために，これらの連邦法が
いかに支援してきたかは，いまや明らかである。私はロー・スクールに在籍し
ていた頃，政治に関わるようになり，選挙の際に自分の候補者を支持してもら
えるように，有権者たちと知り合いになるべく私の実家の近所に戸別訪問を年
に何回もしていた。ある夕方，すぐ近くに住んでいて，周囲との関係を持とう
としないようにみえていた家族が，会話をするため私を家に招き入れてくれた。
そこで私は，神経系の病気を患い，ほとんど家の外に出さないようにしていた
10 代の子どもを彼らが育てていたことに大きな驚きを覚えた。彼らは，その子
の障がいを恥と考え，それに対して何かしらの責任を感じていた。彼らはその
罪を，その子どもを隠すことで伏せていた。数十年前には，そのような事態は
決して珍しくなかったのである。

　連邦法は，そのような人々の態様を変えてきた。IDEA が成立して 25 年が経
ち，障がいのある子どもの大多数は，障がいのない友人と同じ地元の学校の教
室に通っている。障がいのある子どもの高校卒業率は，1984 年から 1997 年に
かけて 14% 高くなっている。IDEA のもとで教育を受けた生徒の中等教育修了
後の雇用率は，同法による恩恵を受けていない人々に比して 2 倍になっている。
このような成果は，今日，より大きくなっており，これらは IDEA が障がいの
ある人々に教室のドアを開いていなかったら実現できなかったであろう[2]。

　IDEA は，欠陥がなかったわけではない。すなわち，あまりにも多すぎるペー
パーワークや行政負担，保障されたサービスに対するあまりにも少なすぎる連
邦補助金，訴訟への多額の出費，そして，私立学校への異動による出費などを
もたらした。しかし，これらの欠陥は私の経験からみて，本書で議論してきた
他の連邦政策に対するような集中的な批判を生じてこなかった。これらの IDEA

の条項は，他の公正プログラムに生じてきたような，長期的かつ何年にもわたる論争や，改正の続発を生み出すことはなかった。

　その理由は，IDEA の長期にわたる存在が，リベラル派と保守派双方の連邦議会のメンバーから超党派の支持を得てきたことにある。例えば，連邦議会のアル・クイー下院議員（Al Quie，共和党：ミネソタ州）は，最初の ESEA と闘い，反対票を投じたが，初期の IDEA の起草を助け，後に強力な支持者となった。

　その他の連邦教育関連立法に常に反対してきた人々からの IDEA への敬意を示す好例は，1981 年，すなわちレーガン大統領が議会を掌握し，彼が欲するもののほぼすべてを通過させることができていた時期にみられた。レーガン政権はタイトルⅠと IDEA の統合を示唆したが，それは，組み合わされた法律を「単純化」するためにいくつかの条項を削除することができ，また，2 つのプログラムを 1 つにしたほうが「より少ない行政負担」となり支出を削減できると考えられたのである。

　レーガン大統領の提案は，自らの政党からの反対に遭遇することとなった。下院教育労働委員会における共和党の主席法律顧問であるチャールズ・ラドクリフ（Charles Radcliffe）の言葉を借りるならば，保守派である共和党の議員たちはその概念を「無謀な提案」[3] として反対したのである。教育労働委員会における共和党の指導者であり，下院で最も保守的メンバーであるジョン・アッシュブルック下院議員（John Ashbrook，共和党：オハイオ州）は，レーガン大統領の法案提出にさえ反対したのである。アッシュブルック議員とその他の共和党議員たちは，政権が提出した法案に対する良き論争がなされると考えたが，ラドクリフが指摘するように，「政治的現実は，大多数の支持者たちを，議会のなかで共和党議員からも支持を得られないようになるほど激怒させた」[4]。

　IDEA と関連した連邦の立法をめぐる理性的な風潮は，障がいのある人々が，あらゆる生活場面に存在しているという事実による。すなわち，高所得層，中間層，低所得層，すべての民族的，人種的背景，そして，すべての政治支持層に存在する。例えば，共和党支持の障がいのある億万長者は，「障がいのあるアメリカ人法」の支持者であり，ブッシュ大統領がこの差別禁止法に署名をする際に隣に座っていた人物である。

　IDEA は教育への連邦援助の成功事例であるといえる。何百万人もの人々の

生活が，この法律の結果，向上した。これに対し，その他の公正プログラムは，特定グループの人々——それは多くの場合，人種的，言語的マイノリティの生徒や，低所得家庭の子どもたちなど，最も政治的影響力の少ないグループの人々であった——を支援するものであったため，より激しい論争を呼び起こすこととなった。例えば，バイリンガル教育は主にスペイン語を話す生徒たちに母語を使用して英語を教えることを意味しており，これらの生徒たちは民族的起源や家庭の所得レベルにおいて，多数派の人々とは異なっている。加えて，そのことにより，教育とはほとんど関係のない政治的論争の矢面に立たたされることになった。

2.　バイリンガル教育をめぐる論争

　バイリンガル教育は，英語の運用能力を有せずに入学した生徒の指導にあたり，まずは母語を媒介とする指導を提供し，後に母語と英語の双方を用い，最終的に英語のみでの指導を提供するというアプローチである。数十年にわたり，連邦政府は，英語の運用能力が十分でない生徒を支援するために，このアプローチを奨励してきた。合衆国はその建国以来，他国からの移民を多く引きつけてきたことから，このような子どもたちを教育する高度の必要性が常に存在してきた。

　しかしながら，この教育問題は，スペイン語とラテン民族の文化を合衆国内で維持しようとする人々と，英語をこの国の公用語として維持するために闘い，「多文化主義」に反対してきた人々との間での紛争の場となってきた。この論争の結果は，英語を学ぶ生徒たちを支援するプログラム実施に関連する連邦法の名称の変化にみることができる。「バイリンガル教育法 (Bilingual Education Act)」として 1968 年に制定されたこのプログラムは，その後，2001 年に「英語習得，言語促進，および学力向上のための法律」(English Language Acquisition, Language Enhancement, Academic Achievement Act) となり，その名称においてバイリンガル教育を明示しなくなった。

　ここで語られているのは，英語の運用能力が不十分な子どものニーズを満たすための連邦政策の策定と維持に関するストーリーであり，それは，ESEA の

一部改正として，1968 年に制定されたバイリンガル教育法とともに始まった。このような生徒たちのニーズを連邦が初めて公的に認めたことを示した同法は，ラルフ・ヤーボロー上院議員（Ralph Yarborogh, 民主党：テキサス州）によって起草された法案を起源としている。このテキサス州の上院議員による法案は，競争的選考を経て，スペイン語を母語とし，英語を第 2 言語とする教育を施す学区に補助金を支給し，英語を第 2 言語とする子どもたちの先祖代々の言語と文化の理解を奨励することを目指していた。バイリンガル教育法の最終法案が策定された時，それは補助金がいかなる言語的背景を持つ生徒の支援にも利用可能なように適用範囲を拡げていた。さらに，同法はバイリンガルによる指導や生徒の母語を使用することに関する義務を明示していなかった。むしろ，生徒に英語を教えるための独創的なプログラムを奨励していた[5]。

　1974 年の連邦最高裁「ラウ判決」（Lau v. Nichols）は，合衆国内の学校に通う英語を話すことのできない子どもたちが，公立学校からの恩恵を得られるように英語を学ぶための教育を提供されなければならないと判示した。この訴訟はカリフォルニアに居住する中国系アメリカ人のグループの訴えをもとに起こされたものであった。最高裁はその判決文において，端的に，これらの生徒に対して，その他の生徒たちに提供されている同様の教育資源を提供するだけでは不十分であることを以下のように明示している。

　　ただ単にこれらの生徒たちに同じ施設，教科書，教員，そしてカリキュラムを提供するだけでは平等な取り扱いにはならない。英語を理解できない子どもたちは，有意義な教育から実質的に閉め出されている。基礎的な英語のスキルは，公立学校の教育内容の中心そのものであるといえる。教育プログラムに彼らが効果的に参加することができるようになる以前に，その子がこのような基礎的なスキルを習得していなければならないという義務を課すことは，公教育をまがいものにすることである[6]。

　同じ年に制定された 1974 年教育関連修正法は，ラウ判決に対する議会の対応を含んでいた。そこでは，公民権に関連する方途と補助金プログラムの双方が含まれていた。この修正法の受益者は英語の運用能力が不十分なすべての子

どもたちとなることが想定されており，判決の対象であった中国系の子どもたちに限定されなかった。

　バイリンガル教育法は，言語教育のために，1968 年時点で弱小であったプログラムに比して，より広範かつ，より特化された補助金プログラムを策定するために改正された。さらに新法は，「子どもが学ぶ初期の方途は，子どもたちに継承された言語，文化を活用することでなされる」[7] として，バイリンガル教育の手法を活用するプログラムを奨励することが国家的な政策であることを宣言したのである。この法律のもとでの各学区への補助金の目的は，英語での会話が十分でない子どもたちに，教科内容の学習と英語の運用能力を獲得するための指導をするにあたり，母語を活用した学習を提供する上で効果的な方法を提示することにあった。また，この法律はこのような教育が，子どもたちの文化的系譜を奨励する形で施されなければならないことを導いた。

　1974 年の教育関連修正法は，英語による教育を施す教室において生徒たちが平等に参加することを阻むような言語上の障がいを除去することを義務づけた「平等教育機会法」(Equal Educational Opportunities Act of 1974) を公民権にもとづく方途として盛り込んでいた。この条項を施行するにあたり連邦教育局は，この新たな法律への遵守の存否を決定し，その法的意図を満たすために十分な教育プランを策定するための指針を提供するため，「ラウ救済策」(Lau Remedies) と呼ばれる規則を公布した[8]。いかなる連邦最高裁判決，政府規則も学校にバイリンガル教育の手法を特化して義務づけていないし，あるいは，むしろそれは選択肢の一つとされていたにもかかわらず，これらの動きにより，英語の学習にあたり特定手法の活用を広めるきっかけとなった。

　バイリンガル教育の教室は，全国の学校に定着するにつれて，いくつかの批判を生み出すこととなる。保守派の人々は，特に，子どもたちがスペイン語で教育を受けることについて，また，英語が合衆国の言語としての優位性を失うことについて懸念を示したのである。彼らはまた，子どもたちに自らのメキシコ人としての系譜，例えば，メキシコの歴史や文化などを奨励するような教育を行うことが，合衆国への彼らの帰属を喪失させることを憂慮したのである。

　フォーダム研究所 (Thomas B. Fordham Institute) の元所長であり，レーガン政権時の元連邦教育省の次官補であるフィン (Chester E. Finn Jr.) は，近年になっ

て，1974 年修正法後のバイリンガル教育への批判を以下のように綴ってい
る。

　　この改正の表向きの論理は，子どもたちが流暢な英語に至る前から数学や科
　学，その他の事柄を学習し続けることを保障することにあったが，現実には，
　特殊教育 (special education) と異なり，バイリンガル教育は，学校システム内
　の分断された領域として登場し，移民たちの英語の習得を遅らせ，彼らの民
　族的，言語的な起源を共有する政治家たちを支持する選挙民たちを増殖させ
　たという功罪への非難を受け始めたのである9)。

　言語習得に関する著名な専門家であるハクタ (Kenji Hakuta)，および，この領
域の他の研究者たちは，このような批判が，バイリンガル教育に対する科学的
根拠を無視し，むしろ，この国の民族性の変化に対する怖れとは関係のない目
に付く行政的「失敗」へと衆目を集め，争点を見えにくくしたことに対して憤
りを示していた。ハクタは，この議論が民族的な怖れによって導かれてはなら
ず，科学にもとづかなければならないと主張する。

　　合衆国におけるバイリンガル教育をめぐる論争は，カリキュラム，効率性，
　そしてその他の伝統的な教育規範によって枠づけられている。バイリンガル
　教育への多くの異議に対する回答は可能であり，研究結果は，バイリンガル
　教育の賛同者の主張を大方支持するものとなっている。しかしながら，バイ
　リンガルプログラムに関する客観的データはこの論争の基底にある争点を解
　決するには効果的でない。バイリンガル教育をめぐる感情的な非難は，公教
　育において民族性が特別な地位を有するという公的な認識によって生み出さ
　れている10)。

　民族性は，事実，論争の核心であり，批判者たちは，スペイン語を子どもた
ちが学ぶ正当なメディアとして認識させたくなかったのである。1960 年代から
70 年代の間，学校における英語での会話が不十分な子どもの大半は，自宅でス
ペイン語を話す家庭から来ていた。ゆえに，バイリンガルプログラムに対する

批判は，一般的に，スペイン語を起源とする子どもや教員に直接的に向けられていた。

　1980年代から90年代にかけて，この国の移民のパターンは変化した。合衆国に移住する人々の多くは，スペイン語以外の言語を話す国々から来たのである。例えば，1990年代後半に，最も多くの子どもたちを送った国は，ユーゴスラビアなどの紛争多発地域の国々であった。今日，教員たちが彼らの学校において，20から30カ国の出身者の生徒を抱えることは，決して珍しいことではない。スペイン語と異なって，バイリンガル教育が提唱するように生徒たちを最初に彼らの母語で指導するために，他のすべての言語の教員を見つけることは非常に困難である。しかしながらこのことは，バイリンガル教育を単一言語の背景をもつ子どもたちが密集する地方において，採用可能な資格を有する教員によってバイリンガル教育を提供することが不可能であることを意味しない。

　プログラムに対する批判と，生徒総体の構成変化が組み合わされることにより，バイリンガル教育によるアプローチの優位性は減じられることとなった。このような変化は，法律がバイリンガル教育以外の英語教育の教授法に対する補助金を認めるように改正されたレーガン政権期に始まったのである。バイリンガル教育の反対者たちは，移民の子どもたちが話す母語に流暢な教員を雇うことはできず，またそれゆえに，学区はバイリンガル教育以外の方法を利用する柔軟性が必要となっているという論理を用いた。しかしながら，バイリンガル教育をめぐる論争は，教育活動にあたり母語を利用することをめぐって行われていた。1981年に，レーガン大統領がバイリンガル教育への反対を説明する際の理由も同様であった。

　しかしながら，生徒たちがアメリカで暮らしていくならば対応しなければならない不可欠な方途の代わりに，2つの言語を用いて教育を行っていること，および，彼らを母語によって教育していることについて——そして，連邦政府がこのことに，時に良くない形で，荷担してきたことについて——，われわれが検討しなければならない状況にあることを私は話さなければならない。すなわち，彼らは，われわれと共にあるために，われわれの言語を学ばなければならない。私は，生徒たちを母語によって教育することを地方学区に強

制している一切の連邦による介入を破棄するために，できることすべてを行うであろう。彼らの仕事は生徒たちに英語を教えることなのである[11]。

　後のバイリンガル教育からの乖離は，レーガン大統領のこのような見解を反映していた。バイリンガル教育の利点を示した研究成果は，周辺に追いやられたのである。教育研究ではなく，政治的批判が時のルールを決定していた。1984年の教育関連修正法は，英語の言語教育とその他の特別なサービスの提供にあたり，補助金の10％を上限として，生徒の母語使用を義務づけられない代替的なプログラムの利用を認めた。このような変更にもかかわらず，批判者たちはバイリンガル教育を分離的として攻撃し続けた。

　スペイン語以外の言語を話す移民者数の増加は，改めて論争を巻き起こすものとなった。結果的に，1988年の教育関連修正法は，バイリンガル教育に代わる代替的方法に確保される補助金額を25％に引き上げたのである。さらに付け加えられたのは，いかなる子どももバイリンガル教育の教室に，3年以上——特別な事情がある場合はさらに2年間の延長を認めた上で——在籍してはいけないとする制限である。バイリンガル教育の反対者たちは，連邦議会の研究調査機関である連邦会計検査院の「移行的なバイリンガル教育が，英語の言語的適性に到達する上で，優位な影響を示している」[12]とする結論を無視したのである。

　1994年の法改正は，さらにバイリンガル教育からの乖離を助長するものであった。「優先権」はバイリンガル教育への補助金にあるが，しかしそれは，旧法において75％が利用可能であったのに比して，はるかに少なくなったことを意味していた。さらに，いくつかの新設条項は，英語を指導するにあたりバイリンガル教育以外のアプローチを考慮することを迫ったのである。この優先権と呼ばれるものは，元来，1968年法と1974年法の補助金の対象として主たる教授法とされていたバイリンガル教育の最後のあえぎにすぎなかった。

　このような展開は，かつてもそうであったように，研究者たちをいらだたせていた。英語の言語取得にあたりメタ分析調査を行ったグリーン（Jay Greene）は，1998年に以下のような結論を示している。

英語の運用能力が十分でない子どものうち，少なくともいくつかの母語を用
いて教えられた子どもたちは，英語のみで教えられた同様の子どもよりも適
性テストにおいて顕著に優れていた。言い換えるならば，学問的な調査の偏
見なき知見は，バイリンガル教育が英語を学ぶ子どもたちを助けていること
を示唆している[13]。

　次なる一連の政策変更は，英語学習者にとって重要な意味をもった 2001 年
の NCLB 法を包摂して行われることとなる。第 1 に，同法は，これらの子ども
たちが英語を学ぶだけでなく教科内容の学びを保障することに注意が向けられ
ていた。第 2 に，学校と学区は，英語学習者，その他の特性をもった子どもた
ちの集団を含めて，生徒すべてが，2014 年までに英語と数学の双方において習
熟レベルの得点を取得することを目標に，州のテストにおいて所定の基準点を
満たしていることを示さなければならなくなったのである。生徒全体，あるい
は，特性を持った子どもたちの集団が州の定めた目標到達に失敗した場合には，
ペナルティが科されることとなった。
　NCLB 法はまた，連邦のバイリンガル教育プログラムをも大きく変更するも
のとなった。事実，記述のように，半世紀前にこのアプローチを促進するため
に設けられた「バイリンガル教育」という用語は，プログラムの名称から削除
されていた。むしろ，英語の言語取得が補助金の主たる目的であったことを明
示するために，複雑な名称が採用されたのである。この法律には，英語や教科
内容を学習するために母語を利用することや，学習を促進するために生徒が祖
先から引き継いだ文化を強調することの重要性についての言及がなかった。
　学区は，バイリンガル教育を自らのアプローチとして選ぶことはできたが，
そうすることはより難しくなっていた。この法律のあらゆる条項は，なぜ，自
らの子どもが英語の言語学習者のためのプログラムに入れられたのか，その決
定を行う上でどのような方法が用いられたのか，プログラムが子どものニーズ
をいかに満たすのか，どのような代替的なアプローチが利用可能なのか，どの
ように子どもたちはプログラムを辞めることができるのか，そして，プログラ
ムの参加者にとって，どれほどの高校卒業率が見込まれるのかについて，親た
ちが問うことを促進した。学区はまた，親たちに彼らの子どもを直ちにプログ

ラムから抜けさせることが可能な方途，彼らの子どもがプログラムに在籍することを拒むための選択肢，さらには，もし代替可能な方法があるならば，英語の言語取得を行うために利用するプログラムを選択する際に親に支援を行うことについて，書面によるガイダンスを親に提供することを義務づけた。

　ゆえに，NCLB 法は，生徒の英語学習として，バイリンガル教育，および，他国の文化と歴史を学ぶことからの根本的変移を示すことを象徴していた。「多文化主義」の反対者たちは，バイリンガル教育との闘いに勝利したのであり，英語学習者たちの教育を，子どもが母語をわずかしか，あるいはまったく使わない形で英語を急進的に学習する方向へと動かしてきたのである。これらの論争が国家レベルで繰り広げられると同時に，カルフォルニア，アリゾナ，マサチューセッツでは，各々のプログラムにおけるバイリンガル教育への法的制限がかけられることとなり，一方で，コロラドでは有権者たちが同様のプログラムを州内で導入することを否認した。

　また，NCLB 法が英語と数学においてこれらの子どもを習熟レベルに到達させるための結果責任を学校に課すことにより，英語学習者の学力成長に無類の注目を向けたこともまた皮肉である。このことが多くの生徒のテストスコアの改善に結実する一方で，他の多くの問題を生じてきた。例えば，英語をよく知らない生徒たちの多くが，英語のみのテストを受けさせられたのである。

　結論としてバイリンガル教育をめぐる論争は，英語の運用能力が十分でない子どもたちへの追加的な教育サービスの提供を求める連邦最高裁の指令をどのように満たすのかをめぐり，補助金プログラムが激しい論争の対象となることを例示している。またこのことは，カリキュラムをめぐる問題，あるいは，学校で何が教えられていて，それがどのように教えられているかをめぐり，連邦政府が関与するようになっていることを示す注目すべき事例である。英語の学習にあたり母語を用いることを支持する人々はしばらくの間，優勢であったが，現在は英語による言語没入法と圧倒的に英語を強調するその他の教育アプローチを支持する人々が主導権を握っている。振り子は一方に傾き，また他方に傾いたのである。

　バイリンガル教育はまた，この国の主たる言語としての英語を失うこと，定職が現在の市民からより低賃金で働く新参者へと移ること，あるいは，何百万

人もの新たな移民の登場により「アメリカのアイデンティティ」を失うことへ
の怖れなど，アメリカ社会が変わってしまうことに対する驚異の矢面に立たさ
れることになった。

　さらに，最後の皮肉は，バイリンガル教育への支持は，少なくとも州レベル
において，むしろ増加しているということである。カリフォルニアでは，1998
年に州内の学校においてバイリンガル教育を終焉させる手段として住民投票で
有権者から支持を受けた議案227を廃案とする機会を有権者が得ようとしてい
る。カルフォルニア州上院は，バイリンガル教育を再開することをめぐる問題
について，住民投票を行う法案を可決している。ララ上院議員 (Ricard Lara) は，
言うまでもなく，この州内のラテン系人口の激増に影響を受けて，この法案の
起草を行ったのである[14]。

第 8 章

人種，性別，言論における
平等政策の帰結

　前章で検討した IDEA とバイリンガル教育は，双方とも補助金が関連するプログラムであったが，連邦裁判所の判決と立法による禁止もまた連邦教育政策において重要な役割を果たしてきた。そこでもまた，連邦政策の成果が，社会的，政治的圧力に多分に影響され，長らく持続し，また時に予期せぬ帰結をもたらしている。

1.　強制バス通学政策——人種分離是正をめぐる攻防——

　公立学校における人種分離撤廃の手段とされた強制バス通学をめぐる激しい論争は，主として裁判所の判決と特定の措置への立法上の制限にもとづいた連邦政策形成の事例である。これらの論争において，学校の子どもたちの強制バス通学という手段によって学校の人種差別を是正するという連邦裁判所の命令は，学校バス通学をそのような目的に利用することを禁じる立法と衝突したのである。一方で，連邦裁判所を一主体とし，他方で大統領と連邦議会を他の主体とする相互作用——あるいは多くの場合，対立——は，1960 年代から 1990年代を通して継続した。

　バス通学を制限する政策は最終的に勝利を収め，様々な効果をもたらしたが，最も顕著には人種と民族性による生徒の重大な分離を明らかにした。またこれらの政策は，共和党大統領が強制バス通学をめぐる論争を南部州が堅固なる民主党州から，堅固なる共和党州となるように仕向ける戦略として用いたため，大きな政治的インパクトをもたらした。言い換えるならば，政党政治の再編は，これらの紛争をめぐるもう一つの帰結だったのである。

　ESEA の成立以前，連邦教育援助の主たる障壁の一つであったのは，連邦教育支援が人種的に分離されていた学校の終焉を導くことになると恐れた南部州

出身の連邦議会議員たちであった。1954 年の連邦最高裁ブラウン判決 (Brown v. Board of Education) は，人種による学校生徒の分離を義務づけることは違憲立法にあたると判示したが，南部州はその遵守に抵抗した。南部州は，連邦教育援助がブラウン判決を遵守する措置を義務づけるための紐付きとなることを恐れたのである。1964 年にジョンソン大統領は，人種統合を南部州に強制するためのツールとして，利用可能な訴訟や連邦補助金の取り下げなどの権限を認める公民権法 (Civil Rights Act) を連邦議会で通過させた。これらの強制措置が実施され始めた中では，州に新たな多額の資金をもたらすこととなる教育委員会への支援に対して，南部の連邦議会議員たちが反対する余地はほとんどなくなっていた。

　しかしながら，そのような障壁を克服し，ESEA を連邦議会で通過させるというジョンソンの勝利は，人種分離撤廃に対する南部の根強い抵抗の終焉ではなかった。分離政策の支持者たちは，公民権法によって提供された人種差別を是正する新しいツールの利用を妨げる他の方途を見出した。

　1966 年に連邦議会がこの新しい ESEA の初めての期限延長を審議している際に，新しい連邦援助の受け入れが，生徒のバス通学を命じられている学区における学校の人種統合を導くものとなるのかが争点として浮上した。紛争となりうる争点を避けるため，連邦援助の支持者であったオハラ下院議員 (James O'hara, 民主党: ミシガン州) は，人種的な不均衡を是正するための手段として，生徒，あるいは，教員の配置，異動を命じることを，連邦の教育関係職員に禁じる改正を提案した[1]。連邦議会によって採用された初めての「反強制バス通学」の改定であったことに加えて，私が初めて教育労働委員会で働き始めた時に説明されたように，この措置は 2 つの理由から重要な意味をもっていた。第 1 に，この改正条項は，実際には連邦政府のうち，バス通学を命じる可能性がほとんどなかった行政府の教育部門職員のみを制限したにすぎなかった。すなわち，バス通学を命じる可能性がより高かった連邦司法府には何の影響もなかったのである。ゆえに，この改正は，限定的な影響しか持たなかった。第 2 に，この改正がデトロイト郊外から選出された下院議員によって提案されたという点である。彼は，公民権法に賛成する一方で，選出された地域の白人投票者たちは，自らの子どもがアフリカ系アメリカ人の多く住むデトロイト市内へと強

制バス通学させられることを恐れ，人種統合のための学校バス通学に反対を表
明していた。改正提案は，オハラ議員にこの争点をめぐる一定の「政治的隠れ
蓑」を与えたといえる。

　連邦最高裁は，1968 年のグリーン判決 (Green v. County Board of Education of
Kent County, Virginia) において，学区に人種分離撤廃計画を実施することを，事
実上，命じた。その 14 年前に，最高裁は法的に人種分離された学校は違憲で
あり，人種統合のための措置を「可及的かつ速やかに」行うことを促したので
ある。南部州の指導者たちは，判決を無視し，人種分離された学校を維持して
いた。彼らにとって，「可及的かつ速やかに」は，まったく進まないことであっ
た。グリーン判決は，人種差別の是正が開始されなければならず，その延期は
もはやできないことを意味していたのである。

　1968 年の大統領選キャンペーンにおいてニクソン (Richard Nixon) は，この
判決，および，この判決を実施するために採用されうる子どもの強制バス通学
に対して反対を表明した。連邦政策を研究するマグィン教授は，バス通学をめ
ぐる問題の政治的重要性を以下のように総括している。

　　　この選挙とその後の選挙において，共和党の大統領候補者たちは，保守的な
　　民主党支持者たちにアピールするための「南部対策」の重点の一つとして，
　　またより一般的には，連邦政府の積極主義に対する彼らの批判をアピールす
　　るために，学校のバス通学と人種統合への反対を首尾よく活用するようになっ
　　た。複数の研究者たちは，人種——なかでも学校の統合をめぐる論議——が，
　　20 世紀後半における米国政治の決定的な争点となり，「偉大なる社会」や「貧
　　困との闘い」(War on Poverty) を支持していた共闘態勢を掘り崩し，さらに，
　　究極的には政党の選挙戦略の再編を促すこととなった[2]。

　1970 年に ESEA は，再び，すべての州の学校における人種分離をめぐる問
題について，この法律，および，公民権法のタイトルIV（差別を禁止し，これを実
行するための手段として，補助金取り下げと訴訟を認める法律）が，人種分離の根源
と要因が法律上 (de jure) のものか，あるいは，事実上 (de facto) のものであるか
にかかわらず，米国内のすべての地域に適用されなければならないことを義務

づける改正がなされた。この改正は，差別を是正するための連邦職員の義務を
減じるものではないことを示す但し書きが加えられていた。

　当時，法律上と事実上の人種分離との間には大きな区別が設けられていた。
前者は，法律によってつくられた人種分離であり，白人とアフリカ系アメリカ
人それぞれの学校を分離することや公共の水飲み場を人種にもとづいて分離す
ることがこれにあたる。後者は，人々の選択の帰結（あるいは，選択することを迫
られること）による分離であり，白人が特定の地域に居住することを選択するこ
となどがこれにあたる。もちろん，ある不動産会社や政府の行為が，アフリカ
系アメリカ人の家族が，特定の地域に住むことを妨げていたこともある。彼ら
の，どこに住むのかという選択肢は制限されていた。しかしながら，繰り返す
ように，この時期においては，2つのタイプの人種分離の区別が存在していた
のである。

　議会が人種分離を容認する法律を制定していた南部州では，法律上の人種分
離が残存していた。事実上の人種分離は，居住地域が地域住民の行動によって
分離されていた北部州に顕れていた。数十年後に発見された証拠によれば，北
部における人種分離は，多くの場合，政府の措置によって生じていたことが示
されており，それは北部における居住地域の分離もまた，法律上の分離である
ことを意味していた。しかしながら，1970年代には，この区分が何らかの意味
をもつと考えられていた。

　この改正を行うにあたり，南部州の連邦議会議員たちは，法律上と事実上の
分離の双方を同じ俎上に載せようとしていた。彼らはそれによって，北部州出
身の議員たちが，彼らも同様に連邦裁判所の判決とその他の学校の人種統合へ
の圧力により危機にさらされる可能性を認識することを望んでいたのである。

　しかしながら，南部議員のそのような戦略は成功しなかった。多くの北部議
員は，人種分離を依然として南部の問題と見なしたのである。しかしながら，
多くの北部リベラル派は，北部にも人種分離が存在する時点において，人種分
離撤廃の負担が南部に課せられていることを認めていた。彼らは，南部出身の
連邦議会議員が望んだものとは正反対の結末を欲して，双方のタイプの人種分
離を同等とする法案に賛成したのである。すなわち，これらの北部出身議員は，
法律上の分離と同様に，事実上の分離に対しても連邦措置を行うことを欲した

のである。例えば，リビコフ上院議員 (Abraham Ribicoff, 民主党: コネティカット州) は，北部出身の上院議員たちが，「自らの息子や娘を黒人と同じ学校に送ることを避けるという唯一の目的のために，郊外へと逃走するリベラル派の白人支持者と向き合う気概がない」と主張したのである[3]。

この議会闘争の只中にあった 1970 年，ニクソン大統領は，連邦裁判所による人種統合の命令に遵守することを支援するため，人種分離された二元的な学校制度を維持する 21 の南部州に対して，4600 万ドルの補助金を支給した。ニクソンは，資金配分を操作することで，立法措置をせずにこれを行うことができたが，彼は議会に対してこのプログラムを長期的に行うことを求めた[4]。

ニクソンは，自らの立場を以下のように説明した。

私は学校の人種分離撤廃裁判において広く使われている用語としてのバス通学に反対する。私は，人種的バランスをとるために行われるわが国の子どもたちのバス通学に一貫して反対してきたし，このバス通学の目的ゆえに，子どもたちのバス通学と対峙させられている。さらに，行政府が，裁判所の命令によるバス通学を含めた裁判所命令の実施を強化する一方で，司法長官，および，連邦保健教育福祉長官 (Secretary of Health, Education, and Welfare) に，個々の学区とともに，バス通学の法的義務づけを最小限にするための働きかけを行うよう指示してきた。

最後に，私は保健教育福祉長官に対して，バス通学のためのいかなる補助金支出も明示的に禁じるよう提案された「学校支援臨時措置法」(Emergency School Assistance Act) の修正案を策定し，本日，これを議会に提出することを指示した[5]。

ニクソン大統領の南部への連邦援助を見出す戦略，ならびに，バス通学に対するレトリックは，人種を目的とするバス通学に反対する人々への自らの同意を表明するものであった。大統領の目的は，自らの伝統的な政党が公民権を支持したことに狼狽する南部の民主党議員に対して，共和党議員を優勢に立たせることにあった。南北戦争の終結以来，南部州はその投票傾向において確固たる民主党州であり，民主党議員を連邦議会に送り，一般的に，同党の大統領候

補を支援してきたのである。これらの州が「堅固なる南部 (Solid South)」と呼
ばれたことには，民主党への固定的な支持という尤もな理由があった。自身が
南部出身者であったジョンソン大統領は，彼が様々な公民権関連法に署名を行っ
た際に，自身がこのような政治基盤を危機にさらしていることを実によく理解
していたのである。

　南部の白人層から政治的支持を得るために行われたニクソン大統領の南部対
策のもう一つの局面は，学区に対する人種統合の圧力を緩和するため，連邦裁
判所の構成を変更することにあった。1971 年までに，ニクソン大統領は合衆国
最高裁判所に 4 人の新判事を任命しており，彼はこれにより強制バス通学に関
する判決の緩和を願ったのである[6]。

　このような大統領の努力にもかかわらず，1971 年の連邦最高裁スワン判決
(Swann v. Charlotte-Mecklenburg Board of Education) は，法律上の人種分離を是正
するための救済策として，強制バス通学を命じる連邦裁判所命令が合憲である
ことを是認したのである。法律によって認められた人種分離をなくすための子
どもたちのバス通学は，1954 年の連邦最高裁ブラウン判決では義務づけられて
いなかったが，1960 年代に連邦の下級裁判所が，人種的に孤立した学校を統合
するための手段としてこれに依拠していた。スワン判決は，これらの判決にお
いて学校の子どもたちのバス通学を命じる連邦判事たちの取り組みを法的に是
認するものであった。

　ニクソン大統領は明らかに，この判決に対して穏やかではなかったし，南部
州だけが影響を受けていることに対して不満を表明していた南部の民主党議員
の多くもまた同様であった。当時，ジョージア州知事であったカーター (Jimmy
Carter) は，「スワン判決は明らかに不公正な判決である。裁判所は依然として
南部のことを議論し，北部が放置されている」と指摘していたのである[7]。

　1971 年に南部の感情は，裁判所の命令による人種分離撤廃と，これを支持す
る北部に対して顕わとなった。この年に，プシンスキー下院議員と私は，人種
統合のための追加予算によって各学区を援助することを目的としたニクソン大
統領の学校援助臨時措置の利用に関する会議をミシシッピにて開催した。プシ
ンスキーはこの問題を管轄する小委員会の委員長であり，私はスタッフ・ディ
レクターと法律顧問を担っていたため，われわれの会議は，人種分離撤廃を実

施する学区のニーズと連邦補助金がどのように利用されているかを把握するための監査を行う会合として開催された。

　われわれがミシシッピに到着した際，同州での会議開催の訪問にあたり，武器の利用を含めた脅迫があったことを郡警察署長から知らされた。モーテルでのその夜，私はドアに椅子でバリケードを組み，床で就寝した。私はいかなる危険も冒したくなかったのである。その時は何も起こらずに，翌日，監査のための会議が行われた。学区からの証言者たちは，われわれが訪問し質問することに憤慨しているようにみえたが，われわれは連邦補助金がどのように利用されているかについて彼らから情報を得ることができた。そこで言われたこと，ならびに，彼らの態度から，少なくとも多くの南部の白人たちは，北部の人々が自らの人種分離問題を回避しておきながら南部を標的としていると感じていることがみられた。

　ニクソン大統領は，そのような憤りをうまく利用し，1972年には再選に向けて「強制バス通学」への反対を繰り返し表明した。ニクソン大統領は，近隣学校の改善を提案しているとの立場を取ったが，以下のように，上院はこの取り組みを阻止していた。

　　子どもたちが彼らの近隣学校から強制的にバス通学させられる事態によって学校全体が阻害されていることに対する混乱と憤りからは，誰も利益を得ることはない。われわれの不公正な教育システムに対する回答は，強制バス通学に対してではなく，学習に対してより多くのお金をかけることにある……。しかしながら周知のように，私の法案は，下院を通過した後，バス通学に賛同する上院議員により通過を阻害され廃案となってしまった[8]。

　1960年代終わりから1970年にかけて，民主党によって支配された連邦議会は，学校の人種統合に反対していた白人の支持者たちと，この目的を達成するために行われた子どものバス通学に対して率直に反対する投票者からの圧力を感じていた。公民権法に対して少数しか賛成票を投じなかった南部の民主党議員たちは，州が法的に義務づけている学校の人種分離に対する連邦裁判所命令により，必然的に非難の対象とされていた。この頃になると，公民権関連立法

に多くが賛成票を投じた北部，および，中西部の民主党議員たちも，連邦裁判所が，ボストン，デトロイト，そして他の都市の公的に是認された学校の人種分離に対して動き始めるという事態に遭遇していた。

　今日，われわれは民主党議員を公民権の支持者と認識し，共和党議員をその反対者，もしくは，少なくともその実現に対して民主党よりも熱意がないものと考える。しかしながら，1970年代まで，多くの共和党議員は公民権関連の法律を支持していた。最初の共和党大統領であったリンカーン大統領（Abraham Lincoln）は，奴隷を解放したのであり，南北戦争の後，共和党議員を多数派とする連邦議会は，解放された奴隷に恩恵を与えるための法律を制定した。それゆえ，アフリカ系アメリカ人は，何十年にもわたって共和党に投票する傾向にあった。アフリカ系アメリカ人が民主党への忠誠に移行し始めたのは，1930年代の大恐慌とこれに続くニューディール期にすぎない。

　それゆえ，ニクソン大統領のバス通学への反対にもかかわらず，連邦議会の共和党議員は，公民権と南部の人種分離学校排除の支持者であった。事実，1964年以前，民主党の会派が，ほぼ全員一致して法案に反対していた南部民主党議員を含んでいたため，共和党は下院と上院の双方において民主党よりも高い比率で公民権法に賛成票を投じた[9]。当時，南部からの共和党の議員はほぼ皆無であった。公民権への投票に対する不満の広まりを認識していた民主党と同様に，北部の民主党議員と同じ投票行動をした北部，中西部，そして西部の共和党議員は，その投票と帰結に不満を表明する選挙民たちの標的となったのである。

　ESEAの改正とその他の法律の変更を含めた1972年の教育関連修正法は，このような選挙民たちからの圧力を解放するための議会対応を示すものであった。この対応は人種分離撤廃と人種統合のための新たな補助金，そして，人種分離撤廃のためにバス通学を利用することへの制約が含まれていた。

　南部学区のための一時的な支援プログラムを，法律上の恒久的プログラムにするというニクソン大統領の提案は，学校援助臨時措置法（Emergency School Aid Act）の法形式のもとに総括的なプログラムの一部として受け入れられた。連邦議会は，人種分離撤廃の裁判所命令実施に係る費用への支援を学区に行うことを超えてこのプログラムを拡大し，自主的に人種統合を行っている学区への補

助も行った。この法律は，地域の要望がある場合を除いて，人種分離撤廃を目
的とするバス通学に支出するための連邦補助金の利用を禁止し，さらに，生徒
の健康を害するような時間と距離を要するバス通学や，生徒をより劣る学校へ
通学させるためのバス通学を禁止した。親や保護者は，このようなバス通学の
制限に関わり，問題があった場合に訴訟を行うことが認められた。

　ニクソン大統領は，この法律に署名したが，同法が強制バス通学に対して，
より厳格な制限を含めていないことへの不満を以下のように表明していた。

　　しかしながら，公立学校生徒のバス通学の扱いに関する改正において，その
　手段は明らかに不完全だ。この残念な手法が単独で——高等教育改革と引き
　離されて——この執務室に送られていたならば，これらの提案は即時，拒否
　権に付されていたであろう。過去 10 年間にわたる喫緊の社会問題と，これ
　に対する何らかの措置を求める大多数のアメリカ国民からの一致した要求に
　対して，第 92 議会が，英断は問題を第 93 議会に先送りすることであると判
　断したことは明瞭である。責任を求める切迫した要求に対する議会の明らか
　な後退は，この政権のたどってきた道にこれまで存在しなかった[10]。

　バス通学は，注目された政治争点であり，すべての注意を引くものであった。
ニクソンはこの問題を政治目的に利用したのであり，当時，他の争点よりも多
く報道の紙面を飾った。

　皮肉にも 1972 年の教育関連修正法は，1960 年代以来，高等教育に対する連
邦援助の範囲を最も拡大するものであったが，それを政治的論議や報道紙面か
ら人々が知ることはなかった。後に，私の議会における元同僚のクリスト
ファー・クロスが言うように，「1972 年法案はこれまで制定された法律の中で
も最も重要な一連の高等教育プログラムを整備したが，当時のホワイトハウス
の声明は，すべてバス通学に関するものであり，報道もまたそれを後追いした
……。再び人種をめぐる問題は——当時，バス通学の外見を装って——中身を
覆い隠されていた」[11]。

　ニクソン大統領は，1972 年に再選され，多くの南部の人々を共和党側に惹き
つけた。民主党は連邦議会の支配を維持していたが，さらなる政治的損失を避

けるために，強制バス通学を一層制約する他の手段を見つけなければならないと感じていた。しかしながら，彼らは，それを公民権の価値を低下させたり，人種分離を取り除く学区の義務をなくさせない方法によってなすことを欲していた。

　多くの共和党の連邦議会議員もまた，このような取り組みに含まれており，特に，共和党穏健派の有望なリーダーと目されていたジャビッツ上院議員（Jacob Javits）が注目された。公民権を支持する民主党の上院議員たちは，しばしば彼の判断に任せるほどにジャビッツを高く評価していた。私はたくさんの会議においてジャビッツを見て，さらに立法をめぐる合意点を模索し彼とともに取り組んだ末に，彼に対する高い信頼を理解することができた。私は，過去30年間に出会った連邦議会のすべての議員のなかで，ジャビッツ議員が最高の議員の一人であると考えている。

　当時，いくつかの上院・下院両院協議会の委員会が開催された期間中，下院の交渉担当であったパーキンズ議員と彼の主席顧問であった私は，下院を通過した反強制バス通学のための改正案への修正合意をはかるため，上院議員会館の執務室にて，私的にジャビッツ議員と彼の顧問と面会しようとしていた。ジャビッツ議員は共和党議員であり，上院の少数派であったが，公民権の問題について彼は上院内で双方の政党のための発言をしていた。

　この公民権をめぐる超党派体制は，長くは続かなかった。共和党議員が彼らの「南部対策」が成功するにつれて，同党は公民権に対する支持を弱め，アフリカ系アメリカ人の権利を支援してきた自らの政党の伝統的な立場を支持する共和党の穏健派，または，保守派にとって居心地の良い場所ではなくなりつつあった。この政治転換の被害者であったのはジャビッツ上院議員であり，1980年のニューヨーク州における共和党予備選挙において，ジャビッツ議員が多くの問題に関して共和党議員と同調していないと主張する，より保守的な政治家であったダマト（Alphonse D'Amato）に敗北した。ダマトはその後，上院のニューヨーク州代表として選出された。

　ジャビッツ議員が，公民権をめぐり上院においてまだ民主党と共和党双方の先導役であった1970年代に，バス通学を学校の人種分離撤廃の解決策として維持する一方で，バス通学に反対する投票者たちを満足させるというのは，バ

ランスをとることが難しい行動であった。プライヤー下院議員 (Richardson Pryor, 民主党: ノースカロライナ州) は，バス通学を制限し，学校の人種分離を是正するという憲法上の義務を遂行し，さらに，これらに対する大衆の反対を軽減することは可能であると考えていた。プライヤー議員は，下院に選出される前に連邦裁判所の判事を務めていたため，彼の見解は一定の注目を集めていた。

　司法委員会のメンバーであったプライヤー議員は，教育労働委員会の委員長であったパーキンズ議員と，双方の委員会が共同して対立を軽減する法案策定を協議するために面会した。パーキンズ議員はこれを了承し，私は，プライヤー議員とともに司法委員会と共同してこの法案を策定するため，教育労働教員会の代表として指名された。この法案策定過程は，私にとって憲法と政治の双方を学ぶ機会そのものであった。

　われわれの成果である 1974 年の教育関連修正法は，1972 年法よりもバス通学に対する広範な制約を擁していた。この制約規定は，「平等教育機会法」(Equal Educational Opportunities Act of 1974) と題する法律の条項に盛り込まれていた。この法律の目的は，強制バス通学を救済策の終局的手段とすることにあり，裁判所にその実施の判断基準を示すものであったが，連邦裁判所がバス通学を人種分離撤廃の手段とすることを完全に禁止するものではなかった。

　連邦議会は，強制バス通学の問題を声高に指摘し，これを人種分離撤廃の手段として利用することへの制約を示すことで綱渡りを果たしたものの，学校の人種統合にバス通学を利用することを明示せずとも容認していた。例えば平等教育機会法は，学校指定にあたり近隣に住んでいることは適切な根拠であること，人種分離撤廃計画は，実施するのに多額の費用を学区に負わせていること，バス通学は子どもたちの健康上，安全上に深刻なリスクを伴い，かつ，他の生徒たちの教育を害していること，そして，過剰なバス通学は，特に第6学年までの子どもたちを蝕んでいることを示していた。さらに，同法は裁判所がバス通学を利用すべき際に，明確で合理的かつ統一的な基準を定めていないことを明示していた。それゆえに，連邦議会は適切な解決方法を特定する必要があった。

　平等教育機会法の施行に関わる条項もまた，子どもたちを近隣の学校に指定することは，人種分離を目的としない限り，違法となるものではないことを宣

言していた。人種分離が是正された学区での居住パターンの変化が，たとえ学校の再分離に結びついたとしても，そのような実態がいかなる法的措置も引き起こさないものとされた。さらに，人種差別が是正された学校の人種構成は，学区全体の生徒人口構成を反映しなくとも良いものとされた。しかしながら，繰り返すように，バス通学への制約はあったものの，これを全面的に禁止するものではなかった。

　私が法律上の文言を詳しく引用したのは，それが，バス通学は人種分離撤廃を実現する上で不可欠な手段であったため，これを完全には禁止しない立法上の文言を用いる一方で，立法者たちがバス通学に賛成していない彼らの有権者を納得させようとした紆余曲折を示しているからである。それでも，1960年代から1970年代にとられた法律の修正は，いずれもバス通学を利用する選択肢を狭めるものであった。

　これは明らかに，多くの政治家にとって非常に難しい問題であった。ミシガン州のある民主党議員が，南部の人々に対して，人種分離を目的とする法律によってつくられた教育の人種差別制度の解体を求めたことは，その一つの現れである。デトロイトの郊外から選出された連邦議会議員が，選挙区の有権者たちが良い公立学校のある地域に家を買うために多額の費用を費やした後に，教育的に劣る公立学校の人種分離撤廃のために彼らの子どもがデトロイト市へとバス通学させられるかもしれないことに気がつく中で，バス通学を支持したことは，また別の現れであった。人種，質の低い学校，そして安全は，常に互いに絡み合っていた。議会への代表を選出する人々が，彼ら自身の子どもたちの教育に対してより大きな関心を示している中で，ある政治家が劣った学校に押しとどめられているアフリカ系アメリカ人の子どもたちの教育を改善する試みはいかにして可能だろうか。

　これらすべての理由により，バス通学を制限する1974年の教育関連修正法は，火消しとはならなかった。共和党保守派は，民主党議員をバス通学に賛成する「エリート主義者」として攻撃し続けた。例えば，1980年にレーガンが大統領に立候補した際に，人種統合を目的とするバス通学は，その時までに全米のバス通学全体の3%にすぎなくなっていたにもかかわらず，彼はこのような非難を繰り返した[12]。レーガンの戦略は，南部州を民主党の票田から共和党の

それへと移行させる上で，最終的に成功したと立証されたニクソン大統領の南
部対策に沿っていた。学校のバス通学への反対は，その目的を達成するために
利用された一つの手段だった。

　1990 年代に，連邦最高裁は，人種統合を目的とするバス通学を命じる裁判所
命令から学区が解放されうることを判示した。多くの南部学区が，そのような
解放を求め，また実際にこれが認められた。カリフォルニア大学ロサンゼルス
校 (UCLA) 公民権プロジェクトのオーフィールド教授 (Gary Orfield) は，これら
の法律とこれに続く司法判断の長期的な影響を以下のように総括している。

　　人種分離撤廃命令を制限する 1991 年から 1995 年にかけての 3 つの連邦最高
　裁判決の後に，1990 年代にみられるようになった人種再分離は，国内すべて
　の地域のアフリカ系アメリカ人とラティーノの双方において拡大し続けてお
　り，特に人種分離撤廃が非常に進んだ唯一の地域，すなわち，南部において
　急速に進んでいる。この国全体にまたがって，アジア系を除くすべての人種
　グループにおいて人種分離は高まっている。白人系の生徒が過去に比べて，
　わずかに多くのマイノリティの生徒がいる学校に通っている一方で，すべて
　の人種グループのなかで最も隔離されている。平均的な白人生徒は，77% の
　在校生徒が白人の学校に通っている。黒人，ラティーノの生徒たちは，少な
　くとも半分以上の生徒が黒人あるいはラティーノの学校に通っており（それぞ
　れ，52%，55%），人々が全国の公立学校の人種構成をもとに予想するよりも
　高い数値となっており，彼らの白人のクラスメイトは，実質的に 3 分の 1 よ
　り少ない[13]。

　総じて，数十年にもわたる連邦議会での教育に関する議論は，このバス通学
の問題に巻き込まれていた。これらの司法，および，立法機関の決定は生徒た
ちが通う学校，そして実質的に彼らがどれだけ良い教育を受けているかに重要
な影響をもたらした。大統領，連邦議会，そして判事たちは，彼らの行動によっ
て子どもたちの生活に大きく影響を与えることができる。バス通学を制限する
法律は，後に続く，バス通学を抑制する判決と同様に，国内のあらゆる教室に
誰が在籍するのかに影響を与えたし，また，影響し続けている。

2.　タイトルⅨ：女子と女性の教育機会の公正

　連邦議会と大統領は，公立学校における人種統合の手段を抑制した同時期に，女子，女性の教育へのさらなる機会均等をもたらした象徴となる法律を制定していた。最終的には，この法律上の義務づけは，学校，労働市場，スポーツ競技，そして社会における女性の飛躍的な前進を支えるものとなった。人種統合に関するいくつかのドアが閉じられる一方で，女性のさらなる平等への他のドアが開かれた。

　このさらなる機会拡大は，1972年教育関連修正法の「タイトルⅨ」と題する連邦法によってもたらされた。それは，合衆国内のいかなる人々も，性別にもとづいて，連邦財政による支援を受ける教育プログラム，あるいは活動への参加を排除されたり，そこでの利益を否定されたり，もしくは，差別に服することがないものと宣言した。

　既述のように，1960年代から70年代において，アフリカ系アメリカ人，女性・女子，障がいのある人々，ゲイ・レズビアンの解放運動は開花する。女性運動は，良い職へのアクセスの拡大，男性と同様の業務に対する同一賃金の獲得，そして，その他の変革を女性が獲得することを支えることが目論まれていた合衆国憲法の平等権修正を通過させるために懸命に取り組んだ。提案された憲法修正案は，各州議会において行き詰まり，憲法に追加するために十分な数の州の承認を得ることができなかった。

　「教育機会均等法」（Equal Opportunity in Education Act）として知られるタイトルⅨは，女性の平等を前進させる上で，政治的により成功しうる方途であった。タイトルⅨの対差別条項は，連邦議会のグリーン下院議員（Edith Green, 民主党：オレゴン州）とミンク下院議員（Patsy Mink, 民主党：ハワイ州）によって起草され，1964年の公民権法のタイトルⅥをモデルとしていた。

　この修正案の下院の双方の起草者たちは，連邦議会内の影響力ある議員になるために，彼ら自身が大きなハードルを乗り越えなければならなかった。教育者であるグリーンは，オレゴンから連邦議会下院に選出された歴代わずか2番目の女性であった。選出された当時，グリーンは下院435名の議員のうちのわずか17名の女性の一人であった。弁護士であるミンクは，連邦議会に初めて

選出された有色人種の女性であり，また，初めてのアジア系アメリカ人であった。ハワイにおいて，彼女は白人からの差別に直面し，ネブラスカ大学に通いながら，有色人種の学生を隔離する学生寮方針への反対運動に成功していた[14]。

　私が連邦議会で勤めていた時，彼女たちは長らく教育労働委員会の委員であったため，私は 2 人をよく知っていたし，また，彼女たちが修正案を提案した時に立ち会っていた。男性が支配する議会での 2 人との対話と 2 人の観察から，私は，両者が自らのキャリア形成において直面してきた障壁を避けながら，女子と女性たちがより成功しやすい未来をつくるという彼女たちの動機を理解した。

　この修正案を上院にて提案したバイ上院議員（Birch Bayh，民主党：インディアナ州）は，この条項の趣旨を以下のように説明している。

　この修正のインパクトは広く及ぶことが予想されるが，それは万能薬ではない。しかしながらそれは，彼女たちが当然に持つべきものをアメリカの女性たちに提供する試みの重要な第一歩である。その当然に持つべき権利とは，彼女らが自ら選択する学校に通うこと，彼女たちが欲するスキルを獲得すること，自らの選択のもとに同一労働同一賃金の仕事を獲得する公正な機会をもつという知識をもってこれらのスキルを活用するための平等な機会である[15]。

　これら法律による命令は，女子や若い女性が高校や大学の特定のコースに在籍する際に直面する差別，あるいは，教員が初等中等教育学校において特定の仕事をみつける際に接する差別への応答として，さらには，すべての学校段階における男女スポーツへの極端に不平等な支出の認識をもとに策定された。

　この法律は，学校や大学に法律遵守のための移行期間を認め，また，伝統的な男子大学，女子大学，軍人学校，宗教団体に対する免除をも含んでいた。そして同法は，いずれかの性であることで，優遇，ないし，異質な扱いを受けることがないことを宣言し，そして，性別により区別された居住施設への影響をすべて除外していた。これらの緩和措置にもかかわらず，多くの人々は，この新しい法律に対して，特にスポーツへの影響について，声高に反対を表明した。

スポーツのコーチたちは，それまで男子スポーツに比べて少ない財政的な支援しか受けてこなかった女子スポーツに資金が移行することによって，彼らのチームが弱体化すると主張したのである。

　1974年の教育関連修正法は，ジェンダー平等を前進させるために，「女性教育公正法」(Women's Educational Equity Act) による補助金プログラムを創設した。この試みは，タイトルⅨの履行を促進し，簡易化することを意味していた。1970年代に，カリキュラムと教科書の開発，教員研修の提供，ガイダンスとカウンセリングの改善，そして，教育への女性参加を促進するその他の活動のための補助金が策定された。このプログラムは，数百万ドル以上の補助金を超えることがなかったにもかかわらず，保守派からの多大な批判を引き起こすこととなる。特に，女性教育公正法は，「フェミニスト」への批判の象徴的対象とされたのである。しかしながら，プログラムの反対者たちは，この特定援助プログラムを廃止することに成功しなかった。1980年代の初頭に政治権力の最盛期にあったレーガン大統領でさえも，その目的を達成することはできなかった。しかし，レーガン大統領の反対は，一時的に女性教育公正法への補助金が劇的に削減される主要因となった。チェスター・フィンの言葉が示すように，近年，保守派は，女性教育公正法が「政治運動的なプロジェクトに利用され，プログラム自体をより論争的にしている」という点を問題として批判を継続している[16]。

　タイトルⅨの実施を複雑にしている問題は，クロスにより以下のように指摘されている。

　　タイトルⅨは，下院，上院双方での公聴会なしに法案に付け加えられたため，委員会報告の短いセクション，グリーン議員の演説，そして，高等教育の包括法案の審議における下院本会議でのいくつかのやりとりを主要な手がかりとして，議会の立法者意思をめぐる立法経緯は極めて乏しいものとなっている。このような空白は，決して珍しいことではないものの，タイトルⅨ，および，その適用をめぐるその後30年以上の論争の主要因となった[17]。

　法律をめぐる訴訟がなされ，法律条文の意味に解釈の余地が存在する場合，

裁判所は通常，その立法目的を確認するため，立法経緯を検討する。公聴会の完全な記録と趣旨説明がなされた議会委員会報告書の欠如は，このような司法機能を阻害することとなる。同様の問題が，立法者意思に関する議会議事録が欠如している際に，法律の施行規則を策定する連邦職員にも起こる。

　タイトルⅨによって生じる問題を解決するために，1976 年の教育関連修正法は，ボーイスカウトとガールスカウト，両性に提供されている父親—息子，もしくは，母親—娘の活動，そして美人コンテストの賞金を除外するなど，特定の領域を法律の対象外とした。しかしながら，修正案の提案者たちは，特にスポーツに関して，修正法を骨抜きにしたであろう改正を回避することができた。

　タイトルⅨの反対者たちは，連邦議会でよりも，連邦裁判所においてより成功していた。1984 年，連邦最高裁のグローブ・シティ判決 (Grove City v. Bell) は，法律を狭く解釈することにより，男子スポーツから女子スポーツへの補助金の移転に制限をかけた。この判決は，タイトルⅨの条文は連邦補助金を受給する大学の部局にのみ影響するものであり，その他の組織に影響するものではないと判示した。グローブ・シティ大学 (Grove City College) は，学生ローンと奨学金以外の連邦補助金は受けておらず，判決に従うならば，学生支援課のみが，大学内において差別禁止条項が適用される部局となった。

　議会内のタイトルⅨへの支持者たちは，裁判所の判決によって萎縮させられたわけではなかった。事実，彼らは，もし一つの部局でも補助金を受給していたら組織全体に適用されるということを明文化した法律を成立させることにより，判決を覆した。裁判所がグローブ・シティ判決の法理を他の法律を狭く解釈するための先例として活用することが可能であったため，1987 年の「公民権再興法」(Civil Rights Restoration Act of 1987) は[18]，タイトルⅨのみではなく，その他の公民権関係の法律においても重要な意味を持っていた。

　公民権再興法は連邦議会を通過したが，レーガン大統領によって拒否権が発動された。議会は，下院と上院双方の 3 分の 2 の支持を必要とする拒否権の無効化を実現した。その結果，タイトルⅨは，教育における女子と女性に対する差別を禁じる同法の役割を維持することとなった。

　当時，私はタイトルⅨの立法化とあらゆる反強制バス通学関連法の議会顧問を務めていた。議会が性別を理由とする差別を禁止することに前進する一方で，

反対のことがバス通学をめぐる紛争において起こっていたことは，私には皮肉にしか見えなかった。

　総じて，1960年代から今日に至るまで，社会のあらゆる勢力は，女性により広範な平等をもたらすことを支援してきた。タイトルⅨは，シンボルとしても現実においても主たる要素であった。タイトルⅨが，女性たちが経験してきた差別のすべてを改善することを約束するものではなかったが，教育におけるその成果はめざましいものであった。近年，女子はNCLB法によって実施された英語のテストにおいて，すべての学年で男子よりも高い得点を得ており，数学の到達度においても男子と同等になっており，過去の数学の成績を覆している。女子たちは男子よりも高い高校卒業率を示しており，女性は男性よりも高い比率で大学に入学し卒業している。女性の大学教授も，大学での職をかつてよりも得やすくなっている。女性たちはこれまで以上に専門職学位の取得において前進しており，また，ロー・スクールやメディカル・スクールにおいて多数派となっている。

　これらすべては，1972年以前に支配的であった女性の立場からの劇的な変化である。もちろん，男女の賃金格差はいまだに存在しているし，全面的な平等に対するその他の障壁も存在している。しかしながら言うまでもなく，タイトルⅨは，以前は閉ざされていたドアを女子と女性たちに開いた。タイトルⅨは，その支持者たちが連邦最高裁の判決を覆し，大学スポーツの権力に対抗することを目指したことにみられるように，大胆な政策形成が行われた一例である。タイトルⅨによる差別の禁止は，明らかに社会的，教育的進歩をもたらした象徴である。

　言うなれば，女子と女性の才能が以前よりも全面的に活用されることにより，この国はさらに強くなった。連邦政府は，立法による差別撲滅政策を展開することにより，このような状況の達成に少なくとも部分的に貢献している。

3.　聖書研究会と同性愛者・異性愛者同盟の生徒

　社会問題に関わる教育政策形成の最後の事例は，1984年の「平等アクセス法」（Equal Access Act of 1984）である。生徒の学校施設利用に関するこの法律は，

政教分離や生徒の表現の自由を含んだ激しい論争の末に制定された。この事例は，ある者の求めに対して，あるいは，ある者が何を求めないのかについて，人は慎重にならなければならないことを示している。

　1980 年代に多くの生徒聖書研究会が，会場として公立高校の施設を利用することを求めた。いくつかの学区は許可を与え，いくつかの学区は政教分離原則を掲げてこれを拒否した。保守的な宗教団体は，これらの会合を許可する法律の制定を連邦議会に求めた。彼らは，連邦議会下院の教育労働委員会の委員長であったパーキンズ議員を彼らの擁護者として見出した。彼が委員長を務める委員会は議会内において伝統的に最もリベラルな委員会の一つであり，また，彼自身も全国的な「セーフティネット」をめぐるあらゆる要素のために奮闘しており，これらにより，彼は経済的リベラル派とみられていたため，パーキンズ議員の宗教団体への支持は，多くの教育関係団体を驚かせた。一般的にあまり知られていなかったのは，パーキンズ議員は宗教的な「生まれ変わり」を経ていたことと，この立法が彼の宗教的に保守的な選挙区において多くの支持を集めていたということである。私は彼の委員会の教育担当の主席法律顧問として，彼の個人的な動機に気がついていた。

　パーキンズ議員は，予期せずフランク下院議員（Barney Frank，民主党: マサチューセッツ州）という法案の盟友を得ることになる。フランク議員は，連邦議会で最もリベラルな議員の一人であり，農村で，教育レベルが低く，宗教的に保守地域であったパーキンズ議員の選挙区とはほとんど共通点のない，ニューイングランド地区から選出された下院議員であった。提出された法案は，パーキンズ議員が委員長を務める教育労働委員会とフランク議員が年長の委員であった司法委員会の双方に委ねられていたため，フランク議員の支持は，立法上，重要な意味を持っていた。下院の規則によれば，下院本会議の審議に進むために，法案は 2 つの委員会の承認を得なければならなかった。

　フランク議員の支援は，当該集団が公的機関の後援を得ていないという条件など，特定の基準の範囲内で，学区がある生徒集団に施設の利用を許可したならば，その他の集団にも同じ機会を許可しなければならないという一般原則を論拠としていた。言い換えるならば，当該生徒集団は，生徒主体でなければならず，また教員やその他の公務員に指揮されてはならないということを意味し

ていた。

　提出された法案は，このような安全装置を含んでいた。法案は，連邦援助を
受け，生徒集団に会合のための施設利用を許可している公立高校が，会合にお
ける宗教，政治，哲学，その他の言論内容にもとづいて他の生徒集団に同じ権
利を与えないことを違法とした。

　法案は 1984 年に下院において，進歩的な民主党議員として尊敬を集めてい
たパーキンズ議員とフランク議員の共同提案により提出された。法案が委ねら
れた教育労働委員会と司法委員会では，立法化のメリットと合憲性についての
激しい論争がなされた。しかしながら，最終的には，双方の委員会は法案を承
認し，下院本会議での審議に移ることとなった。

　そこでは，別の騒々しい論争が発生した。リベラル派は，宗教に対する公的
な支持を示すことを恐れていたため，生徒による聖書研究会や祈禱集団が公立
学校内で会合を行うことを欲しなかった。保守派は，喜んでこのような集団へ
の支持を表明し，公共の建物で会合を行う権利を強く主張した。これらの論争
がなされる中で，フランク議員は，リベラル派の同僚たちが，この法案に関わ
る一般原理を考えるよう働きかけたが，それはほとんど成功しなかった。

　私は，この立法に対するリベラル派の敵対心があったことを証言できる。パー
キンズ議員の顧問として，私は 2 つの委員会が法案を承認するように司法委員
会で取り組んでいた。私はこの法案が下院を通過することを確保するための組
織化を支えなければならなかった。この過程全体において，憤慨する民主党の
教育労働委員会委員たちとそのスタッフは，なぜ，パーキンズ議員と私が，政
教分離に対する「右派」の攻撃だと彼らが思う事柄に関与することになったの
かを知りたがっていた。同時に，私は著名なテレビ伝道師であるロバートソン
(Pat Robertson) とファルウェル (Jerry Falwell) によって，法案への支持を集める
ために動員された保守的な宗教グループと定期的に面会しなければならなかっ
た。これらの団体は，通常，私が関係を持たないような団体であった。このよ
うなストレスにより，ある金曜日，私の腰は悲鳴をあげ，私は救急車で運ばれ，
緊急処置室で手当を受けた。そして，翌週月曜日，私は紛争の只中に戻った。

　白熱した議論の後に，下院は法案を承認し，これを理科，数学，その他の国
家経済の強化に意義ありとされた計画のための教育プログラムを確立する広範

な立法に盛り込んだ。上院の指導者たちは，生徒の祈禱者グループをめぐる問題を扱いたがらなかったため，他の法案に当該条項を含めるという下院の戦略は，他のより広範な立法の一部として承認されるチャンスを与えるものであった。

　これは実際に結実することとなる。数学と理科に関わる法案のための上院・下院の両院協議会において，上院の交渉者たちは，祈禱者たちの会合は，公的な後援や承認を受けることはできないという制限を改めて確保しながら，下院の提案を受け入れた。ゆえに，平等アクセス法は，「経済保障教育法」(Education for Economic Security Act) のタイトルⅧとして登場した[19]。

　議会の保守派議員は，この法律により功績を得たのであり，また，生徒聖書研究会や祈禱グループが高校で会合を行うことを，生徒たちが要求し，また，学区が他のグループに会合を許可しているならば，同様に許可されなければならないという成果を祝福した。リベラル派は，名声ある保守的な宗教的，政治的リーダーであるロバートソンによって支持された法案と，彼の同盟者たちが議会をやり過ごしたことに失望した。

　しかしながら，物語はそこで終わらなかった。1990 年代以降，ゲイ・レズビアン運動が興隆し，ゲイ男性やレズビアン女性の受け入れを促すため，多くのゲイ・レズビアン・クラブが高校に設立された。いくつかの公立学校は，これらのグループが高校で会合を行うことを拒否した。生徒クラブによる訴訟が起こされ，判事たちは他のグループが施設利用を許可されているならば，公的機関はこのような会合を許可しなければならないことを義務づけている平等アクセス法に依拠した。

　そこで，潮目が変わった。聖書研究会が高校で会合を行うことを喜んでいた保守派たちは，今度は，これを可能とした法律が同様の権利を同性愛・異性愛グループにも与えるために利用されるという事実に向き合わなければならなくなった。フランク議員は正しかった。彼は当初から，従前に同様の会合を許可するという方針をとっていたならば，目的にかかわらず生徒を主体とするグループが高校で会合を行うことを許可しなければならないというルールの普遍性を理解していた。これらのグループに対する公的な認可など存在しえないし，公的機関の職員もまた彼らの個人的な心情や選好にもとづいて会合を許可するグ

ループを選択することはできない。判例史を研究の視点としている政治学のダン教授 (Joshua Dunn) が以下に指摘するように，この法律は言論の自由をめぐる判断を導く便利な方途として賞賛されてきた。

　平等アクセス法は，公立学校における宗教差別を懸念する宗教団体によって推進されたが，裁判所にとって，言論の自由をめぐる紛争を解決する上で，助けとなる手段となった。ある面で，この法律は裁判所を自らの先例から守った。連邦最高裁判所の国教樹立禁止条項の法理は，いかなる種類の宗教的活動が公立学校において許されるのかをめぐり，学校関係者にかなりの混乱を生み出す悪名高い汚点であった[20]。

　1980 年代にこの立法の支持者であった宗教関係者は，この法律が緊迫する問題を解決するために対等に活用されるものとなったことに驚いたかもしれない。良き法は，様々な意図から生まれるのかもしれない。
　平等アクセス法は，学校，その他の社会勢力，そして政治の相互作用を示すもう一つの国家政策であった。宗教的目的を有する生徒クラブと，寛容の促進を目的とするクラブの扱いをめぐっては，対等性と学校の中立性の要素が鍵となる。異なる信条を持つ生徒集団が公立高校の施設で会合を行う機会は，それ自体が重要である。この学校内の施設にいる 10 代の生徒たちにとっては，それは市民科の学習としても重要である。宗教的見解への尊重と他者の考え方への寛容は，アメリカ社会の不可欠な要素なのである。

第9章

学校教育への連邦関与からの教訓

　教育における連邦関与の物語は，ESEA が創設された 1965 年の勢いある時代から，NCLB 法がその主たる条項への義務免除を通して州ごとに骨抜きにされている 2015 年に私たちを誘ってきた。この半世紀の間，その他の連邦プログラムや政策が，教育を改善するために，あるいは，喫緊の社会問題に対処するために採用されてきた。これら 50 年以上にわたるすべての経験は，より利用可能な連邦政府の役割をいかに創造するかという点について，私たちに何を示唆するのだろうか。

1.　重要な争点

　この 50 年間を通して，連邦政府が教育問題を特定し，これに対処するための政策を採用した際には，州と学区は常にその問題に関心を払い自らの注意を向けてきた。1965 年の ESEA の制定により，不利な状況にある子どもたちの教育は，教育関係者の焦点となった。1970 年代初頭に連邦裁判所が障がいのある子どもの教育が改善されなければならないと判示した際に，州と学区は改革を開始し，それがすべての州と学校に影響を及ぼす国家的な立法措置を促すこととなった。2011 年に，連邦教育省が州に NCLB 法の義務免除を受けるための教員評価制度の改革を義務づけた際には，州はそのための措置を行った。
　特定の問題に注目を集めるという連邦政府の能力は，教育制度をめぐる様々な雑音——批判，改革，メディアによって脅威とされた問題，シンクタンクからの報告書——によって主たるメッセージを把握することが難しくなっている中で，貴重なものとなっている。このような不協和音の只中にあって，教育関係者と市民は，何が一番重要な問題なのかを選り分けなければならない。州や地方政府が連邦政府の採用する政策に応答するため，連邦政府はその権限を慎重に利用しなければならない。最も重要な問題，すなわち，何らかの措置が特

141

に必要とされており，大きな改善が見込まれる領域のみが，連邦政府の職務とされるべきである。

　より公正な教育をもたらすことは，そのような問題の一つである。1960年代以来，公正性の問題は，それまで州や地方学区が放置していたため，連邦政府の関心事となってきた。一定の進捗はこれまでにもあったものの，家庭の富やその他の要素によって有利な立場にない人々のために良い教育を提供するという極めて重要な目標は，いまだに注視され続ける必要がある。合衆国の社会的文化は，個人主義と「自立すること」を強調するあまり，不利な立場にある人々のニーズを見過ごす傾向にある。連邦政府はこのような人々のための力強い代弁者となる。連邦政府の注目を必要とするに足る他の重要な問題は，公民権，高等教育へのアクセス，信頼できる統計と裏づけとなる研究を収集するという基本的な職務である。

　最も喫緊の問題を特定するという責任を果たす上で，連邦政府は，学校教育への連邦関与をめぐる法律上の制限を遵守しなければならない。1965年のESEAは，新たな連邦の役割が，伝統的な地方学区による公教育の統制を覆すという恐れを和らげるため，教育の連邦統制の禁止を含んでいた。当初，法律の604条は以下のように示していた。

　　この法律のいずれの条文も，いかなる合衆国の省，局，役員，職員であっても，カリキュラム，教育プログラム，教育機関あるいは学校の人事，もしくは，図書館資料の選択，教科書，その他教育機関や学校によって発行された教材について指揮，監督，統制を及ぼすものと解釈されてはならない[1]。

　この条文は，連邦政府が教育のニーズを特定し，これらに対処するという機能にいかなる影響を与えてきたのだろうか。この条文は形を変えながらも法律内に残存しているため，1つの事例はその効果を説明する上で役立つかもしれない。

　第7章で説明したように，1968年のESEA改正は，英語の運用能力が十分でない生徒への英語教育の教授法としてバイリンガル教育を巧妙に促進するための補助金を学区に支給する新しいプログラムを含んでおり，1974年改正法で

は，このバイリンガル教育への支援がより直接的になった[2]。このような特定の教育実践への支出を促す連邦政策は，連邦政府の「教育プログラム」への統制の禁止に，違反することになるのか。

　連邦補助金プログラムは，合衆国憲法の「支出条項」を憲法上の根拠としており，それは，連邦政府が公金を国の一般福祉を向上させるために利用することを認めている。州と地方学区が連邦補助金を申請し，自主的かつ承知の上で補助金に課せられた条件を認めた場合，これらの義務づけに従わなければならない[3]。この状況において，連邦政府は地域における決定を統制，ないし，指揮するものではないとされる。それは，補助金プログラムを周知の義務づけにもとづいて運用しているだけであり，それゆえ，連邦統制の禁止は，何ら影響しない。

　したがって，1968 年のバイリンガル教育法と 1974 年の教育関連修正法において，連邦政府は生徒の母語を利用したアプローチにもとづく英語教授法，つまり，バイリンガル教育を促進することができた。そして，2001 年に連邦議会は，バイリンガル教育の利用に強い制限をかけ，その代わりに生徒の母語を利用しない英語没入法などその他の教授法を促進するように補助金プログラムを変更することができた。いずれの連邦政策も，学区が補助金を受給する際に，これらの条件に同意していたため，連邦統制の禁止に抵触することはなかった。

　ゆえに，連邦政府は深刻な教育問題に全米の注目を集めることができた。問題は，これらの措置が憲法条項，特に支出条項にもとづいていなければならず，連邦最高裁が判示したように運用されなければならないということであった。例えば，州は連邦援助を受給する上で，その条件を公的に承諾していなければならない。

2.　政策の強制力

　連邦政府が強制力ある政策を採用した際には，より弱い政策が活用された時よりも，その効果は大きいものとなる。これは，当然の共通理解である。連邦政策を実施する手段は，この強制性の連続体の上に存在している。

　連邦最高裁判決は政策にもとづく措置を確保する最も強制力ある手段である

し，連邦下級審の判決もまた強力である。1974 年の連邦最高裁ラウ判決は，サンフランシスコ学区が，英語を学ぶための追加的な支援を与えていないため，英語の運用能力が十分でない生徒たちの憲法上の権利に違反していると判示し，全米中の実践を変えることとなった。ある学区における障がいのある子どもの扱いが合衆国憲法修正第 14 条違反となると判断した連邦下級審判決は，被告学区に影響を与えただけでなく，より重要なことには，現在の IDEA として知られる法律を策定する連邦議会の措置へと広がることとなった。

　この本の対象時期以前の問題ではあるが，ブラウン判決（Brown v. Board of Education）は，学校における人種分離撤廃に関してのみでなく，アメリカがすべての人々の国であるべきだという理想を打ち立てる上でも，極めて重要な判決であった。これとまったく異なる形で，連邦最高裁ロドリゲス判決（Rodriguez v. San Antonio Independent School District）は，より公正な公教育支出をもたらす努力に対して，連邦裁判所のドアを閉ざすものとなった。この 1973 年判決は，学校への支出に関して不動産税に大きく依存していたテキサス州の問題を扱い，それは，財産税が乏しい学区は，財産税が豊かな学区に比べて，利用できる教育が乏しいことを意味していた。最高裁は，連邦レベルでの解決策はないとし，それゆえに，問題を州に差し戻したのである。

　このように連邦裁判所の判決は強力な影響をもたらす一方で，議会の措置による影響を受けることもある。数十年にもわたる期間に，連邦議会は，人種分離撤廃を目的とする学校生徒の強制バス通学を連邦下級裁判所が命令できると判示した連邦最高裁スワン判決を制限するための法律を制定してきた。これらの法律を制定する傍ら，裁判所がこれらの法律を違憲であると判断することができるため，議会は裁判所と対立しないように努めてきたのであり，後に議会は，バス通学に反対する最高裁事の大統領任命にも助けられて，バス通学を制限することに成功した。タイトルⅨに関しては，グローブ・シティ判決において，高等教育機関の［連邦援助を受給する］部局のみが女性に対する差別の禁止に影響を受けると連邦最高裁が判示した後に，議会は法律を改正した。公民権再興法（Civil Rights Restoration Act）は，実際に，高等教育機関全体がタイトルⅨのみでなく，その他の公民権関連法の影響を受けるという議会の意図を明確にすることで，連邦最高裁判決を覆した。裁判所命令は，政策を実行するため

の連邦レベルの強力な手段であるが，それは必ずしも最終決定ではない。

　連邦法もまた強制力ある手段となりうる。IDEA は，障がいのある子どもの教育に関して，これらの子どもを通常学級に包摂するという新たな要件を設定し，子どもが必要とするサービスの詳細を定めた IEP を策定し，保護者にサービスの変更に関するプロセスを与え，連邦補助金の水準にかかわらず，学区がこれらの子どもに必要なサービスを提供することを義務づけるという形で大改革を行った。この種の規定は，他のいかなる連邦教育法にも存在しない。州や地方が IDEA の要件を遵守するのに必要な費用は，同法のための連邦歳出予算額よりも多かったが，州と学区は IDEA の補助金を受け入れたため，残りの費用を負担しなければならなかった。

　一部の連邦法は強制力を持っていたが，その強制力はその存在価値をめぐる論争を終了させるものではなかった。NCLB 法は，これまで制定された連邦教育関連法のなかで最も強硬な法律であり，合衆国のほぼすべての学校の子どもたちに影響しているが，同法が 2002 年に施行されて以来，その政策をめぐり激しい論争が続いてきた。ある州は当初，同法の遵守に抵抗し，またある州は彼らが負わされている費用をめぐり連邦政府を訴え，また，ある親たちは，自らの子どもに義務づけられたテストの受験を拒否した。

　これらの反対があったにもかかわらず，NCLB 法は，その他の多くの法律と異なり，その制定以来，1 つの文言も変えられていない。第 5 章における連邦議会でのインタビューが物語るように，NCLB 法の議会，大統領府の起草者たちは，それがアメリカ学校教育の不可欠な部分となることを望んだのであり，彼らは，もし同法が長期的に施行されたならばそれが可能になると考えていた。しかしながら，NCLB 法を修正しないという決断は，他の場所に修正の必要を向けたにすぎない。すなわち，連邦教育省からの義務免除を利用することによって法律の様々な命令から州を解放するという方向に向かったのである。

　連邦政府は，政策遂行のための第 3 のツールを保持している。そのツールは，特定の措置を執らせるための指令，また，ある特定行為の禁止という形態で，実施に伴う補助金なしに遵守しなければならない。タイトルIXは，女子と女性の教育における障壁を除去する強制力があり，平等アクセス法もまた，学校管理者が生徒クラブに対して学校施設を公正に利用できるようにさせる強力な手

段である。しかしながら，いずれも，州や学区がこれらの条文を遵守する
ための補助金を伴っていない。タイトルⅨの付随法である「女性教育公正法」
は，技術支援のためのわずかな補助金支出しか提供しておらず，IDEA の
ように義務項目を履行するための大規模な補助金プログラムを擁していな
い。

　強力な連邦法と指令は，保守派とリベラル派，民主党と共和党などの政治会
派を横断した議会議員によって提案されてきた。2 人の女性議員がタイトルⅨ
の起草を行った。グリーン議員は，中道派ないし保守派の民主党女性議員であ
り，ミンクはリベラル派の民主党女性議員であった。第 8 章で説明したように，
平等アクセス法は，生徒聖書研究会が公立学校の利用を妨げられていることを
憂慮する保守的な団体に起源があった。しかしながら，この立法はポピュリス
トのパーキンズ議員とリベラル派のフランク議員によって起草された。

　また，多くの指令は，公立学校における特定の教育実践を変えることや，新
しい政策の樹立を欲する保守的な議会議員からも策定されてきた。保守派はリ
ベラル派よりも日常生活への政府介入に抵抗してきたため，このような起草は
皮肉である。ブッシュ大統領の NCLB 法だけでも，数多くの指令を含んでい
た。ある指令はバックリー修正として知られる法的義務づけに及んだ。それは，
1970 年に制定され起草者であるバックリー上院議員（James Buckley，共和党：
ニューヨーク州）をもとに名付けられた。制定された当初，バックリー修正は，
教育記録への市民アクセスを制限し，教室内で利用される教育課程関連資料を
閲覧する権利を保護者に付与するものであった。NCLB 法は，この政策を拡大
し，NCLB 法に従って行われた生徒のテストスコアへのアクセスを制限した[4]。
さらに，合衆国軍の採用担当者は，保護者からの異議がない限り，学区から生
徒の名前，住所，そして電話番号のリストを受領する権限を NCLB 法のもとで
得た[5]。さらに，NCLB 法によって継続された追加指令は，憲法上保護された
祈禱を学校にて妨げる方針を有していないという証明書に学区が署名する義務
を課した[6]。学区はまた，性的指向にもとづく差別を禁止する方針を持ってい
るか否かに関係なく，ボーイスカウト隊の学校施設利用を妨げることを禁じら
れた[7]。

　初期の法律は，学校施設内への銃の持ち込みを禁止するなど，その他の指令

を含んでいた。連邦政府は，このような方針を実施するための補助金を提供していなかったが，州と地方学区は，常に，特定の行為を禁止し，特定の措置を促すこれらすべての指令に従った。

　高校中退に関する近年の指令は，興味深い事例の一つである。2008 年に，ブッシュ (第 43 代) 大統領の政権は，NCLB 法のもとで高校卒業率と中退データを同一内容にて報告することを州に義務づける規則を施行した。それ以前，州はこの領域に関して連邦政府に送るデータの収集に寄せ集めの手法を用いてきた。新しい規則では，9 年生に進級後 4 年以内に高校を修了し卒業資格を取得した生徒の人数に関するデータ収集を全州に義務づけた[8]。このことは，「時間通りに」高校を修了した生徒の割合を，州と全米レベルで正確な数で報告できるような一貫したデータを，各州が初めて提出したことを意味していた[9]。

　このような判例，要求の強い法律，指令とは対照的に，連邦補助金プログラムは強力にも脆弱にも作用する。IDEA は，IEP のための手続きの保障，および，連邦の支出額に関わりなく子どもにサービスが提供されなければならないという義務づけにおいて特に強力である。その初期の形態において，タイトル I プログラムは，不利な状況にある子どもたちのために州，地方学区の追加支出を呼び起こすものであったが，連邦資金の支出を超えたサービスの保障はなかったため，IDEA と比べて脆弱であった。NCLB 法によって修正されたタイトル I は，その新しい形態により，関係するサービスに連邦資金が支払われるかに関係なく，学区がテストの点数を上げるために直接支出するよう動機づける点で強力である。

　一部の連邦プログラムは，特定的かつ局所的な目的を実施するものであり，その効果はどれだけこれらの目的が実現されたのかによって測ることができる。例えば，図書館の本や視聴覚教材を学校に提供した ESEA のプログラムは，学校に主要な改革をもたらすことを想定したものではなかった。当初行われた ESEA のタイトル III による模範プロジェクトなど，その他のプログラムは，補助金が終了されるまで一定の効果を有していたものの，その効果は補助金の終了とともに薄れた。

　ワシントン D.C. では，多額の資金が配分されたプログラムは重要なものとみられた。しかしながら，多くの学区にこれらの資金がばらまかれると，個々

の学区においてはその額が大きなものではなくなってしまうかもしれない。これが，連邦教育プログラムの主たる制約であり，長期的に実践を変える上で，これらのプログラムを脆弱にしている。

3.　適正な教育支出

　一般的な政策と同様に，連邦政府は教育を変革するために，ひとたびその実施に足を踏み入れたならば，資金を提供しなければならない。また，もし州や学区に新たな重い責務を課すならば，より多くの資金を提供しなければならない。しかしながら実際には，多くの場合，いずれもなされていない。結果的に，州や学区からの抗議や反対が広がってきた。

　IDEA は，連邦プログラムの第 1 ルールへの違反を示す事例である。連邦政府は，同法が制定される際に支出を公約していた障がいのある生徒への教育に必要な余剰費用の 40 % を全面的には支払ってこなかった。IDEA は，障がいのある生徒を支援するために必要なすべてのサービスを提供することを学区に義務づけているため，連邦政府がこの公約に違反したことは，障がいのある子どもの教育に係る余剰費用について，より多くの割合を州と学区が払わなければならないことを意味しており，さらにこのことは，障がいを持たない子どもたちへの州と学区の支出が少なくなることを放置するものとなった。

　NCLB 法は，第 2 ルールに違反する立法の一事例である。この法律は IDEA のような補助金に関する公約を持たないが，生徒が州統一テストにおいて目標となる習熟レベルの到達を保障するという要件により，学区により重い義務を課していた。NCLB 法の初年度に，多くの州はこれに伴う費用についての調査を行った。ケネディ上院議員 (Ted Kennedy，民主党: マサチューセッツ州) や他の民主党議員からの圧力により，ブッシュ大統領はタイトル I の補助金を 2 年間増額することに同意した。しかしその後，連邦補助金は実質的に増加しなかった。

　連邦補助金を監視してきた新アメリカ基金 (New America Foundation) は，2002 年に NCLB 法が制定されて以来，「タイトル I の連邦歳出予算額は，ほぼ横ばいであった」と結論づけている[10]。彼らは，NCLB 法の制定直後の補助金の増

額が，さしたるものではなかったことを示唆している。それゆえ，州や学区は
その費用を支払うことを余儀なくされた。そのことは，明らかに，憤りを生じ
させ，法律の形骸化を助長した。

　コネティカット州は，NCLB 法の履行にあたり，自らの資金支出を生じさせ
ているとして連邦政府を訴え，ミシガン州のポンティアック学区とその関係者
もまた，同様の問題で訴訟を起こした。これらの原告らは，彼らの追加支出の
証拠を提出できたため，また，NCLB 法が「州やその下位機関に資金支出を命
じる，あるいは，同法のもとで支払われていない費用を課す」[11] 権限が存在し
ないことを明示的に宣言していたことから，訴訟に勝利するものと確信してい
た。つまり，州や学区は，特定の政策でない限り，法律を遵守するために自ら
の資金を支出することを強制されないことを意味していた。

　ポンティアック訴訟において，連邦下級裁判所は，NCLB 法の支出が連邦政
府によって全面的に補助されるとは連邦議会では述べられていなかったとして，
原告に請求原因なしと判示した。この判決を覆すための訴えは，連邦控訴裁判
所，そして，最高裁判所においても成功しなかった[12]。コネティカットの訴訟
では，連邦下級裁判所と最高裁判所が，同州の訴訟は時期尚早であり裁判所に
おいて持続できないと判示した[13]。いずれの訴訟も，これらの敗訴の後に再び
提訴されることはなかった。

　この命令やわずらわしい新たな要件に対する十分な補助金の提供をおろそか
にしながら，連邦政府はさらに，改善のための費用に関して，州，学区と真の
パートナーとなる可能性を実現することにも失敗していた。最大限の効果を得
る政策のためには，連邦，州，そして地方学区のすべての資源がこれを支えな
ければならない。すべてのオールは同じ方向に漕がれなければならないのであ
る。連邦政府が，もし広範な改革をもたらそうとするならば，さらには，もし
その改善の在り方と方向性に影響を与えたいならば，教育への補助金を増額す
ることは賢明であるといえる。

　連邦議会は，2009 年にアメリカ再興再投資法を制定した際，教員や管理職の
整理解雇や，その他の厳しい経済不況に伴う負の影響を州や学区が回避するた
めに，初等中等教育への連邦支出をほぼ倍増させた。この戦略は成功し，最悪
の事態は避けられた。この多額の補助金の増加は，連邦政府が教育を支えるた

めに，より貢献できることを示した。唯一の問題は，そのような意思が存在しているかである。この費用をめぐる問題は，教育における連邦関与に関する新たな提言が検討される第Ⅳ部において扱う。

4.　州と学区による政策執行

　州行政官，地方の学校管理職，教員，そしてその他の州と学区の関係者は，連邦教育政策を遂行する責任がある。連邦政府は，多くの連邦プログラムの行政コストを支出しているが，NCLB 法のアカウンタビリティの要請など，すべての費用を支給しているわけではない。実際のところ連邦政府は，政策を履行するために現行の学校構造に便乗しており，連邦のアイディアを支えようとする教育関係者と管理職の善意から利益を得ている。

　この現実の負の側面は，州と学区の教育実践が不公正な状況にある時に，連邦政策の効果が薄れるということにある。その最たる例が，第 4 章の冒頭に記したイリノイ州シセロ学区である。低所得家庭の子どもたちがほとんどであるこの学区は，同じ州内で，裕福な家庭の子どもたちが多いウィネトカ学区よりも，生徒一人当たりの費用が 1 万ドルも少なかった。タイトルⅠは，子ども一人当たりに，わずか数百ドルばかりをシセロ学区の子どもたちに提供するが，それは州と地方学区の財政上の不均衡を埋め合わせるものとなっていない。

　また，貧困層とマイノリティの生徒たちが集中する学校では，一般的に，経験年数が少ない教員や，低い学位しか持たない教員が働いている。より裕福な学校は，より高い学位を持ち，より経験年数のある教員を擁している。ここで再び，より公正な学校教育をもたらすための連邦政策は，不公正な状況にある州と学区の実践によりその目的を妨げられている。

　また別の問題は，近年の法律が，地方行政官に連邦補助金をめぐる柔軟性を与えたことに起因している。特にタイトルⅠは，特定の不利な状況にある子どもたちを対象にした支援のための介入を行う手法から，少なくとも 40% 以上の貧困層の子どもたちが在籍する学校に対して，学校全体を改善するために利用できる包括資金を提供する方途へと変わっている。言い換えるならば，この貧困基準を満たす学校は，一種の一般援助を受給しているが，州と学区の財政

と学校間の経験ある教員の配置における地域不均衡により，この追加された柔
軟性による利益は制約されている。この柔軟性が利便である反面，教育の全体
的スキームは不利な状況にある子どもたちにとって公正でない。

　長年の経験からの教訓は，連邦政策の地方行政に関わる規制の負担が余りに
も強い場合，反作用のリスクが存在するということである。連邦議会とともに
法律の策定に取り組んだ教育関係者たちが，これらの法律からくる負担を軽減
するために，その忠誠心をレーガン政権へとシフトさせた 1981 年に，それは
まさに起こった。

　それは，連邦政府のバランスを取るための行動であった。連邦の目的が定め
られ，それが州と地方レベルで履行されるのであれば，そこには一定の行政的
負担が伴う。大統領と連邦議会の課題は，これを自覚し，教育改善に必要な政
策を遂行する上で必須なものだけを義務づけるということにある。

5.　広範な支援

　限定的な連邦補助金と重い行政負担にもかかわらず，IDEA は生き残ってき
た。この事実は，連邦補助金を受給する学校に重い行政負担をかけないという，
たった今説明した教訓に反する。IDEA に対する社会のすべてのレベルからの
支持こそが，この成功の主たる要因である。

　タイトル IX もまた，高校や大学の強力な運動関係部局の憤りを受けつつも成
功した事例である。ここでも答えは，社会の広範な領域からの支持にある。す
なわち，女子や女性はアメリカ社会においてわずかに多数派なのである。その
父親や兄弟，そしてその他の男性もまた，これらを支持するもう一つの要素で
ある。

　学校バス通学の取り扱いは，政策が広範な支持を欠いている際に，何が起こ
るかを示す事例である。1970 年代に連邦裁判所は，南部において州内の地域か
らの反対があったのにもかかわらず，強制バス通学を命じることができた。1990
年代までに，バス通学への反対は，全米中に広まり，これを維持するための国
民的な支持を欠いていた。バイリンガル教育も同様の事例である。当初，この
アプローチには一定の支持があり，少なくとも広範な反対は存在しなかった。

2000 年までには，その活用に対する強固な反対が，法的な制限を促すこととなった。

ゆえに課題は，連邦政策に対する広範な支持をどのように形成することができるかである。最低限のことをいうならば，その方途は反対を拡げないことだ。

具体的な挑戦は，人口のうち限られた集団（それは多くの場合，権力を持たない人々）に主たる影響を与える問題に注目を集めながら，社会全体の支持を見出す，あるいは，構築することである。すなわち，学校教育における貧困の影響を改善するための政策に関わる挑戦である。1967 年に私が初めて議会での仕事を始めた際には，まだ目新しかった「偉大なる社会」をめぐる立法と，1965 年の法律制定後に付け加えられた他のプログラムをめぐって議論が行われていた。古いプログラムを修正し，新しいプログラムを追加するための法律案が審議されていた際に，連邦議会の民主党議員たちは，彼ら同士で広範な人々に影響を与えるプログラムを策定するべきか，あるいは，特に低所得の人々など狭い範囲を対象とするプログラムを策定すべきかを議論していた。後者の観点を支持する人々は，焦点化された支援こそが，貧困層がより良い生活を営むために必要であり，広範な対象を含むことは，そのような支援を減じることになると主張した。広範な対象を含むという立場を支持する人々は，そのような狭小なプログラムは政治的支持が常に限定的であり，プログラムを維持し十分な歳出予算を確保するためには，中間層を含めるべきであると主張した。一方で，共和党の連邦議会議員たちは，多くの場合，プログラムや補助金が過剰に拡大しないように，焦点化された手法を求めた。

メディケア［高齢者向け公的医療保険制度］は，広範な対象を持ち，ワシントンD.C.における政治統制の劇的な変化にも変わらず持続した「偉大なる社会」のプログラムの一例である。ヘッド・スタートは焦点化されたプログラムの事例であり，残存したものの，その補助金の継続，ならびに，州への委任という提案に直面してきた連邦措置であるという自らの存在に苦闘し続けてきた。

教訓は，教育における連邦政策は，いかなる時であれ，可能な限り広範な国民を対象としなければならないということである。例えば，より高い学習スタンダードへの連邦支援は，すべての生徒を支援するものであり，広く支持されるに違いない。しかしながらそれは，低所得家庭の子どもたちが集中する学校

の生徒に特に有効であるが，それは，彼らが多くの場合，低い学習目標しか与えられていないからである。特定の問題が，全人口のうちのより少ない集団のみを対象とする場合，困難が待ち受けている。それは挑戦的な課題ではあるが，その推進者たちはその努力を維持するための政治的支持を模索しなければならない。合衆国には，貧困の中で暮らし，特別な支援により恩恵を受けることができる相当な割合の子どもたちが存在するため，この教訓を実行するのは明らかに困難である。

6.　教訓の適用

　この章において，私は，将来の大きな改善を促すために何が教訓であったのかを理解するために，約50年間の教育における連邦政策の経験を活かすことを試みてきた。過去の経験は，今後の数年間の指針を得るために教育的なものとなりうる。

　本書ではここまで，教育をめぐる多くの国民的論議，および，長年の国家政策の実施をみてきた。これらのことすべてから，以下にみる，学校のための全米政策を樹立する上で重要な5つの教訓を導き出してきた。

- 連邦政府は，州と学区が当該問題に注意を向けるために，重要な問題のみを特定しなければならない。
- 連邦政府はより強制力ある手法を含めて，政策を遂行するための広範な手法を有している。
- 連邦政府は，その政策の実施のための資金を支払うという約束を守らなければならず，また，州や学区に課せられた負担への支出を援助しなければならない。
- 連邦政府は，政策の遂行を州，地方政府に委ねているため，その政策から生じた行政負担を慎重に考慮しなければならず，また，これら下位政府の遂行能力の補強を考えなければならない。
- 連邦政府は，当該政策の持続性を支えるために，政策への広範な支持を模索しなければならない。

　連邦政策を策定するプロセスは，必ずしも明確かつ明瞭なわけではないので，これらすべての教訓がすべての政策に影響するわけではない。言い換えるならば，個々の場面は，政策立案者たちが自ら学んだことや，あるいは，知るべきことに即して行動することを常に許すわけではない。

　IDEA はその最たる例である。その行政負担は重く，これらの教訓に反している。政府は当初公約していた支出をせず，それゆえ教訓に反している。しかし，IDEA は正しいことであるという点のみではなく，すべての所得水準にある人々やすべての社会階層にある人々に影響を与えるという点においても優位を得ていた。それゆえ，政策への支持は国民全体のあらゆる領域から得ていたのである。それは，切り札を保持する上で，大きなアドバンテージであったといえる。

　それゆえ，教訓は程度により異なる形で適用したり，あるいは，すべて適用しないことも可能かもしれないが，それはそれぞれの問題によるし，また互いに異なる方法で相互に作用したり，拮抗したりするかもしれない。最も賢明な行動指針は，過去から学ぶことであるが，連邦政策の立案者たちは必ずしも思慮深くあり続けてきたわけではない。むしろ，彼らは，一般的に独断的であり続けてきた。先に概略を示したいくつかの政策形成において，政治的，社会的な保守派が抗争に勝利した。その他の場面では，リベラル派が優位を得た。しかしながら，いずれの政治的党派も，連邦最高裁判決に対する異議申し立てや，その理想を推し進めるために，他の大胆な措置を行うことに躊躇していたわけではなかった。大胆さは変革を確立するための要素であるが，また，同時に過去に積み上げられてきた知見によって緩和されなければならない。

　この本の連邦政策の事例が示すように，民主党と共和党は時に協力し，両党のリベラル派と保守派は，理想の実現のために互いに歩み寄った。今日の連邦議会が陥っているような党派的な境界と辛辣な対立が広がる以前の 1950 年代から 1980 年は，そのようなことが起こりやすい時期であった。もし政策を長期的に持続させるということのみを考えるならば，超党派の政策を持つことは，はるかに利点がある。

　最善の連邦政策をみつけることにすべての人々を動機づけるものとは，その政策が採用された際に，広範かつ深みのある影響を持つことである。タイトル

Ⅰの制定は，不利な状況にある子どもたちが受けていた学校教育の在り方を変えた。同様の劇的な変化は，障がいのある子どもたちが通常学級の経験を得たことである。より直近では，各州が学習スタンダードを引き上げ，教員と学校が子どもたちの学習到達度に責任を果たすためのテストに何百万人もの子どもたちが参加しなければならなくなっている。

　連邦措置は一つの帰結をもたらすものであり，それゆえ，5 つの教訓は，アメリカ公教育を改善する最善の方途を見つけるための道しるべとされなければならない。それでは次に，これらの道しるべを活用したより良い政策のために，われわれがこの論理的な方途をたどった場合に何が起こるのかをみてみよう。

教育における連邦責任の再検討
──新たな発想による政策提言──

これまでの章では，50年にわたる教育分野の連邦政策の策定過程について考察してきたが，それは今後何をすべきかについての認識を共有するため，または少なくとも将来的な手法について考慮する際の注意点を理解するための一方策であった。

第Ⅳ部では，将来について扱う。もし公立学校を改善するための現行の連邦政策が必要とされるものを達成していないのなら，重要問題に関するより良い解決策とはどんなものだろうか。この後の章では，教育における必須の要素について見ていき，そのような要素を改善する手法に関する研究結果を考察することで，その疑問に回答することを目指していく。その知識を基にして，私は教育分野の連邦政府の関与に関する新たな手法を提案する。その手法は，過去に連邦政府が実施してきた手法と異なるものだが，過去数十年の経験から教訓として学んだことを根拠にしている。

2つの戦略がこの手法の中心にある。1つ目は，第11章の「生徒のために団結する法」(United for Students Act, 以下「USA」)と私が呼ぶ新たな州政府への補助金プログラムであり，2つ目は，第12章の合衆国憲法上および法律上の手法である。州政府への補助金と法律上の手法の運用は異なるが，すべてのアメリカの子どもに良い教育を確保するという同じ目的を共有している。

その目的を達成するために提案された政策は野心的なものである。乗り越えなければならないすべての政治的，経済的困難のために，そのような政策は実現されない，または実現が不可能だとさえ言う人がいるかもしれ

ない。しかしながら，高い目標が設定されると，目標が低い時と比べて達成度が高くなるということを，私は学んできた。もちろん日常生活や政治的圧力が邪魔をして，夢は完全に実現されるとは限らない。しかし，理想から始めなければ，目標が小さいために進展もわずかなものになる。

　さらに，真実をできる限り明確に，大胆に述べなければならないことも学んできた。わが国が学校制度を構築してきたやり方のために，多くのアメリカの子どもが良い教育を受けていないというのが事実である。学校への財政支援の不公正，効果的な教員の学校間の配置の不平等，期待されている学習目標の低さ，学校への入学準備の欠如は，多くの子どもに良い教育を提供する上での大きな障壁となっている。このような問題は，たまたま起こったものではないし，突然現れたものでもない。それらは作られたものであるか，少なくともその存在を私たちが国民として無視してきたものである。私たちがすべての子どもに良い教育を確保したいのなら，現実に向き合い，難題に取り組まなければならないだろう。そうしないのであれば，公教育の質の低さに関して不満を言う資格はない。

第 10 章

学校教育に関する最大の問題

　50 年間の連邦政府による学校教育への関与の再考察から浮かび上がってきた重要な教訓は，連邦政策が，わが国の最も重要な問題にのみ焦点化すべきだということである。そこで問われるのは，そのような問題をどうやって特定するかである。

　私が薦めるのは，教育における重要な要素から始め，それらに関する研究結果を比較検討し，改善のために可能な手法を探るというものである。先行研究のレビューは，必然的に簡潔なものになるが，それは，教員の質のような考察されるべき問題のうちの 1 つだけでも，毎年多くの書籍や研究論文が公表されているためであり，さらに本章で扱う他の 3 つの領域に関しても同様であることは言うまでもない。この重要な注意点を頭に入れて，この過程を始めさせてもらう。

　私の考えでは，教育における最重要の要素は，生徒，教員，教え学ばれる内容に行き着く。教育におけるその他すべてのことは，その関係から出てくるか，その中に注がれていく。学ぶ意欲を持った人，その学びを助長するための知識と技能を持ったもう一人の人，そして学ばれるべき教材 (本やウェブの情報，実体験，その他の形態)，これらが教育における根本的な要素である。必然的に，人生の大抵のことがそうであるように，この学びが起こるためには資金が無くてはならないため，それが第 4 番目の要素となる。

　これらの 4 つの要素は教育の基本中の基本であるため，学校が直面する最大の問題を議論する出発点とすべきである。言い換えれば，これらの 4 つの要素を枠組みとして使う時，何が教授学習過程に関する修正すべき基本的な障壁なのだろうか。

　もし生徒が学びたくないか，学ぶ準備ができていないとしたら，もし教員が生徒を惹きつけ学びを促進する知識と技能を欠いていたら，もし学習教材が適正でなかったら，計画全体が脅かされる。もし資金が不十分で，教員に支払う

給与が不十分だったり，学習教材が提供できなかったり，教室や他の学習環境の費用を賄うことができなかったりしたら，教育の過程が脅かされる。たとえ学校教育の他の側面がうまく機能していても，教育の成功のためには最初の4つの要素が整備されなければならない。

　もし議論が異なる点から始まるとしたなら，恐らく別の方向に向くことになるだろう。例えば，チャーター・スクールが出発点だとしたら，議論は，そのような学校が効果的かどうか，またはいかに改善できるかといったことになるだろう。その会話に関する暗黙の了解は，チャーター・スクールは学校教育の問題の有効な改善策だということなので，自然な話題は，それが本当であるか，そしていかにチャーター・スクールをより良いものにできるかということになっていく。

　しかしながら，可能性のある解決策についてまず議論する代わりに，私は，それら4つの不可欠な要素を通して見えてくる教育の本質，つまり教授学習過程に焦点を絞って会話を始めることとしたい。その後，その枠組みを使って，教授学習過程を改善する要因について探究することができる。そうすることで，解決を急ぐのではなく，じっくり解決に向けて進んでいくことも可能になる。

　本章は，教育の基本的構成要素である教授学習過程に関する研究の主要部分を考察する。問われるのは，生徒が学ぶ準備ができていること，教員が効果的であること，学習内容にやりがいがあること，資金レベルが適正であることを見極めるのに使われる主要な要因は何かという点である。本章は，アメリカの公立学校における4つの要素の存在についても考察し，わが国がすべての子どもに良い教育を提供するという理想にどれくらい近づいているかを探っていく。

1.　学ぶ準備のできた生徒

　生徒は出発点である。結局のところ，教育の目的は生徒が学ぶことである。学びが起こるためには，生徒が学びたいと思い，教育を受ける準備ができていなくてはならない。親は，子どもが学校への準備をする上で最も重要な役割を果たすが，他の要因も影響する。

　数十年の間の研究は，質の高い就学前教育が，幼い子どもを学校教育に向け

て準備する際の確実な投資になることを示してきた。調査では，低所得家庭の
子どもへの恩恵が特に明確になっている。ミシガン州のペリー就学前プロジェ
クトとノースカロライナ州のアベセダリアン・プログラムは，子どものための
質の高い集中的な就学前経験の長期にわたる影響に関する最もよく知られた実
験調査である[1]。

　就学前プログラムに関する研究の包括的なレビューは以下の結論に達した。

　適切に策定された就学前教育プログラムは，より高い学力テストの点数，よ
　り低い留年と特別支援教育の確率，高等教育の達成度を含む学校における成
　功に関する長期的な改善を生み出す。最も強固な根拠が示唆するのは，経済
　的に不利な状況にある子どもほど，就学前教育から長期的な恩恵を享受する
　ことである。しかしながら，すべての社会経済的背景の子どもが恩恵を受け
　ることも見出されてきた[2]。

　このレビューを行ったスティーブン・バーネット (Steven Barnett) は，この結
論に重要な注意点を付け加え，就学前経験が高い質のものでなければならない
ことを強調した。「保育，ヘッド・スタート，州の就学前教育に関する現行の公
共政策は，ほとんどのアメリカの子どもが非常に効果的な就学前プログラムに
参加することを保障していない」と彼は述べた[3]。多くのプログラムには，十
分な給与を受け取っている教養のある教員，教員の監督，改善のための評価の
活用などの，高い質を確保するための重要な要素が欠如している。
　高い質の就学前プログラムは，子どもの情緒的発達と認知的発達に関して重
要な貢献を果たす。このようなプログラムの成功を支える鍵となる要因は，子
どもの語彙を拡大することである。早期の言語的刺激は，後のより良いテスト
結果と学力に結びつくことが研究で示されてきた。3 歳までに，両親が大学に
通った家庭の出身の子どもは，どちらの親も大学に行かなかった家庭からの子
どもと比べて，3000 万語多く聞いていた。大学を卒業した親の恩恵を受けない
子どもにとっては，この欠如が，より低い IQ の点数，言語力の低さと関連し
ている。残念なことに，このような子どもは，しばしば社会経済的地位の低い
家庭の出身者でもある。高い質の就学前経験は，このような子どもの語彙を増

やすのを手助けする[4]。

　すべての子どもが学ぶ準備ができた状態で学校教育を始めることを保障するという視点から見ると，アメリカはどこに位置づくのだろうか。

　アメリカが，すべての生徒に就学前の機会を提供するのにはまだ道のりは長い。連邦教育長官に任命された公正と卓越性に関する委員会 (Equity and Excellence Commission) は，2013 年の報告書でこの問題を提起している。

　幼児教育について真剣に取り組んでいる国では，最高所得層の 4 歳児は 90％が就学前教育を受けている中で，最低所得層の 4 歳児のわずか 65％ のみが就学前教育を受けているという事実を受け入れられるだろうか (その多くは質の低いプログラムに参加)。さらにそれは，最優良な (外国の) 教育制度が，そのような早期教育へのアクセスをユニバーサルにし，国の成功に絶対不可欠だと考えている中でのことである [5]。

　アメリカは，明らかに低所得家庭の子どもに就学前教育を拡大する必要がある。それは，概してそのような子どもたちが，公教育に向けて準備するのに必要となる言語的刺激とその他の能力を最も必要としているからである。しかし，低所得層の子どもは，就学前教育の拡大の効果が期待される唯一のグループではない。驚くべきことに，中間層，または「下位中間層」の家庭が，幼児教育へのアクセスが最も低いのである。研究者のスティーブン・バーネットとドナルド・ヤロス (Donald J. Yarosz) は以下のように述べた。

　収入レベルによる参加傾向からは，公共政策が低所得家庭の就学前段階の参加率を向上させることをほのめかしている。しかしながら，貧困状態で暮らす若者の幼児教育機関の在籍率は，平均より高い収入の家庭からの子どものそれよりはるかに低くなっている。ささやかな収入の家庭は就学前教育へのアクセスを得るのに最も大きな困難に直面するかもしれない。

　2005 年に，1 万ドルから 2 万ドルの収入のある家庭からの 4 歳児の子どもの63％ は就学前教育に参加していたが，10 万ドルかそれ以上の収入のある家庭

からの子どもの場合は 89％ が就学前教育に参加していた。参加率が最小だっ
たのは，収入の範囲の中間層に近い家庭だった。バーネットとヤロスによると，
2 万ドルから 3 万ドルの収入のある家庭からの子どもの 55％，3 万ドルから 4
万ドルの収入のある家庭からの子どもの 58％ が就学前教育に参加していた[6]。

　このデータは，就学前教育を拡大する必要性を支持するものだが，バーネッ
トの包括的な研究レビューにもとづく 2 つ目の点は，同じように注目に値する。
それは，現行よりも高い質の就学前プログラムが必要だというものである。幼
児教育の専門家のシャロン・ケーガンとジーン・リード（Sharon L. Kagan and
Jeanne L. Reid）は，就学前教育へのアクセスを拡大することの重要性と質を確
保する「インフラ」を整備することの必要性をどちらも同じように重視してき
た。インフラというのは，地方の就学前プログラムを運営し指導する人たちが，
業務にあたる準備ができていて，適正に資格を取得し，監督され，結果責任を
問われ，給与を受け取っているという意味である。改善のための機会が与えら
れていることも重要である。このような支援と規制のネットワークは，連邦，
州，地方の就学前プログラムと税制規定の複雑さの中で，欠如しているか最小
限となっている[7]。

　研究から引き出される結論は，特に低所得家庭の子どもや十分に教育を受け
ていない親の子どもにとって，学校教育に向けて準備することは重要だという
ことである。より多くの就学前教育を提供することと併せて，プログラムの質
が高いことを保証する必要がある。アメリカが，すべての 4 歳児に質の高い就
学前教育を提供するためにやるべきことがあることもデータが示している。

　学校教育のための準備は，良い就学前教育の範囲を超えるものである。学ぶ
ことができるためには，生徒は空腹であったり，医療問題に苦しんでいたり，
安全でない環境で暮らしていることはできない。生徒たちには，自分たちを気
遣い，学ぶように励まし，学校教育を重要視する親や他の大人も必要である。
夏季プログラムは，低所得家庭の子どもが学年度中に学んだことを忘れないよ
うにするのを手助けする。夏の時期に，子どもたちは学年度中に学んだことの
一部を忘れてしまうが，高所得家庭からの子どもは学習を支援しやすい環境の
中で，学んだことの多くを覚えていることが研究で示されている[8]。

　コールマン・レポートや他の社会科学分野の研究は，生徒の家庭環境が，子

どもの学校での成功を予測する最も重要な要因だと特定してきた。その点が，低所得家庭の子どもにとって就学前準備が非常に重要になる主要な理由であるが，それは高収入家庭の子どもが家庭で経験するような，言語的刺激を受けたり，自主独立性を学んだりすることがより少ないからである[9]。その点が，これらの子どもに均等な機会を与えるための包括的な取り組みに，医療サービスへのアクセスの悪さ，空腹，夏季教育活動による補強の欠如などの他の要因の解消が，ある程度含まれるべきだとしている理由でもある。

2.　効果的な教員

生徒の成功に影響を与える最も重要な「学校内の」要因は，良い教員である。テネシー州において非常に効果的な教員のもとで3年間指導を受けた生徒の調査では，最も効果のない教員の指導を3年間受けた生徒と比べて，学力に50％の違いが示された。さらに，効果的な教員の指導を受けた恩恵は長期にわたって持続した。

他の研究は同様の結論に達した。例えば，ロサンゼルス地域の研究では，指導効果に関して最上位4分の1の教員の指導を受けた生徒は平均して，予備テストの点数と人口学的特性が類似するそのような指導を受けなかった生徒と比較して5％良い結果が出たことを示した。最下位4分の1の教員の指導を受けた生徒は平均して，5％点数が下がったこともわかった[10]。

このように，教員は重要であり，効果的な教員の生徒への影響は長年にわたって持続する。このような結論は広く受け入れられているため，効果的な教員を養成するように長年注意が払われてきた。全米の委員会が招集され提言がまとめられてきた。全米教員養成大学協会（American Association of Colleges for Teacher Education, AACTE），全米教職専門職基準委員会（National Board for Professional Teaching Standards, 以下「NBPTS」），教員養成アクレディテーション協議会（The Council for the Accreditation of Educator Preparation, 以下「CAEP」）のような全米組織は，教員養成や訓練の改善に尽力してきた。カーネギー財団，ジョイス財団，その他の多くの機関が，授業改善のために研究や実証プログラムに資金援助を行ってきた。

　このような議論，実験，研究のすべてを基に，効果的教員を確保する手法について探っていきたい。最初に教員志望者，次に教員養成，最後に現職教員の評価を見ていく。

教員採用

　誰が教員になっているのだろうか。その問いへの短い答えは，最も優秀で才能のある人たちの層が，あまりにも少なすぎることである。

　一部の政治家は，教員の資格の問題や教職のスタンダードの向上の必要性を政治的好機として利用しようとした。マイケル・ブルームバーグ（Michael Bloomberg）元ニューヨーク市長は，2011 年 11 月に，アメリカの教員は「最下層の 20% から採用されており，最高レベルの学校から採用されているのではない」と主張した[11]。

　評論家は，ブルームバーグ元市長がテストの点数が低い教員の数を大げさに述べていたと非難した。アルバート・シャンカー研究所のマイケル・ディカルロ（Michael Di Carlo）は，この主張の情報源を探し，1992–93 年度に大学を卒業した教員の 30% が下位 4 分の 1 だったこと，そしてわずか 40.9% が SAT／ACT テスト［大学進学適性試験］受験者の上位半分からだったことを見出した。SAT／ACT テストを受験し，最初の仕事が教員だった 1999 年の大学卒業生に関する異なる教員のデータが示したのは，47% が受験者の下位 3 分の 1 から，29% が中位 3 分の 1 から，23% が上位 3 分の 1 から来ていることだった[12]。

　ディカルロのブルームバーグに対する反論は啓発的である。というのは，すべての教員が下位 20% に属しているのではなかったからであり，約半分の教員のみが受験者の下位 3 分の 1 に属していたのである。元市長は数を誇張して述べたかもしれないが，そうだとしても，アメリカにおいて教員になる人たちの中で，最も優秀で才能のある人たちがあまりにも少なすぎるという点は重要である。

　公正と卓越性に関する委員会は 2013 年の報告書で，ほとんどの成績優秀者が教員にならないメカニズムを考察した。委員会は以下のように述べた。

　教員の優秀性について真剣に取り組んでいる国は，わずか 30% の教員が大

卒者の上位3分の1から来ているという事実を受け入れられるだろうか。さらに言えば，これは世界の最高水準の教育制度が，ほとんどすべての教員を大卒者の上位3分の1から採用している中でのことである。そして，最も準備が不十分な教員を，最も優秀な教員を必要としている生徒に割り当てている唯一の先進国となっているのはどうしてだろうか[13]。

ビジネス団体も，教員採用者の資格について注意を向けてきた。国際経営コンサルティング会社であるマッキンゼー社 (McKinsey and Company) は，2009年の報告書で以下のように結論をまとめた。

50カ国以上におけるわれわれの教育制度研究と業務において，ある教育制度が，最も優秀な人材を教職に就かせることなしに，ワールド・クラスの地位を確立したり維持したりするのを見たことがない。もしアメリカが，世界のトップ・レベルの教育制度との学力差を縮め，国内の社会経済的格差を緩和したいのなら，上位3分の1の層を教職へという戦略を議論の俎上に載せなければならない[14]。

マッキンゼー社はアメリカの取り組みが十分でないと述べた。というのは，わずか23%の新任教員が大卒者の上位3分の1から来ており，極貧地域の学校では，その数が14%になっているからである。これは，シンガポール，フィンランド，韓国などの世界の最高水準の教育制度と対照的であり，これらの国々では，教員陣の100%が上位3分の1から来ており，さらにその後，その他の重要な資質に関して選考が行われている。

教育研究者は，教職に進むトップ・レベルの生徒があまりに少ないという基本的な点を承認している。教職に進む大卒者のSATかACTの点数が，大卒者の平均より低いかどうかを考察したリチャード・インガーソル (Richard Inger-soll) は以下のように結論づけた。

1999–2000年度卒業生に対する全米教育統計センター (NCES) による学士号とその後に関する調査のために収集された全米のデータの私たち独自の分析

により，SAT で最低の平均点を記録する傾向にある教育専攻学生に関して，
このことが特にあてはまることだとわかった。さらに，ほとんどの領域と専
攻の分析から，教職に進んだ学生が，教職に進まなかった同じ領域や専攻の
学生と比べて，SAT の点数がより低かったことを見出した。

インガーソルは，大学の選択度に関する 6 段階ランキングを教職に進む学生
の学問的能力を測定する手段として使い，以下の結論も導き出した。

新たに採用された教員の 10 分の 1 は，高等教育機関の最上位層から来てい
る。大体 5 分の 1 から 4 分の 1 は，最下位 2 段階から来ており，3 分の 2 は
中間レベルの機関から来ている。この傾向はここ数十年間ほとんど変わって
いない[15]。

インガーソルの最新の研究はこのような傾向を裏づけている。ただ，高等教
育機関の最上位層から来ている男性教員の減少，そして教職に進む女性の学問
的能力の向上の可能性に関するデータも示されている。しかしながら全般的に
は，ここ数十年の主要な傾向は変化してきていない[16]。
　水準を引き上げることはできるだろうか。インガーソルは，逆説を指摘する。
それは，他の職業や専門職と比較して，教職は比較的複雑な仕事であるのにも
かかわらず，雇用前の入職要件が比較的低い職業だという点である。結論とし
て以下のように述べた。

職業間比較の視点から見た複雑性にもかかわらず，教職は，長年にわたって
入職しやすい職業と見なされてきた。他の仕事や職業と比較して，特に医師，
教授，弁護士，歯科医などの高い地位の伝統的な専門職と比較すると，教育
は入職の「水準」が比較的低く，入職の「門戸」が比較的広いのである[17]。

もしトップ・レベルの大学生が教員になるように水準が引き上げられるなら
ば，新任教員を教職に留まらせるために，教育に関する他の側面も変わらなけ
ればならないだろう。その変化を示唆するものが，教育を専攻しない大学生を

対象とした最近の調査から出てきている。

　「今日のトップ・レベルの大学生は，教育を，単に給与が十分でない『平均的な』人たちが就く職業として，そして過去数年に評判が下がってきた職業として見る傾向にある」とスティーブ・ソーチャック（Stephen Sawchuk）記者は要約した。調査のスポンサーで中道寄りのシンク・タンク（Researchers for Third Way）は，「教職には，重大なイメージの問題がある」と述べた。教職が「凡庸だという認識」を打ち破るために，調査を受けた大学生は，高い地位の職業と関連づけられる給与の引き上げを提案した[18]。

　メッセージは明確である。もし，他国の最高水準の教育制度で行われているのと同様に，私たちがトップ・レベルの大学生に教職に進んでほしいのならば，そのための対価を支払うこと，そして教員が真の専門職として扱われるように，その他の変革を実施することが必要になるだろう。私たちにはそのようにする準備ができているのか，それとも教育の重要性に関する議論は単なるたわごとなのだろうか。

　水準はいかにして引き上げられるべきだろうか。この分野の研究は，教員の言語能力テストの点数とその教員の教室における有効性との関連性を確立した。20年以上前に，この分野の研究者であるエリック・ハヌシェック（Eric Ha-nushek）は，当時の研究結果を，「恐らく，様々な研究を通しての一貫性のある結論に最も近いのは，言語能力テストで高得点を取る教員は，教室での有効性がより高い」と要約した[19]。

　その後の研究は，教員の有効性が言語能力に関係していることを裏づけてきた。2002年に，この分野で著名な研究者であるリンダ・ダーリング-ハモンドとピーター・ヤングズ（Linda Darling-Hammond and Peter Youngs）も，高い資格を有する教員を定義する研究を考察し，言語能力が教員の有効性に貢献するという根拠を見出した。2人の研究者は，教員の有効性とその教科知識と準備を関連づける根拠も見出した[20]。さらに他の研究は，より効果的な教員が，大学での標準テストで好成績を残し，入学時により選抜の厳しい高等教育機関に通っていたことも示してきた[21]。

　水準を引き上げることでどのような影響が出るだろうか。このような研究結果は，高い言語能力を示し，テストで高得点を取り，より競争や選抜が厳しく

入学しにくい大学を卒業している候補者を優先するために，教職への入職要件を引き上げることを支持している。大抵のことがそうであるように，肯定的，否定的な結果がどちらも出るだろう。

ハーバード大学のトーマス・ケーン (Thomas Kane) は，入学水準を引き上げることで，後に効果的と見出されるかもしれない人たちを候補者群から除外することの犠牲が大きい可能性があると警鐘を鳴らしている。ケーンは，より高い水準を支持する根拠があることを認めつつ，それは絶対ではないと主張する。ケーンが提案するのは，より高い入職基準と一旦教員になってからのより充実した訓練を組み合わせる方策である。教員が最初の数年でその有効性を向上させることを示す何百もの研究を引用しながら，ケーンは，「私たちは学校現場での実地経験が大事だと知っている」と結論づけている[22]。入職要件を引き上げた場合に教職からある層を除外することに関するケーンの懸念は，州統一テストで好成績を残さない場合が多いマイノリティのグループからの候補者に特にあてはまるかもしれない。

それは正当な懸念であるが，この話の別の側面について述べさせてもらいたい。資質が高くない教員の指導を受ける生徒はどうなるのかという問題である。

私は 9 年の間，プラクシス・テスト (Praxis exam) を策定している教育テスト・サービス (Educational Testing Service, 以下「ETS」) の評議委員会の委員を務めてきた。同テストは，教える際に必要となる知識と技能を測定するもので，州政府が教職候補者に実施していて，その州で教えるための資格と免許が認定されるべきかを決めるものである。

評議委員を務めていた際，私はある部会で，州がどのようにそのテストを使っているかについて質問し，異なる州で，志願者がテストに通り，資格と免許を取得するために到達しなければならない合格点，または到達レベルが様々だという回答を受けた。一部の州はより低い水準を受け入れ，他の州はより高い水準を要求した。評議委員会は，教職の質をいかに向上するかについて議論していたので，ETS は，なぜ非常に有能な人たちが資格を持った教員になることを保障するために使われるべき最低点を特定しないのか尋ねた。ETS の経営者の回答は，そうすると一部の州にテストの購入を思いとどまらせることになるというもので，明らかにそれはビジネス的には良くないことであった。資格認定

に低いスコアを許容しているいくつかの州が特定されたが，そのような州には，全米の最貧層の一部が居住しており，さらにマイノリティの生徒が集中していた。

　貧しいマイノリティの生徒にとって，テストの点数が低い教員が自分たちの教員になることを許容することは公正なのだろうか。テストの点数はすべてを物語ることはできず，1つのテストの結果のみが，生徒や教員の将来に関する重要な決定を下すのに使われるべきではない。しかしながら，プラクシス・テストにおける低い点数は，教員として認定されようとしている候補者の資格に関して何かを示している。少なくとも，該当者が教える資格があるかという質問はなされるべきだし，その候補者は他の根拠を提示することで，その結論を否定することを許されるべきである。

　この件について述べたのは，わが国が最も優秀な人たちを教職に就かせる必要性を真剣に受け止めていないことを示すためである。もし真剣だったら，私たちは言語能力の高い学生をもっと教員として採用するために，今まで以上に努力しているだろう。

　注意点。言語能力を示すテストでの高得点，あるいはある領域における学位は，結果としてその人が良い教員になることにつながるとは限らない。学力の高さは，入職要件のみとすべきである。その後，教職の候補者は，教員になるための資質を有するかに関して選考されるべきである。

　例えば，マッキンゼー社の主要な提言は，アメリカが上位3分の1プラス戦略を確立することだった。その戦略は，大学の上位3分の1が教職に進むように募集し，その後「成功の指標と思われる，忍耐力，他者を動機づける能力，子どもへの情熱，組織力，コミュニケーション能力からなる他の資質に関して学生を厳選する」というもので，「それが上位3分の1プラス戦略の『プラス』の部分である」[23]。マッキンゼー社は特別な支援が必要な学区でこの戦略を始動することを提案しているが，それはそのような学区では生徒間の学力格差が最大であり，教員の離職率が最高だからである。

　教員採用に関する本項を要約すると，最も優秀で才能のある人たちを教職に就かせる必要があることは明確である。しかし，そのような人たちが教えたいと思い，良い教員の特徴を示す必要もある。重要なのはいくつかの要因の組み

合わせであり，唯一の要因ではない。もう一つの要因は，よく訓練された教員の確保である。この点について次項で議論する。

教員養成

　教員候補者が教職に就く前に，効果的になるように養成することが重要であることは明らかである。しかしながら皮肉なことに，効果的な教員は常に生徒に好成績をもたらすというような特徴により特定されるが，それが他の教員にそのような特徴を植えつけるのに役立ちそうなのに，教員がいかにして効果的になったかに関しては，研究にもとづく合意がないのである。

　教員が効果的になるのを支援する教員養成プログラムを開発するために，多くの取り組みが実施されてきた。しかしながら，アメリカ教育学会（American Educational Research Association, AERA）により実施された教員養成研究をまとめた 2005 年の調査の結論は，4 年制の学士プログラム，5 年制の学士号プラス 1 年プログラム，教員養成のオルタナティブ・ルートの中で，どの特定のプログラム構造も，他より優れているとは言えないというものだった。ある方策のみが，適切な条件のもとで現場での実地経験のようにうまく機能するように思われるが，この点は後で議論する[24]。

　他の研究のレビューも同様の結論に達した。2010 年に全米研究協議会（National Research Council）は，この分野における適切なデータの欠如を指摘した後に以下のように述べた。

　教職に進むどの特定の道筋も，望ましい候補者を惹きつけて養成し，教職の方向に導くのに最善だという根拠がないことを見出した。概して根拠となる情報は，教員が持つべき価値のある資質に関する結論を支持しているが，教員養成プログラムがそのような資質を最も効果的に伸ばす方法に関する結論については支持していない[25]。

　ダンカン連邦教育長官は，教員養成プログラムのランクづけ制度を開発するオバマ政権の構想について公表する際，落胆の念を以下のように表した。「全米には 1400 の教育学部があり，相当数のオルタナティブな教員資格認定制度が

あるが，この国では誰も，どのプログラムが他と比べてより効果的だと言うことができない」[26]。同長官の養成プログラムをランクづけする提案は，教員養成に関わる様々な要因を公表することを目的にしていたようであり，さらに最終的に効果的な教員の養成に結びつく要因が明らかになることを期待していたように見えた。

　効果的な教員をいかに養成するかをより深く理解したいという希望は，研究者の間で存在している。リチャード・インガーソルによると，教師教育，養成，資格が，何らかの形で生徒の学力と著しく，肯定的に関係していることを研究結果が示してきた（強調は著者による）[27]。課題となっているのは，これらの要素に関するより深い知識を獲得し，それらが重要だという広い合意を得ようと努力し，そして各部分を統合して包括的な教員養成の手法を確立することである。

　したがって私たちは，教員候補者に能力を実証することを求めるような教員養成，または免許交付制度の確立を諦めるべきではない。単に学士号取得者が教員になることを認めるのは誤りだろう。他の専門職では，例えば法律，歯学，医学，そしてマッサージ術でさえ，実践の前の養成と免許のための試験を強く要求している。子どもたちは，歯科医がそうであるように，十分に訓練を受け，免許取得にふさわしい能力があることを示さなければならない教員に恵まれてしかるべきだろう。

　教員養成に関して有効性の根拠がある一つの「要素」は，教員候補者の現場での実地経験である。上記のトーマス・ケーンは，何百もの研究が，現場での実地プログラムが教員候補者の技能を上達されることを示していると述べている。例えば，2008 年の全米経済研究局（National Bureau of Economic Research）の調査は，より広範に及ぶ現場での実地訓練（1 年間のインターンシップを含む）を受けた教員の生徒の学力向上度がより高くなっていることを見出した[28]。残念ながら，すべての採用者にそのような機会は提供されていない。

　教員養成を専門とするバーネット・ベリー（Barnett Berry）によると，ほとんどの教育学部は新規採用者を養成しようと尽力しているが，その大学は，工学，建築学，看護学などの他の専門職で典型的に義務づけられ支援されているような広範にわたる現場での実地訓練を財政支援することは滅多にない。さらに，歴史的に大学は，他の大学の学部の平均より低いレベルで教育学部に資金提供

しており，一般的な予算レベルは，ほとんどの他の専門職者養成プログラムよりもはるかに下回っていると，ベリーは述べている[29]。

　教員養成に関して有効性の根拠があるもう一つの要素は，導入プログラムである。これは，新任教員が研修を受けたメンター［助言者］の指導のもとで，キャリアの初期段階に支援と指導を受けるものである。研修を受けたメンターのもとでの 2 年間の導入プログラムを受けた新任教員が，生徒の学力に目立った向上をもたらしたことを研究が示してきた。このような向上は，ベテラン教員の生徒の間で見られたものと同様であった。このように，教員養成のある特定の手法は，明らかに改善をもたらすことができるのである[30]。

現職教員の評価

　教員の質に関して議論すべき最後の重要な領域は，現職教員の評価である。教員養成と同様に，教員の有効性を評価する最善の方法に関しては激しい意見の相違がある。そこで，教員に対して，授業実践を改善する最善の研究にもとづく手法を助言することは容易ではない。

　NBPTS の資格は，現職教員の有効性の特定に関する例外となる。NBPTS の資格は全米で広く活用されるべきものだが，残念なことに費用と政治的反対により，ごく一部の教員によってのみ取得されてきた。全米の 330 万人の公立学校教員の中で，10 万人の教員がその資格を取得している。

　オバマ政権は，州政府が教員評価制度を再検討して改善する方策を強引に推し進めた。最近まで，その過程は表面的であることがあまりに多く，ほとんどの教員はその指定を裏づける十分な根拠なしに，良好または優秀と分類された。連邦政府によるこのような評価制度の修正要求により，なかでも注目すべきなのは，NCLB 法義務免除，頂点への競争補助金への州政府の申請を通して，43 州とワシントン D.C. が，現在重要な修正を加えている最中だということである[31]。

　この修正に関わる最大の論争の的になっているのは，教員の有効性の評価が，NCLB 法の要件に従うために使われる州統一テストにおける生徒の点数に，どの程度もとづくべきかという点である。研究結果が示しているのは，州統一テストが教員評価制度の唯一の構成要素となる場合，教員評価の目的に対して信

頼性が高くないことである[32]。ほとんどの州の評価制度では唯一の構成要素にはなっていないが，一部の州は生徒のテストの点数を非常に重視しているので，同様な懸念を引き起こしている。

　それでもなお，オバマ政権と多くの州政府は，このようなテスト結果重視の評価に大きく依存するような制度の策定を推進している。その手法の妥当性に関して論争が巻き起こっており，教員の授業実践を評価する特定の制度に関する合意には至っていない。特に教員の継続雇用や給与レベルといった重要な決定に関わる場合，一部の州で生徒のテスト結果を教員の業績評価に使うことの妥当性に異議を申し立てる訴訟が起こっていることもあり，実際問題このような新しい制度が存続するか自体が明らかでない状況である。

　教員養成と同様に，教員評価は不可欠のものであるため，最善策の探求は続けられるべきである。しかしながら私が望んでいるのは，生徒のテストの点数が不適切に使われないことである。政策立案者は，現行のテストが給与や継続雇用などの重要な決定を目的として教員を評価するのに妥当なものとして策定されていないという，研究者やテスト作成者の主張に耳を傾けなければならない。

不利な状況にある生徒への特別な影響

　より効果的な教員の指導を受けることは，一般的に生徒にとっての教育を改善することになるが，特に学力が最低レベルの生徒が，その最大の恩恵を受けるだろう。残念なことに，似た状況の生徒が集中する学校に通う社会経済的地位の低い子どもは，社会経済的地位の高い生徒と比べて，経験が乏しい教員や専門分野外で教えている教員の指導を受ける確率が高い[33]。

　貧困層の子どもが集中する学校に優秀な教員を維持できていないことも，深刻な問題である。給与レベルが一つの要因だが，労働条件も重要である。コロンビア大学ティーチャーズ・カレッジのマイケル・レベルとジェシカ・ウルフ (Michael Rebell and Jessica Wolff) は，劣悪な労働条件として，クラス・サイズの大きさ，リーダーシップの乏しさ，不十分な設備，教材の欠如，その他の要因を挙げ，このような条件が低所得家庭の子どもが特に集中する学校で最も蔓延していると指摘した。結果的に，極貧地域の学校を去る教員の数は，労働条件

を辞職理由として富裕地域の学校を去る教員の 2 倍以上となっている[34]。

要約

　資格要件を満たした教員は，生徒が良い教育を受ける上で必須条件である。この節では，教員が資格要件を満たすことを保障するための様々な側面について探究してきた。それが複雑であることは言うまでもない。

　もっと多くの最も優秀で才能のある人たちが教員として採用されるべきであるが，新任教員は良い教員の資質を持ち，テストで高得点を獲得しているべきである。教員養成の領域に関しては，さらなる研究と実験が必要であるが，現場での実地経験や研修を受けたメンターによる導入プログラムのように，効果的教員を生み出すことが証明されている特定の手法もある。現職教員の評価は論争を巻き起こすものであり，同時にさらなる研究が必要な領域でもある。しかしながら，過去に使われたものと比べ，より良い評価が非常に必要とされている。

　最後に重要な点を指摘する必要がある。それは，もっと多くの効果的な教員を確保するには，孤立した 1 つか 2 つの要素を変えるのではなく，様々な要素を同時に変える必要があるという点である。教員の質に関する一連の多国間会議に参加しているビビアン・スチュワート (Vivien Stewart) は，以下のように結論を述べた。

　　［世界の中の］トップ・レベルの国々は，包括的な手法を取っている。その手
　　法の 2 つの主要な特徴は，教職に質の高い新人を採用すること，そして教員
　　養成プログラムを，すべての教員が強固な教科技能を磨き，より広範な現場
　　での実地経験を早い段階で提供することを通して厳格なものになるように保
　　障することである。そのような制度では，一旦教員が学校現場に入ったら，
　　すべての新任教員にメンターがいて，専門職者としての役割の中で教員が成
　　長できるような昇進の道が用意されている。新任教員が経験を積むにつれて，
　　学校が抱える問題などに取り組むために，カリキュラム，メンタリング，専
　　門職能開発などに焦点化して，学校における指導的役割を果たすことができ
　　るのである[35]。

これは包括案である。より学力レベルの高い人たちを教職に進ませ，十分に養成し，現場での実地経験と研修を受けたメンターによる導入時の支援の機会を与え，業績を評価すべきだが，十分な給与と適正な労働条件の機会も与えるべきである[36]。

3.　高い水準のカリキュラム

良い教育に必須となる3つ目の要素は，カリキュラム，または本章の冒頭で教材について述べた点に象徴されるように，何が教えられるかである。

カリキュラム改革は，チャーター・スクール数の増加を奨励するような他の多くの改革と比べて，生徒の学力にはるかに大きな影響があり，その効果はより確かなものであり，よりコストがかからないものである，とブルッキングス研究所 (Brookings Institution) のグローバー・ホワイトハースト (Grover Whitehurst) は主張した。このような理由により，ホワイトハーストは，オバマ政権が他の改革を重視しすぎて，「カリキュラム改革を除外するか，軽視していることは理に適っていない」として非難した[37]。

このようなコメントは，特に皮肉なものである。というのは，ティー・パーティ (Tea Party) は，オバマ大統領が英語と数学分野のコモン・コア・ステート・スタンダード (「コモン・コア」) を承認し，推進していることを批判しているからである。コモン・コアを開発した州の当局者は，連邦スタンダードだと認識されないように，オバマ政権にコモン・コアから距離を置くように再三にわたり要請した。このような批判や守勢の動きは，アメリカの教育における地方自治の伝統に根ざしたものである。

とにかく研究は，より要求レベルの高いカリキュラムを生徒に教えることの価値を示してきた。そのような高い水準のカリキュラムは，コモン・コアを開発した人たちによって構想された。それが，この作業の核心だった。

その流れを汲むある研究は，より高い水準の学習内容を教えられたアメリカの高校生の学力がより高かったことを示した[38]。成績の芳しくない子どもは，もし要求レベルの低いカリキュラムを使っているグループとは別の場で，代わりにより良い教員とカリキュラムのもとで指導を受けると，州のスタンダード

やワールド・クラスのスタンダードを達成できるのである。もう一つの研究が
示しているのは，成績が芳しくない子どもにとって有益な変革が，学業成績が
優秀な生徒に悪影響を与えることはないことである[39]。成績が芳しくない生徒
をより要求レベルの高いクラスに入れ，より良い成果を上げさせるというのは
直観に反するものかもしれないが，この研究が確かに投げかけているのは，生
徒が求められているものが少なすぎるという問題である。一部の生徒の成績が
芳しくないのは，教員や教科により，意欲をかき立てられていないからではな
いだろうか。

　もし高い水準のカリキュラムが重要なら，アメリカの教室で現在教えられて
いるカリキュラムはどれくらいの水準なのだろうか。

　全米で最も広く使われている大学入学試験を実施している組織である ACT
は，高校生の大学に向けての学問的準備が欠如していることに懸念を表明して
きた。そこで，ACT は，高校の卒業要件となっている科目をより高い水準にす
ることを主張している。

　　もし私たちが必修科目の水準を引き上げなければ，アメリカ人生徒は，技術
　を基盤としたグローバル経済で競争するという課題への準備ができていない
　労働者を多く出す危険性がある……すべての生徒の準備状況を改善するため
　に高校の必修科目を強化することは極めて重要である[40]。

　低所得家庭の子どもは，学習内容に関する期待値の低い態度によって特に悪
影響を受ける。連邦教育省は，提供される科目群に関する著しい人種間格差を
最近公表した。アジア系アメリカ人の高校生の81%，白人の高校生の71% は，
全種類の数学と理科の科目（代数 I，幾何学，代数 II，微分積分，生物，化学，物理）
を提供する高校に通っている。しかし，アメリカ先住民とアラスカ先住民の高
校生の場合，半分以下が全種類の数学と理科の科目を提供する高校に通ってい
るにすぎない。黒人生徒（57%），ヒスパニック生徒（67%），障がいのある生徒
（63%），英語学習者（65%）にとっては，全種類の科目へのアクセスが減少し制
限されている[41]。

　最近まで，アメリカの小学校とミドル・スクールでの指導内容は，一般に教

員，学校，または学区による，地方レベルでの決定事項であった。高校レベル
では，教員が，卒業証書を授与するために州からの要件に注意を払わなければ
ならなかったが，州政府は通常，教えられる内容を特定することはなかった。

　結果的に，アメリカの学校は，教員に何を教えることが期待されているのか，
または生徒に何を学ぶことが期待されているのかが不明確だったという意味で，
重心を欠いていた。共通のカリキュラムがなかったため，学区はどんな教科書，
またはテストを選ぶこともできた。専門職能研修は，関係しそうなことなら何
にでも焦点化できた。カリキュラムの地方自治という名で，学校教育は明確な
カリキュラムの目標を持たなかったが，それは，一部の生徒が多く学ぶ一方で，
他の生徒はそれほど学ばないということを意味した。

　1980年代終わりに始まった学習スタンダード運動は，その状況を改善するこ
とを意図していた。その後の10年の間に，州政府は，英語，数学，そして時
折他の教科の学習スタンダードを開発した。多種多様な州のスタンダードにも
とづく15年間の経験の後に，州知事と州レベルの教育長は，英語と数学の分
野の全米スタンダードが必要だと決め，それがコモン・コアとなった。これら
の学習スタンダードは，連邦政府の関与や直接の連邦資金なしに，このような
州の当局者によって開発された。2014年7月現在，コモン・コアは，42州と
ワシントンD.C.で採用されてきた。

　今日，コモン・コアは，ティー・パーティから攻撃され，共和党保守派から
の攻撃も増してきている。反対は，一部のリベラル派からも出ているが，政界
勢力分布の右寄りと比べるとそれほどではない。一方で，地方の学校管理職の
圧倒的多数派は，コモン・コアを強固に支持している。第6章で述べたように，
2014年6月の全米学校管理職協会（AASA）による調査では，回答した学校管理
職の93％は，コモン・コアが学校で今教えられているものと比べてより水準
が高く，高校を卒業する生徒が，大学進学か就業に向けて準備されることを保
障すると考えていることがわかった。ほとんどの回答者は，これらのスタンダー
ドに関する政治的議論は誤解にもとづいていて，実施の邪魔をしているとも考
えていた[42]。

　これらの教育関係者は正しく理解しており，反対派は誤って理解している。
後戻りをして，アメリカの教育に，より高度な厳格さをもたらす取り組みを止

めることは深刻な誤りとなるだろう。先例が示すのは，自力に任されると，全米の 1 万 4000 の学区の多くは，学区のすべての生徒のために，より要求レベルの高い教育を達成しようとすることはないだろうということである。たとえそうしたいと思ったとしても，どのように実現したらいいかわからず，独自のカリキュラムと教材を開発するのに必要となる財政手段も欠いているだろう。私たちの国は，このような経験をすでにしてきているのである。

　加えてアメリカは，多くの家族が州から州へと引っ越す移動性の高い社会である。両親が新しい州での学校が，以前いた州の学校と比べて，要求レベルが低いとか高いとか言っていることはよく聞くことである。その子どもたちは，どの州にいても学力に関して同じレベルの期待を受けるべきである。

　コモン・コアは，教育をしっかりと支えることができる。教科書，専門職能研修，評価に関する決定は，今や一貫して下すことができる。これが，他の先進国がその教育制度を運営する方法であり，それは理に適った方法である。

　科学分野の一連の全米スタンダードである次世代科学スタンダードは，2014年 10 月現在 12 州とワシントン D.C. で採用されてきた。しかし，コモン・コアに関する論争，ならびに進化論と地球規模の気候変動に関する今後起こりうる論争により，一部の州の意思決定者が科学スタンダードの採用に二の足を踏むかもしれない。それもまた後戻りである。代わりに，わが国は，新しい科学スタンダードの採択と社会科，芸術，その他の領域の全米スタンダードの開発を通して前進するべきである。

　コモン・コアの放棄は，上記のデータが示すように現在より劣った教育を受けている低所得家庭の子どもたちにとって特に不利益になる。コモン・コアは，そのような子どもたちがより要求レベルの高いカリキュラムを受けるための最善の可能性となるだろう。

4.　十分な資金

　理想的には，すべての子どもが良い教育を受ける平等な機会を持つべきである。アメリカでは，公立学校に対する州と地方の財政支援における不公正が，その理想の実現を妨げている。

　この不公正の問題を突きつけられると，現行の財政制度の改革やすべての子どもたちに公正な機会を与えるための追加資金の提供に反対する人たちは，教育に費やされた資金の額が生徒のより高度な学習につながるという根拠はないとしばしば主張する。この議論は一部のアメリカの政治家の間で広く受け入れられているが，それはアメリカが世界で最も教育費に資金を費やしている国の一つだからであり，生徒のテストの点数が，教育費の増加よりも速く向上してこなかったからである。しかしながら，このような批評家は，教育支出に関する2つの重要な事実を無視している。

　第1に，アメリカにおける生徒一人当たりの支出は，すべての生徒に関して平等ではなく，その傾向は本来あるべき状態の反対である。社会経済的地位の高い家庭の生徒は，低所得家庭の子どもよりも，しばしば教育に費やされる資源がより多くなっている[43]。皮肉なことに，高収入家庭からの子どもは，ほとんどの学校で恐らく良い成績を収められるだろうが，低所得家庭の生徒は，限定的な語彙力などの初期の不利な状況を克服するために，是が非でも追加支援を必要としているのである。

　世界の経済先進国の傾向を調査するOECDのアンドレア・シュライヒャー(Andrea Schleicher)は，財政状況をこのように要約した。「肝心なのは，OECDの圧倒的多数の国々が，すべての生徒に平等に投資しているか，不利な状況にある生徒に偏って多く投資していることである。アメリカはその反対のことをしている数少ない国々の一つである」[44]。ルクセンブルクのみ，アメリカより生徒一人当たりの支出が多くなっている。しかしながら，OECDは，問題なのは財源の量だけではないとしている。各国が財源をどのように投資しているか，そして最大の効果を出せる領域に財源を回すことにどの程度成功しているかを考察することも重要である。OECDの報告書は以下のように結論づけた。

　アメリカは，OECD加盟国の中で，例えば社会経済的に不利な状況にある学校が，有利な状況にある学校と比べて，より好ましくない教員1人に対する生徒数の割合に直面しなければならない，わずか3つの国のうちの1つである。このことは，社会経済的に不利な状況にある生徒が，生徒一人当たりの教育支出が著しく低くなる事態に陥るかもしれないということを示唆してい

る[45]。

　第 2 に，過去数十年にわたって増大した教育支出のほとんどは，障がいのあ
る子どものためのサービスの追加費用や学校給食プログラムと他の間接的な費
用に使われてきている。大多数の子どものための通常の指導の改善に使われた
額は，増加額のほんの一部のみであった。「障がいのある個人のための教育法」
(IDEA) の法的要件が，障がいのある子どものためのより高額な支出となってき
ており，貧しい子どもの数の増加は，学校給食の費用の増加につながった。
　経済政策研究所 (Economic Policy Institute) のフアン・ディエゴ・アロンソと
リチャード・ロススタイン (Juan Diego Alonso and Richard Rothstein) は，同様の
点を指摘した。

　　教育支出の増加に関する一般的な見解は誇張されている。それは，教育サー
　　ビス分野の物価上昇率が，経済全般のそれよりも速いからである。1967 年以
　　降の初等中等教育学校支出の増加額は相当なものだったが，適切な教育支出
　　デフレーターが適用されると，一般に考えられているほどではない……学校
　　教育支出の実質的増加額のほとんどは，通常の学業プログラムの財源の増加
　　ではなく，より大きな増加は，1967 年時点ではほとんど盛り込まれていな
　　かった特殊教育に充てられた。従来の議論──教育支出の増額がそれに伴う
　　学力向上なしに起こったため，初等中等教育における生産性が低下してきた
　　──には誤りがあると，私たちは結論づけた。もし追加資金が特別な支援を
　　必要とする生徒に充てられたのなら，追加資金が通常の学校の生徒の学力向
　　上をもたらすことを期待するのは，理に適っていない[46]。

　この結論に至る研究の中で，アロンソとロススタインは学区の代表的サンプ
ルに関して，1967 年の通常教育支出は生徒一人当たりの支出の合計の 79.6%
だったが，2005 年には，わずか 55% になっていたことを見出した。特殊教育
は，67 年に合計の 3.7% だったが，05 年には 21% に増加していた。英語学習
者のための教育支出は 0.3% から 2.1% に増加した。その他の増加は，給食サー
ビス，オルタナティブ教育，警備のための支出だった[47]。

学校への援助の増加への反対派は，「資金は重要ではない」とする 2 つの研究にしばしば言及する。1960 年代のコールマン・レポートと 70 年代のエリック・ハヌシェックによる論文は，教育支出の増加に反対する研究基盤として繰り返し引用されてきた。どちらの研究も，刊行当時にはなかったより洗練された科学的手法を使って，近年再分析が行われた。ラトガース大学のブルース・ベイカー（Bruce Baker）の再分析からの結論は，どちらの研究も，資金は重要ではないという立場を裏づける根拠が含まれていないというものだった。ベイカーと他の学者は，以前の結論は不完全なデータと分析にもとづくもので，今や専門家は一般に支出レベルが学力に影響を与えること，そして特定の資金の使い方が著しい効果につながることを示していると主張した[48]。

より公正な州の財政制度を確保するための運動のリーダーの一人であるマイケル・レベルは以下のように述べた。

このような訴訟の多くで，州の被告側は学校の質と生徒の学力に関して「資金は重要ではない」と主張したが，その提案（proposition）を検討した 30 の州の裁判所のうち 29 は，その件を検討した経済学者や政策分析者のほとんどと同様にそれを棄却した。実際，「資金は重要ではない」という提案を支持するために最も頻繁に引用される論文を書いた経済学者で，適正性をめぐる訴訟に 12 回以上，州の被告人のために証言してきたエリック・ハヌシェックでさえも，「賢明に論理的にアカウンタビリティにもとづき使われる資金は実際とても役に立つだろう」（モントイ判決，Montoy v. State 2003）という常識的な論理に合意してきているのである[49]。

成功に終わった州の学校財政訴訟にもとづく教育分野の追加支出の効果に関して最近公表された研究は，低所得家庭の子どもの教育成果に著しい改善があったことを示した。この研究は，1971 年からの訴訟の影響を再考することで，長期的視点を用いた。このような訴訟の結果として支出を大幅に増大させた学区では，「低所得家庭の子どもは，高校を卒業し，暮らしていけるだけの賃金を稼ぎ，成人期に貧困を抜け出している可能性が極めて高かった」[50]。その研究は，支出が大幅に増大した学区で充実した 12 年の教育を受けた生徒にとって，こ

のような側面への好影響を見出した[51]。

　ボストン・コンサルティング・グループによる研究は，多数の学区と州における活動にもとづくもので，高レベルの支出と高レベルのテストの点数の関係を示した。州の教育支出と州の全米学力調査（NAEP）での第 4 学年の英語と第 8 学年の数学の点数を分析し，生徒一人当たりの支出の増加と第 4 学年の英語の点数（低所得家庭の生徒とそうでない生徒のどちらも）に有意な相関関係があることを見出した。さらに，地方財産税からではなく，州の財源にもとづく公共支出の合計の割合が高ければ高いほど，生徒の NAEP での結果がより高かった。極貧地域の子どもは機会の平等を保障するためにより多くの財源が必要だということも提言した[52]。

　つまり様々な研究結果が示しているのは，アメリカにはより公正な学校財政制度が必要だということだが，生徒一人当たりの平等な支出は，すべての学校を支援する十分な資金により強化される必要があるという点である。

　数十年前のカリフォルニア州での経験は，学校で使用可能な総支出額が適正であることも同時に保障しない中で，学区間の支出の公正を求めることの危険性を示している。1970 年代に，カリフォルニア州は，州の最高裁判所がセラノ判決で，現行の制度は違憲と宣言したことを受けて，一人当たりの教育支出を平等化した。その後，78 年に提案 13 が州民投票で賛成多数で採択され，それにより地方と州の歳入増の額を制限することとなった。結果として支出は平等化されたが，低い支出レベルでのこととなった[53]。

　そのような結果を回避するために，州政府は，適正な税収額が学校で使用可能になるように保障する必要がある。著名な学校財政の専門家は，良い教育を提供するのに全体としてどれだけの額が必要となるかを見極めるために，州レベルで「適正」に関する研究を実施できるだろう。このような専門家は，すべての生徒のための基本的な一人当たりの支出と特別支援教育の生徒のための追加資金を推定することもできるだろう。そのような特別支援のための支出は，障がいのある子ども，英語学習者，低所得層が集中する学校の子どものためのものとなるだろう。

　歳入をどのように引き上げるかは，学校財政のもう一つの重要な側面である。特に低所得層の人たちは，富裕層の人たちと比べてより高い率で税金を払って

いるかもしれないが，それでも自分たちの子どもを教育するのに，富裕層と比べてより少ない額しか拠出していないかもしれない。同じ州で別の学区に住んでいる2人の州民は，同じ税率でも，納めた税金がそれぞれの学区で大きく異なる歳出をもたらしている。これは資産による富が学区間で大きく異なるからであり，同じ税率が，資産が異なる学区で異なる価値を持つ時，異なる額の歳入をもたらすのである。納税者にとっての公正とは，同じ税率が，地方不動産による富にかかわらず，同じ額の歳入をもたらすことである。

　テキサス州オースティン市の公正センターは，最近の報告書で納税者にとっての不公正について説明している。

　　裕福な学区は，1.04ドルの税率でも，資産の乏しい1.17ドルの税率の学区と比較して，はるかに多くの資金を集めることができる。実際，テキサス州の下位5分の4となる80％の学区は，1.17ドルの税率を資産所有者に課税しても，1.04ドルの税率の上位5分の1と比べて，より多くの資金を集めることができないのである。このような格差が，納税者にとっての不公正を構成している[54]。

生徒一人当たりの教育支出に関するより大きな公正さを実現することが学校財政改革の目的であるべきだが，適正な財源がすべての生徒のために用意され，資産価値が低い学区の納税者が公正に扱われることを保障することも重要である。

5.　小結

　要約すると，教育における最重要の要素は，学ぶ準備のできた生徒，指導が効果的な教員，水準の高いカリキュラム，他の構成要素を賄う十分な資金である。すべての4つの領域は，アメリカが教育を向上するためには，研究と分析にもとづき改善が必要である。この後の2章では，いかにしてこの膨大な任務を果たすかに関する提言を行っていく。

第11章

教授学習過程を改善する連邦資金援助

　前章では，アメリカの教育界が直面する最も重要な問題について，教員と生徒の関係の視点から述べた。言い換えると，教室内の教授学習過程の改善という観点からとも言えるだろう。前章で提示した研究やデータを引用しながら，本章と次章では，より良い教授学習過程をもたらす連邦政府の援助に関する提案について説明する。

1.　要点の振り返り

　ここまで学んできたことの要約は，ここからの道筋を理解するのを手助けするだろう。この要約は，教育分野における連邦政府の関与に関する実質的な結論と手続き上の結論の両方を盛り込んでおり，ここまでに提示した資料から得られたものである。

　初等中等教育の改善に関わる過去50年間の連邦政府の取り組みに関する考察は，その援助から得られた恩恵があったことを示すと同時に，生徒の学力の結果は，そのような方策の策定者が期待したほどは高くなかったことも示してきた。最初の改革は，不利な状況にある子どもの学力を向上するために，タイトルⅠを中核とする特定援助プログラムを使うものだった。その改革は全般的には，学力に関してわずかな向上をもたらした。2つ目の改革は，学習スタンダード・テスト・アカウンタビリティを用いるものだったが，生徒の学力に関して，概して言えば広範な向上にはつながらなかった。

　より良い結果が出なかった主要な理由は，連邦援助に関する著作の中でコーエンとモフィットによって以下のように的確に要約されている。タイトルⅠは，「指導，教員養成，カリキュラムといった教育に直接関係する手段を使わずに教育を改善しようとしたのである」。スタンダード・テスト・アカウンタビリティに関して言えば，この改革は，州や地方政府の弱点から派生する分断を修正せ

ずに制度を確立しようという試みだった。共通のカリキュラム，教員養成の監督体制，教授学習過程の要素の間の一貫性の欠如などからなる本質的な要因が取り上げられなかった。このような弱点に関するコーエンとモフィットの次の説明は，連邦政府の役割の見方に根ざしている。「教室と関係するこのような点やその他の点は，もちろん中央政府にとって踏み込めない聖域と考えられていたのである」[1]。

　言い換えれば，実質的な結論は，学力に関する結果は期待されたほど大きくなく，その理由は手続き上のものである。つまり，連邦政策が用いた手法は，望まれた効果を出すにはあまりに間接的で，弱いものだったのである。

　教訓として学べることは，カリキュラムと教員の質の問題は，教授学習過程の改善にはあまりに中心的なものなので，タブー視すべきではないということである。前に説明したように，連邦教育省は，教授学習過程の改善をもたらすために補助金プログラムを使っても，教育分野の連邦統制を制限する法令条項に違反することにはならない。

　この点の説明には，実例を示すことが役立つだろう。第7章のバイリンガル教育小史が示したのは，連邦政府が数十年の間，ある英語学習方法や別の方法の使用の奨励に関わってきたということだった。まず，1960年代から1980年代までは，バイリンガルな指導が優先されていたが，その後2001年から今日まで，連邦法は学区がバイリンガル教育を実施するのを困難にしている。このような教授法に関する連邦政策は，政治的なリベラル派や保守派，民主党や共和党によって何度も支持されてきた。そのような立法上の規定は，連邦援助の受給を条件として構築されたものであるため，教育における連邦統制に対する禁止に違反しなかったのである。

　アメリカにおける教育水準に広範な影響を与えることを模索している人たちが持つ明らかな結論は，そのための効果的な方法は，教授学習過程を改善する政策を，連邦補助金プログラムに組み込むことである。州政府が，もし教授学習過程の改善を資金受給の条件として状況を認識し快く補助金を受け入れれば，資金援助への申請資格を持つようにするのである。

　私が提案する連邦補助金プログラムである「生徒のために団結する法」(USA)の特徴は，第9章に示された学校教育における50年間の連邦政府の関与から

導き出された教訓の影響を受けている。手短に言うと，その教訓とは，最も重要な問題に焦点化すること，最大の成功を収めるために強力な手法を使うこと，プログラムの実施主体は州や学区であること，改革のための資金援助をすること，広範な支援を求めること，である。第 9 章に述べられているように，このような教訓は，補助金プログラムに完全に組み込むことができるとは限らないが，新たな連邦政策の策定を導くための方針として使われるべきである。

　このプログラムの名称である USA は，私たちがこのような教訓を学んだことを示すものなのである。すべての生徒のための教育を改善することは，非常に重要な課題であり，追加の連邦資金が関わる歳出を伴うものである。連邦政府，州政府，地方学区はこの課題に一緒に取り組むべきであり，互いに食い違った行動をすべきではない。目的はすべての生徒を支援することなので，国民の広範な支援を求めるべきである。この運動は，私たちの子どもたち，そして国全体にとって重要なので，情熱を持って取り組まなければならない。

2.　生徒のために団結する法の補助金プログラムの概要

　提案している USA は一言で言うと以下のようになる。州政府は，学校教育のための一般援助の形態での連邦資金援助の増額の見返りに，教育分野の最も深刻な問題の多くに取り組むことに合意するというものである。連邦政府は，州政府がそのような問題解決の成果が示せれば，現行の特定援助の制限を徐々に解いていくことにもなるだろう。

　目的は，すべてのアメリカ人生徒に良い教育を保障するために，一貫した政策を実施することで，政府の 3 つのレベルが連携して取り組むことである。近年状況は改善してきたが，過去には地方学区，州政府，連邦政府が異なる政策を推進したことがあまりにも多くあった。もし州政府が，ここで設定された政策に合意するならば，政策実施のための資金は，連邦政府からだけでなく，州や地方学区の財源からも賄われることになるだろう。明らかに，もし政府の 3 つのレベルの政策が一致していれば，その政策は達成される可能性が高くなる。

必要となる改善

　「生徒のために団結する法」に盛り込むことを提案した政策は，前章で議論した課題にもとづいている。その政策は，生徒，教員，教材，十分な資金という教育の核心に焦点化することで特定された。第10章は，教育の基礎的要因に関する研究を再検討し，アメリカの子どもたちに良い教育を受けるための機会の拡大を提供するように，各要因が改善する方法を特定した。

　新しいプログラムは，研究やデータの再検討を基にしながら，州政府が5つの領域で政策を実施するならば，補助金を提供するというものである。

- **学校教育への準備**。子どもたちが，学校教育に向けてより良い準備ができているようにすべきであり，それは4歳児，特に低所得家庭や低レベルの中間所得家庭の子どもに質の高い就学前教育を提供することで達成すべきである。加えて，低所得家庭の子どもたちが，社会的・保健的支援，そして助言的支援を利用できるようにすべきである。
- **教員の質の改善**。包括的な手法が必要であり，それには以下の7つの要素が含まれる：（ア）成績平均値（GPA）の高さ，ACT，SAT，またはGRE（大学と大学院への入学のためのテスト）で上位3分の1に入り，教育に必要となる資質も示すことを根拠に大学における確かな学力を実証できる教員候補者の採用，（イ）認定プログラムにおける準備，（ウ）最低1年の実地経験の導入とメンタリング・プログラム，（エ）州の教員免許交付，（オ）教員の指導効果を公正に測定する評価，（カ）教員の責務に相応しく，教職に留めるのに十分な給与，（キ）教員を専門職として尊重する労働条件。
- **困難校への追加の支援**。学区は，学業面で最大の問題を抱えているとされる，低所得家庭の生徒が集中する学校に，最も効果的な教員を採用すべきである。ボーナスの支給や職場環境の改善が，そのような学校に優秀な教員を引きつけ，留めるために必要になるだろう。
- **要求レベルの高い内容**。英語と数学のコモン・コア，次世代科学スタンダードを，指導内容の基礎とすべきである。それは，厳格な学習成果を設定しているためである。カリキュラムやその他の学習教材は，そのようなスタンダードにもとづいたものにすることができる。

・適正で公正な財政支援。客観的な視点を持つ専門家により公表されてきた
　ように，公立学校への適正な水準の財政支援が，それぞれの州において提
　供されるべきである。さらに，すべての生徒の教育が，州内で同じ生徒一
　人当たりの支出額で維持されるべきであり，例外は，異なる地域における
　生活費の変動への調整のみである。その額に加えて，特別なニーズを持つ
　生徒への追加支援が，学区に提供されなければならない。教育費を調達す
　る際に，州政府は，同じ地方税額の納税が，不動産価値の格差にかかわら
　ずすべての地区で同じレベルの歳入を生み出すように，納税者を公正に扱
　うべきである。

言うまでもなく，この政策は包括的で，教員配置や税率のような非常に難しい
問題を扱っている。そこで，この政策は，費用や政治的問題により実施が困難
になるだろう。しかしながら，アメリカのすべての子どもに良い教育を提供す
るために何が必要かという視点から始めるのが重要である。それより劣るもの
は，子どもや若者を不当に扱うことになる。

　「生徒のために団結する法」が扱う課題は包括的であるが，それは教授学習過
程が複雑だからである。教育をもっと効果的にするには，1つ以上の改革が必
要になるし，多角的な改善が必要となる。

　このような要求レベルが高い政策は，実施可能と言えるだろうか。

3.　現在までの進捗状況

　上述したそれぞれの政策の高尚な目的にもかかわらず，州政府や地方学区は，
すでに多くの改善を実現するという意味で成果を挙げてきている。私たちは，
建築計画を手に持って，夢のような家を心の中で思い描いて立ち尽くしている
のではない。むしろ，大工たちが壁を持ち上げている中で仕事に就いているの
である。

就学前教育
　4歳児のための就学前教育の提供に関しては，かなりの進展が見られる。共

和党，民主党の州知事は，独自の特徴的政策の一つとして就学前教育の拡大を推進してきており，州のプログラムと財政支援が提供されてきた。加えて，オバマ大統領は，サービスの増強と質の改善のために新たな補助金を提案してきた。

　近年の厳しい経済不況が，州の基金による未就園児のためのプログラム（就学前教育の主要なカテゴリー）の入学者数にわずかな減少を引き起こしたが，2014年における州の歳入と財政状況は再び好転した。さらに良いことに，このようなプログラムの質が徐々に改善してきた[2]。

　生徒が成果を維持するのを手助けするための保健サービス，栄養，夏季プログラムの拡大を伴った形でそのような進展が見られた。例えば，医療保険制度改革法［2010年制定の連邦法，通称「オバマケア」］は，拡大した医療サービスを通して低所得家庭の子どもの健康を改善するだろう。全米学校給食制度と朝食プログラムは拡大している。オバマ大統領は，ニューヨーク市ハーレム地区のプロジェクトにもとづき補助金計画を策定したが，そのハーレム地区のプロジェクトでは，極貧地域における包括的な教育と社会サービスを提供している。一層多くの支援が必要だが，その基礎は築かれてきている。

教員の質

　長年の間，教員の質を向上させるため様々な策が講じられてきた。州の教員免許状を取得するための，教員養成のオルタナティブ・ルートを含む教員養成プログラムは，長年注目され話題となってきた。最近では，現職教員の評価が，オバマ政権の政策のために大きな注目を集めてきた。あまりにも多くの時間，取り組み，財政支援がこの課題に向けられてきたため，私たちは数年の間に，新任教員に関してはより良い養成プログラムを通して，また現職教員に関してもより洗練された評価プログラムを通して，教員の効果を改善する方法について，恐らくもっと多くのことを学ぶことになるだろう。

　この新しい提案の中の極めて重要な提言は，教員の候補者は高度な学力を有することを証明するだけでなく，指導に必要となる資質を持っていることも示す必要があるという点である。一部の人たちは頭の中で，ティーチ・フォー・アメリカ（Teach for America，以下「TFA」）と呼ばれる難関大学のキャンパスで人

気の高い新任教員を採用するオルタナティブな手法の単なる拡大だと考えているだろう。

　TFA は，アメリカにおける最も指導困難な学校の一部で指導するトップ・クラスの大学卒業生の採用に素晴らしい成功を収めてきた。TFA に関する議論は，TFA 採用者が受ける短期間の訓練が良い教員の準備として適正かという点，TFA の教員が伝統的な養成課程を経てきた教員と比べてより速いペースで教職を去っているかという点，そして学校が，新任教員が教え方を学ぶ場となっていることが，そのような学校で学ぶ貧困層の子どもたちにとって公正かという点の 3 点に集中している。

　TFA は，採用者が適正な訓練を受けていないという批判に対して，養成プログラムを拡大することで応えている。しかしながら，学力レベルの高い教職志望者の採用に関する熟考は，TFA の長所に終始すべきではない。TFA の手法は一つのやり方かもしれないが，州政府は，地方学区と協力してトップ・クラスの大学卒業生から採用するような標準手続きを確立すべきである。あまりに多くの教員が全米共通テストで低い点数を取り，質の低い大学の出身であることは，アメリカの生徒を利することにはならない。

　いくつかの主要な教育団体は，より学力レベルの高い教職志望者の数を増やすために尽力している。教員養成アクレディテーション協議会 (CAEP) は，教育学部の認証評価の基準を改定し，2016 年度までに，採用試験に合格した候補者の GPA の平均が CAEP の最低基準の 3.0 を満たすかその点を超えるようにし，ACT，SAT，GRE などの全米規模の集団基準準拠テストでのその集団の平均的結果が 50% になることを目指している[3]。その後数年間に，テストの要求レベルが引き上げられ，2020 年までには平均的なテスト結果が，上位 3 分の 1 になるようにとされている。このことが意味するのは，最終的に教員志望者は，成績と標準テストに関して，平均してトップ・レベルの者から来ることになるということである。

　「生徒のために団結する法」の提案には，いくつかの理由により教員養成団体の認証評価が必要になる。一つは，養成プログラムの価値の審査を保障することである。もう一つは，CAEP の新しい要件が，新任教員の学力向上を保障する手助けをするだろうということである。しかし選考で考慮されるのが，養成

課程の成績とテスト結果の平均点ではなく，個人的要件となるように，教職への入り口の水準はより高く設定されるべきである。

　教職に就くにあたって，ETS は，教職の候補者が該当する州で教員免許を取得するだけの学力を有するかを見極めるのに州が使うことができる，新たなプラクシス・テスト（New Praxis Core Academic Skills for Educators Tests）を開発してきた。ETS によると，これらのテストは，「より厳格で，読解，文章表現，数学の分野の批判的思考力と学力を測定する」ものである[4]。願わくは，州政府が新しいテストの分割点を低く設定できないようにするといいだろう。というのは，低く設定できると，新たに教員免許を取得した教員の学力水準を引き上げようという意図を損なうことになるからである。

　もう一つの選択肢として，全米教員養成大学協会（AACTE）とスタンフォード大学が共同で開発した，候補者の教室における指導準備の度合いを測るテストがある。このテストには，教科知識の筆記試験を補完する，教授力のパフォーマンス評価が盛り込まれている。そして，このテストの最大の強みは，学校教員と大学で教員養成に携わる教授の両者によって策定されてきたことである[5]。

　提示された新たな政策は，新任教員と教員志望者の学校現場での実習も提案している。バーネット・ベリーは，大学への追加の費用がかかる場合はなおさら，限られた数の大学のみがこのような種類の実習を提供していると指摘した[6]。導入プログラムに関しては，ニュー・ティーチャー・センターやその他の機関が，新任教員のための導入やメンタリング・プログラムに価値があるという認識を高める試みにおいて成果を挙げてきた[7]。しかし，まだ長い道のりが残っている。

　教職への入り口の水準を引き上げ，教員養成を改善することは，教授学習過程に関する永続的な改善をもたらすには十分ではないだろう。教員の仕事自体が，より尊敬され，より専門職性の高いものにならなければならない。ここまでの提言は手助けにはなるが，教員が教職に留まるように給与が引き上げられなくてはならない。労働条件の改善も求められる[8]。

　41％ 以上の新任教員が，就職して最初の 5 年の間に教職を去っている[9]。才能の流出を止めるために，州政府は，養成，採用，評価，報酬，専門職としての労働条件に関する包括的な方策を持たなくてはならない。

　要約すると，指導力の質を改善する手法の探求に関しては進展が見られる。それは，教育学部の認証評価の基準の引き上げ，州の免許交付試験の改善，実地経験の有効性の根拠，導入プログラムなどに表れている。しかしながら，州政府による包括的な教員の質的向上計画の採用と実施を含む，継続的でより広範な取り組みが不可欠である。

指導困難校

　最も指導が困難な初等・中等レベルの学校においては，指導の質的改善が何十年もの間話題となってきていたが，NCLB 法が学業不振校に注意を向けたことで，議論は激しくなった。残念なことは，長期的な解決策が出てこなかったことだが，それは学区が伝統的に最も効果的な教員をそのような学校に配置していないことが主な理由である。教員組合の契約が，より好ましい配置への障壁となっているが，たとえこの問題が解決したとしても，教員はもし最初の学区での学校配置を好まない場合，一つの学区を去り別の学区に行く選択肢が常に与えられている。さもなければ，非常に多くの教員が教職に就いて最初の 5 年間にするように，完全に教職を去ることもできる。

　指導困難校に教員を引き寄せるためのボーナスは，うまく機能するとは限らなかったが，恐らくそれは，ボーナスの額が効果を出すには十分でなかったからだろう。しかしながら，テネシー州での近年の実験では，効果的な教員を維持するために 5000 ドルのボーナスを支給することで成功を収めた。同州のピーボディ教育大学院 (Peabody College) の研究者は，「ボーナスの支給と質の高い教員の維持の間の因果関係に関する予備的証拠が見つかった」としている。興味深いことに，より不利な状況にある学校が，他の学校と比べてより大きな成功を収めていた[10]。

カリキュラム

　指導内容に関しては，多くの州は英語と数学分野のカリキュラム開発の基礎としてコモン・コアを活用する方向で順調に進んでいる。いくつかの州は，次世代科学スタンダードも採用している。コモン・コアの実施には，困難が伴うことがわかり，当初予想されたよりも長い時間がかかりそうだが，その政策は

かなり前進している。深刻な問題は政治的右派からの反対であり、それにより、多くの共和党議員がスタンダードの支持を取り下げるように促されてきたことである。

学校の財政支援

　学校の財政支援の分野でも進展が見られた。1973年に連邦最高裁判所が学校財政の義務を州のみに委譲して以来、ほとんどの州で訴訟が起こっており、ほとんどは原告勝訴に終わってきた。当初は、訴訟は州によって許容された生徒間の財政支援の不公正にもとづくものだったが、その後の訴訟は、州憲法による平等保障にもかかわらず、生徒に与えられた教育機会が適正でないことに対する申し立てにもとづくものへと移行していった。その法的根拠にかかわらず、一旦原告の勝訴となった後も、決定を実施に移すことが困難であることが判明した。ニュージャージー州では、州政府が裁判所の判決を履行することを拒んだため、原告側は、繰り返し州最高裁判所に戻らなければならなくなった。ニューヨーク州では、州最高裁判所における圧倒的勝訴を受けて、最初の2年間は財政支援が増額されたが、その後不況により進展が行き詰まることとなった。

　過去10年の間に、カナダの州の中で最大の就学者数を有するオンタリオ州は、その学校を包括的に改革した。主要な要素は、地方教育委員会が地方財産税を課す能力を取り去ることであった。アメリカでも同様だが、この財産税への依存体制は、ある学区が他と比べてより多くの資産を有するため生徒一人当たりの支出が4723ドルから9148ドルまでかなり差があるように、財政支援の大きな不公正をもたらしていた[11]。当時の保守的な政治体制のもとで、オンタリオは州レベルの財政制度へ移行したが、それは、生徒一人当たりの支出と生徒一人当たりの地方財産の富の関係がもはやなくなることを意味していた。オンタリオ州ができるのであれば、なぜイリノイ州でできないのだろうか。

　イリノイ州には、上述したように、貧しいシセロと豊かなウィネトカの間の利用可能な資源に著しい違いがある。2014年7月に、イリノイ州上院は、州の学校財政に、より大きな公正さをもたらす学校財政法を可決した。このように、イリノイ州では一定の進展が見られる[12]。

　イリノイ州は，カリフォルニア州が実施した学校財政改革を基にして改革を進めている。カリフォルニア州は，学年ごとにすべての子どもに同額を支給する制度に転換し，ニーズの高い生徒への追加支援，そのような生徒が過剰に集中する学区により高額な支援を提供するようにしている[13]。その手法は，本書の提言と類似している。

要約

　教授学習過程の改善を推進する政策は，州や学区で実施されてきており，そうでなくても，少なくともその必要性は認識されている。一部の政策は，その実施レベルにおいて他のものより進んでいる。就学前教育の分野では実質的な進展があり，英語，数学，科学の厳格な新しいスタンダードの実施は，一部の政治的反対はあるものの，アメリカの教室においてかなり進展してきている。好都合な判決が学校財政における前進をもたらしてきた。学力レベルの高い大学卒業生を教職に採用すること，最も優秀な教員を最も指導が困難な学校に配置することに関する進展は限定的である。

　そのため，最新のニュースはと言えば，良いものと悪いものがある。改善のための政策のどの分野も，州や学区にとって馴染みのないものではない。本節で扱った5つの政策分野はさらなる推進が必要で，一部の州は他の州よりも奨励が必要である。連邦政府からの支援は，状況を好転させるだろう。

4.　補助金プログラムの詳細

　増額された制約のない連邦資金援助受給の見返りに，困難だが重要な改革に取り組むことを州政府に促すという基本概念が全米の意思決定者に受け入れられれば，「生徒のために団結する法」(USA) プログラムは，多種多様な方法で策定される可能性がある。以下の議論では，そのうちの1つの方法を示す。

　第1に，州政府は，参加するかどうかに関する選択肢を持つべきなのだろうか。この政策は実施するのが困難であるため，各州は，USA補助金に申請するかを選ぶことができるようにすべきだろう。もしある州が参加を見送る場合，現状が凍結される。言い換えれば，その州は現在受給している特定補助金額の

み受給し，現在と同様にタイトルⅠと他のプログラムを運用することになると
いうことである。州は，連邦教育省から受けた義務免除，またはそのような免
除なしに，NCLB 法の要件によっても制約されるだろう。

　第 2 に，州が USA 補助金に申請した場合，何を約束することになるのだろ
うか。参加することを選択した場合，州は上述した政策を 10 年以内に完全に
実施することに書面で同意することになるだろう。州は，5 領域それぞれの現
状を記述した文書と今後 10 年の間に毎年各政策をどの程度実施するかを記述
した計画を提出するだろう。進展は継続的であるべきで，10 年の最後に一気に
達成することは期待されていない。この点は，NCLB 法のもとでの適正年次進
捗度（AYP）の経験を通して得られた教訓である。州は，連邦教育長官が毎年進
捗度をチェックできるように，連邦教育省に情報を提供することにも同意する
ことになるだろう。

　第 3 に，連邦教育長官はどのような責任を負うのだろうか。長官は，州の申
請書を許可するかを検討するが，5 つの政策を実施するための特定の手法を，州
に要求する権限は持たない。しかしながら，長官は，「質の高い」就学前教育の
ような用語を定義し，適正な財政支援額を決定するために使われる専門家のリ
ストを承認する権限は与えられている。

　米国会計検査院（Government Accountability Office），米国学術研究会議（National
Research Council），米国教育アカデミー（National Academy of Education）のような
専門家組織の支援を受けて，連邦教育長官は，各州の政策実施に関する年次進
捗度の測定手法を開発し，手法に関して州との合意を求めるだろう。例えば，
年次教員調査が，労働条件が改善したかを見極めるために実施されることもあ
るだろう。このような指標や数値を使って，長官は各州の年次進捗度をチェッ
クするだろう。

　第 4 に，州はどの程度の連邦財政援助を受け取るのだろうか。各州は，野心
的な改革を実行するための新たな制約のない相当額の資金を受け取り，進展が
見られれば多額の一般援助を受け取るだろう。初期とその後の補助金はどちら
も，学校を支援するための継続的な連邦一般援助という形になる。

　正確に言えば，一旦州の申請が承認されると，連邦政府は，州内の初等中等
教育のための連邦援助の 20% と同額の補助金を州に提供するだろう。現行の

連邦特定援助プログラムは 5 年目まではその州内で継続されるだろう。その年に，もし連邦教育長官が，その州が責務を遂行し，5 つの政策の達成に向けて中間点に達したと判断すれば，特定プログラムの資金の半分が一般援助としてその州に提供される。言い換えれば，連邦特定援助は半分に縮小されるということである。加えて，長官は州を縛っている NCLB 法の要件の一部を廃止することもできるだろう。その州には，継続している年次補助金として連邦財政支援の 40％ と同等の額の制約のない補助金も与えられるだろう。一方で，ある州が少しの進展のみしか示せなかった場合，長官は，一般援助に変換される特定援助の額を案分し，州は新たな制約のない財政支援は受けられなくなるだろう。

　10 年間の終わりに，連邦教育長官は各州がこれらの政策を完全に実施したかを見極めることになる。もし完全実施が認められれば，その州は連邦特定プログラムの残りの額を一般援助として受け取り，そのプログラムは同州では運用されなくなるだろう。その時点で，NCLB 法の条項はその州に適用されなくなり，その時点以降，同州は連邦資金の 40％ と同額の制約のない追加の USA 補助金を受け取ることにもなる。

　この過程は，州政府の役割を尊重しつつ，同時にこのような政策を実現することを意図している。州は USA プログラムに参加するかどうかを決める選択肢を持っている。実際に参加する州は，追加の連邦資金を制約なしに受け取ることになるだろう。政策を実施する州は，NCLB 法の要件と特定援助プログラムから免除されるだろう。連邦政府は相当額の援助を提供するだろう。州全体の教育制度が改善され，すべての保護者は子どものための教育がより良くなったのを実感することになるだろう。

　もしほとんどの州が参加すれば，連邦政府は，教授学習過程の改善に大きな影響を及ぼすような改革目標を達成することになる。連邦政府にとってはより多くの予算がかかるが，もし州政府がより公正な学校財政制度を確立し，指導困難校に最も効果的な教員を配置するために本当に大変な責務を請け負うのであれば，それは唯一公正なことである。加えて，連邦政府の特定援助プログラムや NCLB 法は徐々に停止していき，州が政策の実施に成功することになるだろう。

　50 年以上の連邦政府の関与からの教訓は，明らかにこの提案の策定に影響している。最も重要な目標だけが特定され，問題に取り組むために州の断固とした行動が期待されており，改革手法を選べるように州への敬意が払われている。そして同時に，連邦政府と州政府の間に進捗度を測る手法に関する合意が模索され，相当額の連邦資金が重要な問題に取り組むために確保され，全過程がこの事業への支援を確保するために一般大衆に公開されるのである。

5.　連邦プログラム実施に関わる費用と財源

　この取り決めにおける連邦政府の特別な責務は，このような難しい問題を解決するために州政府に追加資金を提供することである。どれくらいの金額が関係しているかを解説するために，連邦教育省の初等中等教育プログラムの現行の歳出予算額を使うこととする。

　USA プログラムに関わる連邦政府の初期コストは，各州における連邦初等中等教育援助額の 20％ の追加分の，初年度の支払金となるだろう。2014 会計年度では，すべての州を対象とするタイトルⅠ，IDEA，その他の特定補助金の総額は，350 億ドルであった。もしすべての州が参加することを選択した場合（起こりそうもない状況だが），追加資金は 70 億ドルとなる。

　もし 5 年目にさらなる 40％ がすべての州に付与される場合，費用はさらに140 億ドルとなるだろう。10 年間の終わりに，最終的な 40％ がすべての州に支払われる場合，さらに 140 億ドルかかることになる。

　そこで，すべての州が参加し，政策を完全に実行に移した場合の総額は，追加の 350 億ドルとなるだろう。その額は，現在の支援レベルで現行ドル換算のものであり，特定援助ではなく一般援助の形態による 10 年後の時点での援助額の総額となる。このように，連邦政府による初等中等教育への負担額は 350 億ドルから 700 億ドルへと倍増し，総費用の 10％ から 20％ に増加することとなる。

　連邦政府は，どこから新たな 350 億ドルの追加の連邦資金を見つけることができるだろうか。一つの可能性は，アフガニスタンにおける戦争のより早期の終結である。ハーバード大学の公共政策大学院（Kennedy School）の研究では，

アフガニスタン戦争とイラク戦争は，アメリカに 6 兆ドルもの歳出をもたらしてきたとされている。2014 年初頭の段階で，その費用を払うことを仮定した負債の利子だけで，2600 億ドルとなる[14]。もしアフガニスタン戦争がより早期に終結すれば戦争のための費用は軽減され，より多くの資金を教育に投入できるようになるだろう。

　もう一つの可能性は，国防省予算の別の部分における資金を探すことである。例えば，全州がすべての改革の実施のために参加した場合の 70 億ドルの初期費用は，たった 1 機の戦闘機を除外することで拠出することができるだろう。全米優先順位プロジェクト（National Priorities Project）によると，F–35 総合打撃戦闘機 1 機は 70 億ドルもするのである[15]。その後数年間の中で，5 年目の 140 億ドルの支給額は，戦闘機 2 機の購入を中止することで賄えるし，10 年目の支給額は，さらに 2 機の購入中止で賄うことができるだろう。

　このような州政府への納付金は毎年のことであるため，州の改革への継続的な支援と財政支援の残りの額は，国防省，国土安全保障省，国家安全保障局における無駄や不正を排除することで捻出できるだろう。このような機関は，9・11 同時多発テロ以降予算が大幅に増加してきていたが，その資金の総額の中に，無駄となっている項目があることは間違いなく，恐らく契約における不正さえもあるだろう。

　もう一つの財源は，燃料源を獲得する改良された手法により作り出される新たなエネルギー供給への連邦税である。岩石層からの石油とガスの抽出量を増大させる手法である水圧破砕への課税は，必要とされる歳入を生み出す可能性がある。『ウォールストリート・ジャーナル』紙に引用された連邦政府機関の統計によると，2008 年 3 月以来，アメリカにおける石油生産量は 58% 増加し，天然ガスの産出量も 21% 増加してきた。このような開発により，アメリカは石油と天然ガスの両方の世界最大の生産国となった[16]。どうして私たちは，エネルギー自給国になること，そしてより良い教育を受けた子どもたちを持つこと，という 2 つの国家的目標を持てないのだろうか。もし私たちが，このようなエネルギー供給の増加による恩恵を享受しつつ，子どもたちをより良く教育することができたら，将来に投資していることになるだろう。

　2009 年に連邦議会は，経済不況の中で「アメリカ再生・再投資法」（ARRA）

を可決した。ARRA は，主要な特定援助プログラムの財政支出を倍増させ，州政府にほぼ 1000 億ドルにおよぶ学校への一般援助を別途提供し，「頂点への競争」とその他のプログラムのための 50 億ドル以上の資金を別途連邦教育長官に提供した。同法は，その資金を 2，3 年間提供したが，もし政治的な意思があれば，財政支出の増額が可能なことを示している。

　要約すると，無駄と不正使用を搾り出し，一部の兵器を除外し，または新たなエネルギーの供給への税率を引き上げることで，アメリカの公立学校の包括的な改革をもたらす資金を提供できるだろう。唯一の疑問は，わが国の政治的リーダーがそうした決意を共有しているかどうかである。リーダーたちは，確かに教育の重要性を繰り返し思い起こさせているが，今問題になっているのは，そのために行動を起こすかどうかである。

6.　州と地方の学校財政再考

　もし提案している USA が可決された場合，教授学習過程を改善するための多方面にわたる改革の実施につながるが，さらにアメリカにおける公立学校の財政方法にも恩恵がある。もし大統領と連邦議会によって採用されれば，この新たな教育分野の連邦政府の役割は，全米における公教育の財政基盤を多様化するだろう。

　連邦政府は，現在初等中等教育の総費用の約 10％ を賄っている。この提案は，その割合を 20％ に引き上げることになる。連邦政府には，広範な課税能力と全米の税制基盤があるため，この拡大した貢献を果たすための財政力があると言える。

　地方学区と州政府は，現在残りの 90％ の教育費を提供している。学区はそのほぼすべてに関して地方財産税に依存しており，州政府は，所得税，消費税，その他の財源からの歳入で教育費を賄っている。どの程度それぞれの財源に依存しているかは，州によって大きく異なる。例えば，フロリダ州は，州の所得税がないため消費税の税収に依存している。

　経済不況の際には，州の消費税と所得税による税収は減少し，州の歳入の減少につながる。そのような歳入の減少があろうと，州政府は毎年予算を均衡化

しなければならないので，経済不況があるたびに公立学校の財源が危うくなる。2009–10 年度に，州政府は当時の大幅な景気後退のために教育や他の分野の予算を大幅に削減することを計画していた。多くの職を守り，学校への衝撃を和らげたのが ARRA であった。

　地方学区が財産税制から受ける歳入は，州の歳入よりも安定している。しかし，経済不況の際には，学区はもし資産の価値が下がるか，資産が放棄される場合，財産税からの歳入が縮小するという危険を冒すことにもなる。そのような学校財政への脅威は，ARRA による教育支援のために州に拠出された 1000 億ドルの資金によっても緩和された。

　もし連邦政府が，教育費のより大きな部分を提供したならば，教員の職や他の教育における必須の要素を確保するために，永続的でより安定した学校財源をもたらすことになるだろう。これはまさに，ARRA が数年間成し遂げたことであった。

　USA における一部の条項には，州政府が教育支援のために独自の財政努力を維持することを保障することが含まれるだろう。その際，増加した連邦資金が，決して現行の州と地方の財政支出額の代わりではなく，追加支援となるようにすることが重要である。現在施行されている「初等中等教育法」(ESEA) や他の連邦法においては，「財政努力の維持」の条項が，予想外の状況に柔軟に対応できるようにしつつ，この結果を確保している。

「障がいのある個人のための教育法」と特定援助

　USA のもとで，IDEA はどうなるのだろうか。同法は，その個別教育プログラム (IEP)，適正手続きの手順，同様の条項とともに引き続き有効となる。しかしながら，IDEA の財政支出は，この新たな提案により影響を受けるだろう。もしある州が 5 年後に目標の半分を達成した場合，IDEA のもとで利用可能な州の補助金の半分が，州への一般援助補助金へと転換される。10 年間の終わりに，もし州が目標を完全に達成した場合，州の補助金の全額が州への一般援助に変換される。USA の一環として採用される州の財政策定法では，障がいのある子どものような特別なニーズのある生徒のための学区への追加資金が要求されるだろう。そこで，障がいのある子どもの教育のための財政支出は減額され

ないことになる。

　他の連邦教育省の初等中等教育分野の特定援助プログラムは，ほぼすべて廃止されるだろう。しかし，IDEA は独特のものである。補助金プログラムではあるが，多くの人たちは障がいのある生徒のための必要不可欠な公民権法だと見なしているので，その意味で同法は残るだろう。

　ほとんどの特定プログラムを廃止することが賢い判断かという，より大きな問題に関しては，特定のカテゴリーごとに対象を絞った援助の推進者は，USA のもとで州政府に約束される追加資金の総額が提供される場合，この手法がより高い学力をもたらすことができることを主張するかもしれない。この議論の弱点は，タイトル Ⅰ の全校プログラムを含む特定援助が，州の学校財政支援，そして低所得家庭の子どもが集中する学校に経験が浅く専門分野外の教員を配置するような地方の実践における不公正な状態によって，それでもなお成果が妨げられるかもしれないことである。

　例えば州政府が，特定援助を受け取るために不公正な状態を修正しなければならないように法律を修正したと考えてみよう。これが意味することは，州は要求レベルの高い改革を実施するけれど，受給する連邦政府の追加資金が，特定援助プログラムにおけるサービスを提供することと結びつけられ，そのような改革を実施するための資金としては利用できないことになるということである。そのため，この手法がうまく機能することはありえないだろう。

7.　小結

　本書で提案している USA は，公立学校の支援のための一般援助としての連邦資金の概念を，連邦援助の最初の起草者から受け継いでいる。さらに USA は，生徒の学力向上のためには資金以外のものが必要となるという考えを，アカウンタビリティ改革の起草者から受け継いでいる。この新たなプログラムは，連邦政策の焦点となるべき領域に関する研究結果からも示唆を得ている。

　本章は，歳入の移譲や引き上げといった，やりにくい課題に取り組むことを政治家に要求している。本章は，より学歴の高い教職志望者も要求している。さらに現職教員に，指導が困難な学校に勤務することを検討するように要求し

ている。

　アメリカの教育に関する 2 つの真実に直面しなければならない。それは，生徒が学力を向上させなければならないということ，そして低所得家庭の生徒が，平等な教育機会を提供しない学校にしばしば通っているということである。このような問題が存在するのは，私たちがそのような教育制度を策定してきたからである。私たちは，不公正を解消し，すべての生徒のためのスタンダードを引き上げる勇気を持つ場合に限り，すべての子どもに良い教育を提供することができる。簡単な解決策は存在しないのである。

第 12 章

憲法および法律による良き教育の保障

　前章では，この国の初等中等学校のすべての教室における日々の教育と学習を改善するために，連邦政府から州政府に補助金を拠出することを提案した。この章では，憲法，法律を通じた教育改善を提案する。アメリカの学校をより良くするためには，補助金と法的戦略の双方が不可欠である。

1. なぜ憲法上，法律上の戦略が必要なのか

　連邦政府がすべての市民のために何らかの措置をとる際には，そのような措置は，この国が直面する最重要課題に焦点を絞らなければならない。公立学校を改善する必要性は，そのような課題の一つとなってきた。

　2002 年の NCLB 法の制定後，ブッシュ大統領（第 43 代）は，週間ラジオ演説において，「教育は，われわれの時代の重要な公民権問題だ」[1] と宣言した。

　2011 年 4 月に行われた全米アクション・ネットワークの催事において，オバマ大統領もまた，そのような心境を共有していた。すなわち，「望ましい最良の教育は，（われわれの子どもの）成功を決定する唯一かつ最も重要な要素である。しかしながらそれは，われわれが成功しているかを決定する要素でもある。それこそが，機会をつかむための鍵なのである。これは，われわれの時代の公民権問題なのだ」と述べていた[2]。

　すべての子どもに良き教育を保障する機会という視点は，ダンカン連邦教育長官が，2014 年 7 月 15 日にハワード大学において開かれた公民権法 50 周年記念行事に寄せたコメントにおいても支持されている。彼は，「もしあなたがバスの前列に乗ることができたとしても，また，もしあなたが同じ水飲み場を利用することができても，もし字が読めなかったら，あなたは本当の意味で自由になっていない」と述べたのである[3]。

　このような大統領と長官の主張は，子どもたちにとって良き教育を受けるこ

とがどれほど重要なのかを強調している。これらの声明は，アフリカ系アメリカ人とその他の人種的，民族的マイノリティのグループに，基本的な公民権を保障するための1950年代，60年代，そして70年代の闘争が，連邦最高裁判決の追求，議会における公民権関連立法の制定，さらには，連邦補助金プログラムの創設などを含めた多様な戦略が関わっていたことを想起させる。

　もし，良き教育を実現することがブッシュ大統領，オバマ大統領，そしてダンカン長官が言うように重要なものであるならば，その目的は，前章でみた州補助金プログラムのみに委ねられるわけにはいかない。前世紀に，すべてのアメリカ人への公民権を保障するための手段として利用されていたのと同様に，この政策を実現するためには他の広範な手段が活用されなければならない。

2.　連邦最高裁判決の有効性

　第9章で見たように，連邦最高裁とその他の連邦裁判所の判決は，連邦政府が教育における政策を樹立する上で利用可能な，最も強制力を持った手段であると考えられる。明らかに，教育に関わる問題は，これまで最高裁と連邦下級審裁判所が教育に関わる事件に判決を下してきたように，連邦裁判所に提訴することが可能である。これまでの章では，そのようないくつかの判決について検討してきた。

　本書で先に検討してきた連邦最高裁判決――ブラウン判決，ラウ判決，ロドリゲス判決，グローブ・シティ判決――は，連邦裁判所へのアクセスが，教育問題の解決を求める人々にとって長年にわたり利用可能であったことを示している。しかしながら，そのアクセスは限定されている。人々は，彼らが公民権を扱う合衆国憲法修正第14条や，州や地方が連邦補助金の受給を許される条件を示した「支出条項」など，憲法条項を根拠とする請求を行う際にのみ提訴が可能となる。

　合衆国憲法修正第10条は，この議論を行う上で適切な素材である。なぜなら，多くの人々が憲法の当該部分が教育における連邦関与の絶対的な障壁になると考えているからである。しかしながら，憲法によって連邦政府に委任されていない，あるいは，州に委任することが禁止されていないすべての権限が州

とその人民に留保されるとしているこの修正条項は，教育における連邦関与の障壁として連邦裁判所に解釈されたことは一度もない。支出条項や修正第 14 条など，他の合衆国憲法の条文は，教育における連邦措置を行う法的根拠として判事たちに引用されてきた。

　修正第 10 条は，連邦措置の障壁ではないものの，現行憲法上の法的根拠は限定されている。その目的を達成するために，われわれは良き教育への憲法上の権利を確立する必要がある。後に，これをどのように実現するのかについては後述するが，まず，その理由について検討したい。

　第 1 に，憲法上の権利は，親や生徒がその権利の保障を連邦裁判所に訴えることを可能とする。言い換えるならば，連邦裁判所は，良き教育の障壁を除去するための訴訟により開かれることになる。

　既述のように，裁判所の判決は，連邦政策を履行する最も強力な手段である。連邦最高裁ロウ判決は，英語の運用能力が不十分な子どもたちに追加的な教育サービスを提供した。いくつかの連邦下級審判決は，後に，障がいのある子どもの教育を変革することとなる IDEA を連邦議会に採決させる先駆けとなった。

　ほとんど貧困層のいないウィネトカ学区よりも，一人当たりの教育費が 1 万ドルも違う極度な貧困学区を存続させるシステムをイリノイ州が創り出していることに対して，なぜ，シセロ学区の生徒たちが連邦裁判所に訴える権利を持ってはいけないのだろうか？

　第 2 に，もし教育が合衆国憲法上の権利であるならば，州の境界を越えた問題を扱うことがより容易となる。例えば，子ども一人当たりの支出額の相違は，州内の学区間と同様に，州間でも重要な問題となりうる。公正な教育支出を実現する全米での試みは，教育への十分な財政力を持たない州内の学校に在籍する何百万人もの生徒たちに恩恵を与えるものとなりうる。第 1 章で記したように，タフト上院議員が連邦補助金への自らの見解を変え，逆にこれを通過させるための支援をした理由が上記の事柄であったのを想起してほしい。他の事例は，ある州から他の州に異動する教員は，多くの場合，彼らの退職金基金を前の州から次の州へ異動することができず，また，1 つの口座に 2 つの給与を統一することもできない。州は通常，その州内の教室での教員の勤務時間に対してのみ給与を支払う。州を越えた退職制度が，教員により大きな流動性をもた

らすことになるであろう。

　第3に，良き教育への権利保障をめぐる闘争は，教育の重要性と良き教育を
すべての子どもに保障する上で立ちはだかる障壁について，全面的かつ開かれ
た国民的論議を巻き起こすものとなりうる。

　最後に，憲法的保護に値するものとして教育を認識することの象徴的な価値
は，それ自体に意義がある。連邦，州，地方政府は，後にそうしなかったこと
によって連邦裁判所に訴えられるかもしれないというだけの理由であっても，
すべての子どもに良き教育を提供することに対して，より多くの注意を向けな
ければならなくなるだろう。教育は，今以上に，より重要なものとして取り上
げられることになる。

3.　連邦最高裁判決への障壁

　このような転換はいかにして実現できるだろうか。教育は，合衆国憲法によっ
て保護された利益ではないとした1973年のロドリゲス判決を覆すための訴訟
が提起されなければならない[4]。この判決は，取り除くことができるし，また，
取り除かれるべき障壁である。

　もちろん，連邦最高裁に自らの判例への変更を求めることは大がかりな作業
となるが，それは，第8章でみたように，人種差別是正のためのバス通学をめ
ぐる問題に関して実際に起こったことである。同様に，タイトルⅨをめぐり，
連邦議会は，裁判所が当初の法律文から読みとったよりも，その意図を明確に
する改正法を制定することにより，グローブ・シティ判決を有力に覆した。

　ロドリゲス判決の原告は，不動産への低い課税ベースしか持たない学区に住
む貧困家庭の人々であった。彼らは，州の地方財産税への依存が，より高い財
産上の富を有する学区に在籍する裕福な生徒たちを優遇していることを主張し
ながら，低い財産価値しか持たない学区のより貧しい家庭の不遇をもたらして
いるとしてテキサス州を訴えた。州による市民への個人的差別を禁止する修正
第14条の平等保護条項が，この訴訟の法的根拠とされた。この条項を発動す
るためには，対象となる利益が合衆国憲法のもとで保護された基本的権利であ
るか，あるいは，当該集団が，歴史的に差別に服してきた集団と定義づけられ

る「疑わしい区別」にあたることが必要となる。このいずれかの条件が満たされた場合，州の行為に対して厳格審査が適用される。厳格審査は州にとっては，満たすのが難しい高い審査基準である。それは，議会が当該法を「やむにやまれぬ政府の利益」を促進するために制定し，また，その法律の当該利益を実現するための手段が「厳密に設定されている」ことの立証を州に義務づける。もし基本的権利にも疑わしい区別にも該当しない場合には，審査基準は，州の当該行為が合理的であるかのみを問う審査基準になるか，あるいは，いくぶん要求の高い「中間審査」が採用されることとなる。

　ロドリゲス判決において，連邦最高裁は，教育が基本的権利ではないとし，また，疑わしい区別にも該当しないと判示した。ゆえに，当該事案には合理性の基準が適用され，最高裁は地方財産税に部分的に依存するテキサス州の決定は，合憲であると判断した。

　連邦最高裁により，合衆国憲法は教育について一切明示していないため，教育は基本的権利ではないと判示された。貧しい人々は，数多くの学区に居住し，また，彼らは必ずしも財産税の低い地域に集まっているとは限らないため，疑わしい区別は存在しないとした。さらに，裁判所は，テキサス州が適切な教育を提供しているため，原告は完全に学校教育を奪われているわけではないとした。

　ロドリゲス判決は，とても失望させる判決であった。この判決が出されたとき，私は ESEA の主たる修正法案をめぐり，下院案と上院案での相違を解決するための上院との両院協議会を準備するために，下院議員と作業にあたっていた。ヤーボロー上院議員（Ralph Yarborough, 民主党：テキサス州）は，学区間の教育支出を平等化するために州を支援するための大がかりな補助金法案を上院で通過させようとしていた。

　ヤーボロー上院法案は，「子どもが，州内の居住地域にかかわらず，十分な教育を受けられるようにするための州による教育機会の平等化を支援する連邦責任」[5] を明記していた。この提案された法案のもと，もし州内における学区間の教育の質が，当該学区の富裕度の帰結でなければ，州は補助金を受給することが可能になるはずであった。言い換えれば，財産税の裕福な学区に住む子どもたちと同等の教育費総額を受けられるように，資産価値の低い学区において生

じている予算総額の不足に，州が追加予算を補填するならば，連邦補助金が利用可能になるものとされていた。ゆえに，連邦補助金は，学区間の教育支出の平等化をはかることによって，州に恩恵をもたらすはずのものであった。しかし，州は単なる支出額の平等を超えて，より多くの教育的ニーズを持つ子ども，および，より多くの費用を必要とする学区に，より多くの補助金を提供することが想定されていた。この法案は，ヤーボロー議員の州で起こったロドリゲス訴訟によって，明らかに動機づけられたものであった。

　両院協議会が組織されるに従い，ヤーボロー法案に勢いがついていった。下院委員会の委員長であり，両院協議会における下院側の重要人物であったパーキンズ議員は，この法案への熱烈な支持を表明していた。しかしながら，ロドリゲス判決において，連邦最高裁は原告に反対し，州の教育財政制度を是認した。この措置により風向きは法案支持者たちの帆から外れ，法案は沈むこととなった。もしこの判決が逆の方向に進んでいたならば，今日，合衆国はより公平な公教育への財政制度を持っていたことであろう。残念ながら，その問題は今もわれわれとともにある。

ロドリゲス判決の分析

　この論議の目的からみて，判決の興味深い点は，原告に不利な判示を行う具体的な理由を説明している部分である。これらの理由はもはや妥当ではないかもしれず，それは，連邦最高裁に改めて提訴することにより，異なる判決に帰結する可能性を示している。

　教育は保護された利益であると主張する上で，原告は，憲法に保障された権利を行使するために教育は不可欠であると述べていた。連邦最高裁は，教育を暗に合衆国憲法に内在化することに反して，言論の自由や投票権などの憲法上の権利を人々が行使することを可能にする上で，「テキサス州における現在の教育支出の水準によって提供される教育が不足していることを示す事実」は存在しないとした[6]。さらに最高裁は，州が有する教育と税制をめぐる問題に関する「専門的な知識と経験」を裁判所が欠いていることを理由に，州に対立する判決を示すことへの懸念を表明した[7]。

　ロドリゲス判決は，教育財政の不公平をもとに州を訴えることを求める原告

に，州裁判所に向かい，州憲法の条文に依拠することを余儀なくさせた。州裁判所への方向転換は，必然的に生じたものである。この 35 年以内に，45 州が提訴され，これらの裁判の 60% で原告が勝訴している。1980 年代終盤に原告の主張が財政不平等から，適正性を欠く財政の問題へと移行して以降は，70% 以上の原告が勝訴している[8]。しかしながら，州議会や知事たちにこれらの判決を全面的に遵守させることは，一つの苦労であり続けた。多くの州では，運動家たちがこれらの判決をもって期待していたよりも，財政改革は大々的には進められなかった。

　ロドリゲス判決を覆すことは，学校財政領域への一助となり，また，教員資質の改善など，より広範な教育問題に対処することも助長するだろう。それは，学校改善を求める人々に強力な手段を与えることになる。

　州裁判所での訴訟運動のリーダーであるコロンビア大学ティーチャーズ・カレッジのマイケル・レベル教授は，ロドリゲス判決の再審査の可能性を展望している。彼の期待は，判決における連邦最高裁の 2 つのコメントに置かれている。すなわち，第 1 に，原告は適正性を欠く教育が財政不平等から生じていることを立証していないとしている点であり，第 2 に，教育の適正性は，州が持っているが裁判所が欠いている専門的知識を不可欠とする複雑な問題であるとしている点である。レベル教授は，これらの懸念に対して，1973 年には存在していなかった答えが，今日，存在すると考えている。ゆえに，当初の判決が懸念していた問題が対処されるのであれば，教育が基本的権利と認められ，修正第 14 条の保護を受ける可能性が開かれるかもしれない。

　第 1 の点，すなわち，生徒たちが不平等な財政制度の帰結として良き教育を受けていないことを示す証拠を裁判所に提示していないことについて，レベル教授は自らがリードするニューヨーク州の学校財政システムへの挑戦を引き合いにしている。この訴訟は，市民が十分な情報を有する投票者や良き陪審員となるための適正な教育を受けていないという証拠に強く依拠していた。ニューヨークで説得的であったこれらの事実は，ロドリゲス判決において，テキサス州が適正な教育システムを支えており，投票や言論の自由などの権利を行使する市民を育てるための憲法上の基本的権利として教育を認めることはできないとした連邦最高裁の主張に対抗するものとなりうる。

　第2の点，裁判所が教育の適正性をめぐる問題を扱う専門的な知識を持ち合わせていないと考えている点について，レベル教授の回答は以下の通りである。すなわち，40年間の学校財政制度に関する州裁判所の判決は，十分な情報を有する市民となるために不可欠なスキルを当該教育プログラムが生徒に備えさせているのか，これを連邦最高裁が十分な知識にもとづいて決定する上で不可欠な素材を提供してきた。レベル教授は，州裁判所の判決を，「多くの裁判所は，より複雑化する社会のなかで生徒が働きがいのある職を獲得し，また，現代民主政治において市民としての責任を効果的に遂行するための教育を州が生徒に提供するものと主張する傾向にある」[9] と総括している。

　ロドリゲス判決の反対意見に指摘されていたいくつかの追加的課題は，連邦最高裁に判決の再審査を求める準備を進める原告には検討されなければならない。上記の通り，基本的権利，あるいは，疑わしい区別が存在しなかった場合，州の行為が合憲であるかを決定するにあたり，連邦最高裁はいまだに「合理性の基準」と呼ばれる法的基準を採用している。最低限の条件として，法律による区別は，正当な州の利益と合理的に結びついていなければならない。テキサス州は，学校財政制度の目的が「地方の主導性と地方の選択」[10] を促すことにあると主張していた。

　連邦最高裁判事の多数は，税体系は，テキサス州の主張する利益と結びついていると認めたが，反対意見を示した判事たちは，これに同意しなかった。反対意見は，原告の学区における財産税の低さにより，たとえ，当該学区がより裕福な学区よりもはるかに高い税率を課したとしても，同等の生徒一人当たり支出に達することはできないことを認めていた。テキサス州の法体系は，そのような帰結を生み出している点で，合理的ではなかった。

　このテキサス州の税制の不平等は，先に見たように，州憲法を根拠として学校財政制度を訴えてきた他の州における判決により明るみに出されてきた。過去40年間にわたり，多くの州裁判所の判決が，州の財政体系が適正な教育を提供する州の利益と結びついていないことを示してきた。ゆえに，たとえ教育が基本的権利と見なされなかったとしても，州財政訴訟の歴史を受けて，州は不公平な財政体系をつくる合理性を有しない。

　ロドリゲス判決の10年後，連邦最高裁はテキサス州からの別の学校訴訟を

検討していた。プライラー判決 (Plyler v. Doe) において[11]，最高裁は，不法移民の子どもたちの教育への州補助金を打ち切るテキサス州法を却下した。多くの人々が，より高い厳格審査基準の代わりに，合理性の基準，ないし，中間審査に服することは，多くの場合，その訴訟を却下し州への服従をもたらすものと主張していた一方で，このような論理はプライラー判決のもとでは認められなかった。連邦最高裁はそこで，合法的な移民の生徒と，不法移民の生徒の違い，区別を創設する法律の根拠はどこにも存在しないと判示した。最高裁は，テキサス州法が「子どもの自ら制御することのできない法的特性にもとづいて，差別的な負担を負わせるもの」[12] と判断した。同様に，今日，子どもたちは自分がどこに住むかを制御することができない。しかしながら，この「生誕のくじ引き」が，多くの子どもたちの受ける教育，そして人生の機会を制約することにつながる教育の不公平を恒久化している[13]。

　ロドリゲス判決における最高裁の理由，ならびに，プライラー判決における判断を考慮するならば，教育が合衆国憲法上の基本的権利であるかをめぐる問題を連邦最高裁に持ち込む準備をすることは賢明かもしれない。ドアは開かれており，自らの教育が州の措置によって引き下げられている原告は，提訴するべきである。より良い教育をすべての子どもに求める人々は，過去に他の問題に取り組み，彼らの方途に立ちはだかった連邦最高裁判決と闘った人々と同様の大胆さを示さなければならない。

新たな判例

　レベル教授は，低所得家庭の子どもたちのために，ロドリゲス判決を再考することを主張する。その司法救済は，これらの子どもの学校改善を強化するだけでなく，さらに，社会経済的地位の低さによる不利を克服するための総合的なサービスを子どもたちに提供することにある。レベル教授は，青少年の22％を構成する貧困層の子どもたちの条件を，いかにこの国が改善しなければならないかについての説得的な判例を形成している。

　もう一つありうるアプローチは，質の高い就学前教育からの恩恵を受けていない，低中間所得層の子どもたちのために提訴することである。貧困層は，就学前教育を提供されており，富裕層は彼らの子どもたちのために就学前教育に

自らの資金を費やしている。しかしながら，中間所得層の親たちは不利益を被っている。

　IDEAやタイトルⅨの経験が示すように，異なる社会領域の広範な支持こそが，IDEAによる重い行政負担や不十分な補助金，または，タイトルⅨに対する多くの大学スポーツ関係部局からの反対など，あらゆる批判に政策が持ちこたえることを可能とする。教育が合衆国憲法によって保護された権利ではないとする連邦最高裁判決を覆すためのあらゆる取り組みは，そのような裁判が特定の状況における特定の条件で可能であるならば，この権利による多くの子どもたちの利益を追求しなければならない。

　これらの事実は，教育が合衆国憲法下の基本的権利であることを認める判決を連邦最高裁に改めて問うという戦略を援護している。私は，批判者たちが，この争点に関して連邦最高裁に自らの判例を覆すことを現時点で期待するのは非現実的だと述べるであろうことを認識している。批判者たちは，連邦最高裁判事の多数が政治的に保守派であり，良き教育への個人の権利拡大に反対する可能性があることを指摘するかもしれない。判事たちはまた，近年の教育における連邦の役割が，NCLB法，コモン・コア関連施策，オバマ大統領の頂点への競争プログラムのもと，批判にさらされているなかで，教育における連邦関与の拡大に懸念を示すかもしれない。

　もし，ロドリゲス判決を覆す試みが失敗するとしたら，その次にとられるべき行動は，憲法改正の追求である。

4.　憲法改正の追求

　もし，連邦最高裁が教育を基本的権利として認めることを拒んだ時には，良き教育は合衆国憲法下でのすべての個人の権利であることを明示する憲法改正案が準備されなければならない。この改正は，公教育に関する同様の条文を持った州憲法の文言によらなければならない。この権利を適切に導入する他の専門的知見は，学校財政制度の改善を求めて州を訴えてきた原告とその弁護団にある。

　この憲法改正の提案は，学区とチャーター・スクールの運営主体が，公立学

校への日常的な責任を有すること，および，州が公立学校を維持する一般的な権限を有することを確認するものとなるであろう。しかしながら，連邦政府は，すべての子どものための良き教育保障を支援しなければならない。それはまた，良き教育を受けることの重要性が，何年にもわたり高まっていることも強調しうる。ゆえに，すべての子どもの良き教育への権利を認めることは，さらなる学習と訓練，雇用，市民性，そして社会の責任主体として生徒たちが準備できていることを保障するものとなる。

　改正案は，審議のため連邦議会に提出され，議論と承認を受けるために各関連団体へと回覧されることになる。教育のメリットとこれを改善するための方法に関する国民的な議論は，憲法を変える支援運動の健全なる始まりとなるであろう。

　連邦議会の議論は，教育における最も深刻な問題を中心に置かなければならない。すなわち，質の高い就学前教育の拡張，教員資質の改善，より高い水準のカリキュラムの教授，そして，適正な支出といった問題である。これらの問題は，憲法改正への国民的支持を得るための全米規模の運動を形成しなければならない。

　議会の起草者たちは，共同起草者を集めなければならず，連邦議会を通じてこの改正案を策定するための法案を提起しなければならない。これは，長き道のりになるし，過去に提案された多くの憲法改正案は承認されてこなかった。

　もちろん，憲法を改正する試みは空論にすぎないと人々が考えるであろうことを私は理解している。しかし，人々がリスクを負い，議論を促さない限り変革は起こせない。変革は，憲法改正から直接的に訪れるものではないが，それは問題への国民的な気づきを促すものであるから，これに起因する議論や論争によって導かれるかもしれない。

5.　法律制定の要求

　1960 年代と 70 年代に，女性の権利に取り組む団体は，合衆国憲法の平等権改正案の承認を試みた。彼らは，連邦議会の承認を得られたが，憲法改正に必要な 4 分の 3 の州を得ることができなかった。ゆえに，彼らは戦略を変更した。

タイトルIXは，女子・女性の平等を獲得するための新たな戦略の一部である。それは，連邦教育補助金を受給する機関と活動にのみ適用されたが，広範な影響をもたらした。同様の戦略上の柔軟性が，子ども・青年たちへの良き教育の提供を保障するためにも必要かもしれない。

　もし，連邦最高裁が正しい判決を示さなかったとしても，また，憲法改正が承認されなかったとしても，その予備的措置として，新法の制定が第3の手段となりうる。連邦議会議員たちは，良き教育を提供していないとみられる州や学区に対して，合衆国司法長官が提訴する権限を付与した立法を導入しうる。このことは，連邦政府が，十分な教育を受けていない生徒の権利を保護するために裁判所に働きかけることを可能にする。歴史が示すように，抑圧された権利を解放するために政府関与が用いられてきたのであり，このような立法はその根拠を提供するものになるだろう。この法律は，連邦の財政支援を受けるプログラムや活動における人種にもとづく差別を禁止した公民権法のタイトルVIをモデルとしうる。

　この法律は，連邦支援を受けるすべての州と学区に適用される。それは，すべての子どもが教育のための準備を与えられ，効果的な教員を配属され，厳格なカリキュラムによって学習し，そして，これらのために十分に支出された学校に通う機会を持つのだということを宣言するものになるだろう。言い換えれば，もし州や地方学区がこれら4つの要素を提供していないならば，この法律に違反したものとして提訴されうるということである。その法案は，権利を行使するための個人による提訴を認めるものではないが，市民は司法長官に法的な措置を求める請願を提出することができる。

　憲法上，法律上の保護を求める人々は，憲法改正を追求する傍ら，この法律を追求しなければならない。憲法改正を伴うか伴わないかにかかわらず，この法律が制定されたならば，それは，連邦政府に教育改善を追求するための有効な手段を与えることになる。1964年公民権法の成功は，法律にもとづく権限によって何ができるかを示す一つの事例である。

6.　運動の形成

　良き教育への憲法上，法律上の権利，および，（前章に既述の）現行連邦教育援助の改定は，どちらも同時に追求されなければならない。連邦援助を改定する法律が制定され，連邦最高裁判決や憲法改正を求めるより長期的なプロセスに関する議論が継続されているならば，判決や改定へのかすかな可能性は，改定された連邦援助に関わる法律と結びついた改革への動きを促進するであろう。進歩は，一つの方途，あるいは，その他の方途によってなされるであろう。

7.　小結

　合衆国内の公立学校を改善するための全米的な運動は，補助金プログラム，憲法上の保障，法律上の保護，その他の方途を含めて，目的を達成するためにあらゆる戦略を採用しなければならない。

　アフリカ系アメリカ人たちは，彼らの平等への闘いにおいてこれらの手段を用いてきたのであり，彼らは，大いなる進歩を達成したが，一方で，彼らの闘争は完全に勝利したわけではない。良き教育への憲法上の権利を保障することもまた同様であることは疑いない。そこでは，目的を達成するための闘争は続いているだろうし，連邦政府にとって利用可能なあらゆる手段を用いることは助けになるであろう。

終章

　「初等中等教育法」(ESEA)が，アメリカの教育を大いに改善する可能性を秘めていた 1965 年の喜ばしい日々から，政治的な右派も左派もコモン・コア・ステート・スタンダード (コモン・コア) に異議を申し立てている現在の賛否が分かれる時代まで，本書は私たちを長い旅に連れて行った。読者は，時にはあらゆる格闘や論争のせいで，連邦政府がどのようにしてより良い学校を生み出すために尽力できるかを理解するという私たちの目的地には到着しないだろうと感じたかもしれない。

　私たちは，その考えがすべての人に受け入れられるものではないことは重々承知の上だが，今やその目標を達成するいくつかの方法を提案するところまで来ている。実際，教育における今とは異なる，より広範な連邦政府の役割というのは，現在の政治的風潮に逆らうものである。ティー・パーティからの攻撃を受けて，共和党州知事は，自分たちがその策定を手助けした全米規模の学習スタンダード［コモン・コア］を捨てて逃げ出そうとしている。リベラル派は，連邦政府のテスト重視の政策を非難し，左派による連邦教育援助への伝統的な支援に疑問を呈している。

　時代の政治的風潮に左右されずに，私たちは目に見えるままの真実を語らなくてはならない。私の考えでは，50 年にわたる連邦政府の教育への関与が示しているのは，連邦政府の強固な役割が，ほとんどの生徒にとって最良の学校を実現するのに不可欠だということである。「どの子も置き去りにしない法」(NCLB 法) や 1970 年代の過剰な規制のように失敗はあるだろう。しかし全体的に見れば，公立学校を改善するために州や地方学区を支援するのに必要となる全米の注目，財政資金，指導力をもたらすことができるのは，連邦政府しかないのである。

　アメリカには，地方自治と公立学校に対する州の権限という強固な伝統がある。しかしながら歴史が示してきたのは，1 万 4000 の学区の裁量に任されるすべての学校の質を向上させることはできないということである。それは，学区

219

の財政力があまりにも異なり，学校の日常業務にひたすら集中しているためである。州は重要な役割を果たす可能性があるが，州知事と州議会は，職員の給与を魅力のないものにし，州の職員数を厳しく制限することを通して，州政府を弱体化させている。

　そのような状況で，連邦政府は関与しなくてはならないのである。修正された連邦政府の役割には2つの側面がある。一つは，良い教育を受ける憲法上または法的な権利，そしてもう一つは，教室内の教授学習過程を改善する州と連邦政府の協同プログラムである。この国を動かすためには，どちらも必要とされているのである。

　多くの人たちは，このような考えが理想主義的過ぎ，私が概説した計画は実行できないと言うかもしれない。今日はそうかもしれないけれど，明日もそうとは限らない。

　私の目的は，教育分野の連邦政府の役割について検討する際に，仕切り直しを提案することだった。しかし第1に，教育分野の連邦政府の役割の起源と発展を遡る必要があった。次に，連邦プログラムの成果をまとめることが重要だった。次の段階は，連邦政府の役割の現状に関する問題をひとまず置いておき，アメリカの教育界の主要な問題を理解することだった。一旦そのような問題が特定されたら，問題に直接対処するために，どのように連邦政府の役割が修正されるべきかを，ようやく考慮することができるのである。

　長い旅だったが，教育分野の連邦政府の役割に実質的な変革が起こるべきだという理解が，今や存在していることを望んでいる。私がそうなってほしくないシナリオは，連邦議会が現行の連邦法を若干変更し，仕事を全うしたと思うことである。それでは解決にはならない。

　もし本書が学校改善のための連邦と州の協同キャンペーンに向けて正しい問題を特定したとするなら，組織や団体はその解決策の実施を推し進めるべきである。4，5年かそれ以上かかるかもしれない。タフト上院議員が，1940年代半ばに連邦教育援助に関する議論に関与したが，それが実現したのは60年代半ばだったことを思い出してほしい。

　長期的思考の例として，学校選択制の推進者を取り上げることができる。1950年代に，ミルトン・フリードマンは私立学校のための教育バウチャー［学費用金

券] を主張したが，ミルウォーキーで最初のプログラムが実施されたのは90年代になってからのことだった。バウチャー・プログラムの数は，今でも依然限定的だが，徐々に普及してきている。バウチャー推進者は，主張に磨きをかけ，辛抱強く主張し続け，バウチャーを許可する法律を可決するために適切な政治的なタイミングを待つという戦略を取ってきた。近年のその戦略の成功例として挙げられるのは，ミドルクラスが参加する新たな州全体のバウチャー・プログラムを採用したインディアナ州である。

　より良い公立学校の推進者は，バウチャー推進者の教訓から学ぶべきである。公立学校の支援者は，何に反対しているかはわかっているが，何を支持しているかがわかっていないことがよくある。そのような支持者は，本書で示されたような目的に関して合意を得て，主張に磨きをかけ，主張し続け，政治状況が好転する時に行動に出るようにすべきである。

　本書で概要を説明した目標のすべてがすぐに実現されるわけではないが，もしそれらが適切なものなら採用し，できるだけ多くのものを導入するために尽力すべきである。連邦議会におけるほぼ30年間に及んだ政策立案を支援し法律を執筆する業務をもとに，この新しい手法のそれぞれの要素に数百の配列があることを理解している。そこで，詳細は置いておき，大きな概念に関する合意を求める方が得策だと考える。

　主要な目的は，現行の連邦法やプログラムをいじくり回すような既成の枠を破り，人々にこれまでの考え方を転換するように促すことである。アメリカの学校を改善するための解決策は，NCLB法を修正することではない。代わりに，教室内の教授学習過程を改善するように直接対処することである。

　半世紀以上の教育における駆け引きや政策への関与を通して学んだ最も大きな教訓は，もし自分自身の課題を実施するように動いていないと，誰か別の人の課題を実施していることになるということである。公立学校の支援者は，自分たちの意欲的な課題を設定してその実現を目指す時である。

エピローグ

　本書が刊行された 2015 年初頭以来，公立学校を改善する全米の取り組みに関して多くのことが起こってきた。前章となる「終章」の中で，将来の決定は，単に現行のプログラムや法律に手直しを加えるのではなく，斬新な思考から行うべきだという希望を表明していた。

　しかし，そのようにはならなかった。代わりに，主に生徒のテスト結果を使って教員に一層努力するように駆り立てるような学校改革が，全米の主たる政策として継続された。善意にもとづくものであるが，欠陥のある概念に依存することで，わが国が教育制度の根本的な弱点に取り組むまでの時間を単に遅らせることになる。

　このエピローグで，初等中等学校におけるテスト結果の活用を継続する，新たな連邦アカウンタビリティ法［第 1 節で詳述する ESSA］制について述べる。同法が制定されている間に，連邦教育政策の他の重要な構成要素である公正プログラムは，特別支援が必要な生徒への援助を維持したが，十分な資金援助を確保するのに苦闘した[1]。

　ドナルド・トランプ大統領の就任後の 2017 年に，最新の思わぬ展開があった。同大統領とベッチー・デボス連邦教育長官が，こちらも，アメリカの教育における根本的な問題に取り組むことにはならない市場原理にもとづく改革の拡大を提案したのである。

1.　すべての生徒が成功する法

　2015 年 12 月 10 日に，オバマ大統領は論争の的になっていた 02 年制定の NCLB 法の代わりとなる，「すべての生徒が成功する法」(Every Student Succeeds Act, 以下「ESSA」) に署名した[2]。13 年の間，NCLB 法はアメリカの公教育の改善のための全米の政策だったが，今や ESSA がその役割を担うこととなった。

　その新法は，テストにもとづく「アカウンタビリティ」という古い法律［NCLB

法］と同じ改革理論にもとづいている。ESSA が異なるのは，州政府が実施のための重要な構成要素を決定するようなより大きな権限を持ち，学業不振校の改善に用いられる方策の決定に関して，州政府が地方学区と共により大きな権限を持つ点である。

　この法律が大きな意味を持つかは，州と学区が取る行動にかかっている。同法がどのように策定されたかを理解することで，その潜在能力と制約を明らかにすることができる。

政治的側面

　2002 年初頭から 2015 年終盤までの間に，その再改定を求める多方面からの嘆願にもかかわらず，NCLB 法はその 1 つの単語も修正されなかった。ラマー・アレキサンダー上院議員（Lamar Alexander，共和党：テネシー州）は，誰も再改定に関する合意に至る道を見つけることができなかったと指摘した[3]。最終的に，アレキサンダー議員自身が，上院の保健教育労働年金委員会の委員長として，同委員会の民主党の委員と共に協働してその経路を作り出した。

　超党派の協力体制を築くにあたって，同議員は，共和党議員がオバマ大統領と交渉することを長期にわたって拒絶してきた慣行を断念せざるをえなかった。これを成し遂げられたのは，アレキサンダー議員が NCLB 法の再改定を実現するという強い意志を持っていたからであり，さらに広く尊敬された共和党の重鎮だったからである。

　アレキサンダー議員は，テネシー州知事，ブッシュ第 41 代大統領の下で連邦教育長官を務めるなど幅広い経験を持っていた。上院の保健教育労働年金委員会の野党民主党代表のパティー・マレー上院議員（Patty Murray，民主党：ワシントン州）は，評判が良く，法案策定に向けて共和党議員としばしば協力してきていた。同委員会の民主党代表としての責務には，オバマ大統領の意向を代弁することも含まれていた。

　委員会の委員には保守派からリベラル派までいて見解の相違があったのにもかかわらず，これらの 2 人のベテラン議員が，上院委員会において ESSA に関して満場一致の投票へと導いた。対照的に，下院の教育労働力委員会には，党派対立にもとづく分断があり，上院よりも一層論争を巻き起こすような法案を

策定した。

　例えば下院法案は，生徒が学校を転校した後も，タイトルＩ資金を利用できることを要求する「ポータビリティ」と呼ばれる条項を盛り込んでいた。下院の共和党議員はその考えを強固に支持し，民主党議員は強固に反対したが，それは，共和党議員がポータビリティを私立学校のための連邦資金によるバウチャー制への布石と見なしたからだった[4]。同じくポータビリティに反対したオバマ大統領は，もしポータビリティが含まれていれば最終法案に拒否権を発動することを明言した[5]。アレキサンダー議員は，超党派の支持を得るため，上院の委員会ではその修正案の提出を行わなかった。他の両党の上院議員も，「法案を廃案に追い込む」修正案の提出を見送ることとした。

　上院と下院の法案の相違点を解消するための両院協議会では，ポータビリティは，他の論争を巻き起こすような修正案とともに削除された。法律となった最終的な合意法案は，連邦議会の上下両院で，民主・共和両党のほとんどの議員に支持された。

政策的側面

　アレキサンダー上院議員は，NCLB 法を改定するための最終合意の核心について，「どのように修正するかに関する合意が得られた。NCLB 法の中で重要な位置を占めた生徒の学力進捗度の測定方法を継続するが，その進捗度についてどう対応するかに関する権限を州政府に戻す」ものだと表現した[6]。

　各州は，依然として NCLB 法で使われたアカウンタビリティの枠組みによって制約されるが，取り決めの一環として，特定の主要条項の意味を定義する過程で，より柔軟に対応できることになるだろう。

　最終的な ESSA の義務となる枠組みには，以下の４つの要素が含まれる。

- 学習スタンダード：各州は，州立の高等教育制度への入学要件，ならびに関連する州のキャリア教育と技術教育のスタンダードと整合性のある高い水準のスタンダードを持たなければならない。
- 年次テスト：生徒は依然として，第３学年から第８学年の毎年と高校で１回，数学と英語のテストを受け，頻度は下がるが科学もテストを受けなけ

ればならない。テスト結果は，主要な生徒のサブ・グループごと，そして
学校のすべての生徒に関して依然として報告されなければならない。サブ・
グループは NCLB 法のものと基本的に同じで，主要な人種グループ，障が
いのある生徒，英語学習者，低所得家庭の生徒となっている。

・ **アカウンタビリティ計画**：各州は，学力を向上する目標と追加支援が必要
な学校を特定する測定法を説明する計画書を，依然として連邦教育長官に
提出しなければならない。

・ **学校への介入策**：各州は，学業不振校にどのような支援を提供するかを記
述した計画を策定することも要求されている。

　新たな ESSA は，州政府にアカウンタビリティの主要な側面を定義する際の
柔軟性を与えている。その主要な側面には，生徒と学校の達成目標，その目標
へ向けての進捗度を決めるために用いられる指標，そして，学業不振校を特定
し支援する手法が含まれる。

1. **目標**：NCLB 法では，2014 年までに，アメリカのすべての生徒が英語と
   数学で習熟レベルに達することを目標とした。ESSA では，各州は，生徒
   の習熟度を向上させ，異なる生徒のグループ間の学力格差を縮めるため
   に，独自の目標を選択することができる。

   計画の承認を求めた最初の 16 州も，ワシントン D.C. も，NCLB 法の目
   標を保持しなかった。その代わりに，各州は独自の達成目標を設定した。
   例えばコロラド州は，数学と英語の州統一テストで 50 番目の中央値の点
   数を取っているすべての生徒が，今日 53 番目の点数を取っている生徒と
   6 年後に同じレベルの結果を出し，90.3％ の生徒が高校を卒業するという
   目標を設定した[7]。

2. **進捗度の指標**：NCLB 法のもとでは，各州は，全米の目標が達成されるま
   で，州テストで習熟レベルに達する生徒の割合を徐々に増加させなければ
   ならなかった。新しい法律のもとでは，州統一テストにおける成果がいく

つかの指標の一つになっているという条件を満たせば，各州はどの学習ス
タンダードを使うかを決めることができることになった。学習関連指標よ
りはポイントは低くしなければならないが，各州には，学校の質または生
徒の成功に関する別の指標を選ぶ新たな選択肢が与えられた。

デラウエア州の指標は，数学と英語における学力向上度，順調に高校卒業
に向かっている第9学年生，そして英語の習熟度に関する進捗度が含まれ
ている。同州の学校の質と生徒の成功に関する指標には，慢性的な欠席，
大学と就業に向けての準備の改善，一定学年ごとの科学と社会科の成果が
含まれている[8]。

3. 学校と学区への支援: 最後に，NCLB 法では，学校と学区が，習熟レベル
　 に達する生徒の割合が州の目標に満たなかった場合に講じなければならな
　 い措置を厳密に規定していた。これに対して，ESSA は，学業不振校に関
　 する州の義務を軽減している。学区にまず要求されるのは，州のタイトル
　 Ⅰ支援校の中で生徒のテスト結果が最下層5％の学校，学業不振のサブ・
　 グループがある学校，卒業率が低い高校を支援することである。

　 この変化への対応として，ほとんどの州は学区に対して，効果的な戦略に
　 関する情報，技術援助，専門職能研修を提供することを計画している。他
　 の州と異なり，マサチューセッツ州は一歩先を行き，継続的に学業不振
　 だった学校と学区を州の傘下に置く策を講じるだろう[9]。

このような事例からわかるように，州の ESSA の実施計画は，目標，成功の
指標，学業不振校の支援に関して大きく異なる。この統一性の欠如は，州レベ
ルにより大きな裁量権を与える政策の直接的な結果である。
　多くの州教育省は，進捗度の測定方法や学校改善のための奨励方法に関して，
連邦政府が長年主導して規定してきた後ということもあり，ESSA 計画の策定
を熱心に行った。このエピローグ執筆時までに連邦教育省に承認された多くの
計画は，NCLB 法の義務免除の経験をもとにして，この課題に取り組む上でよ

く練られたものとなっている。

　現状では，州はその計画をまさに実施し始めたところであるため，状況を把握するのは困難である。計画の中身を意味のあるものにするためには，いくつかの制約を克服しなければならない。

　州教育省は，実施段階で指導的役割を果たすが，伝統的には政権党にかかわらず州議会は州教育省に十分に資金を提供してこなかった。教育分野の一般財源に関して，共和党は伝統的に，歳出予算の増額の効果についてより懐疑的だったが，現在共和党は，32の州議会で多数派を占め，そのうち24州では州知事も共和党となっている[10]。この状況は，ESSAに関連する改革を実施する新たな州財源の確保という意味では幸先の良いものではない。加えて，トランプ政権は，州や地方学区がこのような改革を実施するために使う連邦援助を大幅に削減しようと考えている。

　さらに重要なことに，このような計画は，アメリカの教育における根本的な弱点となる教職の道に進む成績の良い大学卒業生の数の不足，そして他業種との比較で魅力的でない教員の給与レベルなどの問題に対応するものとはなっていない。代わりに，エネルギーは目標設定や学力測定の制度の策定と改良，技術援助の提供などに注がれている。

　一言で言えば，州はどの学校が学業不振かをより厳密に測定できるようになるかもしれない。しかし，州政府も連邦政府もどちらも，この問題を引き起こした制度的欠陥を是正することに本腰を入れてはいないのである。

　新法は，オバマ政権下で策定された頂点への競争や他のほとんどのプログラムも撤廃した。さらにESSAは，連邦教育長官が州の教員評価制度に生徒のテスト結果を盛り込むこと，州が特定の学習スタンダードを採用することを強要したり奨励したりすることを禁じている。このような前例のない法的禁止が盛り込まれたのは，州や地方の専権事項への不当な介入と考えられたオバマ大統領とダンカン連邦教育長官の行動への直接的な非難の表れである。オバマ政権は，州がNCLB法の要件からの義務免除を受けたいと希望した場合に，生徒のテスト結果にもとづく教員評価を含む特定の政策を採用することを要求していた。頂点への競争では，同政権は，テスト結果にもとづく教員評価を含む同様の政策を採用した州を，補助金支給で優遇していた。

学習スタンダードの強要禁止条項は，英語と数学のコモン・コア・ステート・スタンダード（コモン・コア）の採用に関して州内で激しく交わされた論争に起因していた。保守派のスタンダード反対派は，オバマ政権が州に対してスタンダードを強要したと言い掛かりをつけたのである[11]。

連邦政府の役割

NCLB 法に設定されたような生徒の学力向上のためのアカウンタビリティ政策を用いる過程で，連邦政府は強く出すぎたが，ESSA はその分野における連邦政府の関与を除外しなかった。代わりに，新法は「軽量級アカウンタビリティ」とでも呼べるものとなった。

アレキサンダー上院議員はこの点を以下のように説明した。

今日制定された法律では，20 年前に存在したものと比べて連邦政府の役割がより大きくなっている。マレー上院議員は，連邦政府の「安全装置」と呼んでいるが，それは，生徒が第 3 学年から第 8 学年まで毎年と高校で 1 回テストを受けること，生徒の学校全体ならびにサブ・グループとしての成果を州が報告すること，そして最下位 5％ の学校の改善のためのエビデンスにもとづく道筋を州が特定することが含まれている。しかしながら，この法律はその安全装置の中で，アカウンタビリティ制度を策定する方法などに関して州政府に広範な裁量権を与えている[12]。

オバマ大統領と連邦議会は，アカウンタビリティに関する連邦政府と州政府の権限の適切なバランスを長年模索していた。この決定にもとづく将来展望について議論する前に，トランプ大統領の考えを理解する必要がある。

2. トランプ大統領の教育政策

トランプ大統領は，就任演説で公立学校を極端に否定的な言葉で表現した。わが国の「教育制度は，資金は豊富にあるが，若くて素晴らしい生徒たちを，知識が奪われたままにしている」として，「アメリカの大虐殺を今すぐに」終わ

らせると誓った[13]。

　トランプ大統領の救済策は，200億ドルを拠出して新たなチャーター・スクールを開設し，私立学校や宗教学校に通うための学費を提供することである。その目的のための14億ドルの補助金が同大統領の最初の予算案に盛り込まれ，一般の公立学校のための財源を削減することで賄われた。その補助金額は，当初提案した200億ドルよりもはるかに少ないが，私立学校のための税金にもとづく補助金を要求するなら，そのような補助金が，提案した額の残りを提供することになる可能性がある[14]。

　共和党多数派の連邦議会は，最初の予算の中でトランプ大統領の構想のための財源を提供しなかった。連邦議会の共和党議員は概してそのような考えを支援するので，今後ある程度の財政支援は提供されるかもしれない。しかしこの問題は，ESSAの審議過程で議論され下院で可決されたポータビリティ条項のように，激しい対立を引き起こすものとなるだろう。

　大統領の予算の中の厄介な特徴は，チャーター・スクールと私立学校に関する提案の一部の財源を確保するために，一般の公立学校のプログラムから予算を取り上げている点である。このように，ESSAの改革を実施するために，州や学区が受給する連邦資金が減額されることになるだろう。州当局者や学区の指導者は，連邦議会が1年ほど前にESSAのために規定した額を削減することに対して，激しく異議申し立てを行った。

3.　簡潔なレビュー

　遠い昔の1940年代に，ロバート・タフト上院議員は，教育改善のために連邦政府が州政府に大規模な財政援助を提供する必要性を認識した。多くの州が，学校を支援するための十分な財源を持っていないことを知ったため，同議員は，当初の反対意見を覆し，そのような援助の支持者となったのである。

　ジョンソン大統領は，1960年代に同じような確信を持ち，タフト議員よりも巧みに，その援助を提供するための法案を成立させることに成功した。しかしながら，ジョンソン大統領はその成功の代償を払うこととなった。つまり，連邦援助提供の障壁を克服する中で，同大統領は，最終的に教室内で普段行われ

ている教授学習過程への単なる補助となるように策定したのである。ジョンソン政権下のベトナム戦争と連邦援助の支援に関する政治的転換は，大幅な財政支援への希望を打ち崩すことになった。

　ブッシュ第41代大統領は，1990年代初頭に，全米スタンダードとテストという新しい手法を試みた。教育分野の連邦政府の影響力の拡大に対する保守派の反対により，同大統領の試みは失敗に終わったが，各州が独自のスタンダードとテストを開発するために州政府に財政支援を提供するというクリントン大統領の手法の基礎固めとなった。ブッシュ第43代大統領は，州の行動のためにインセンティブを提供する手法を，進捗度を測定して決められた目標達成に成功しなかった学校と学区に結果責任を要求する厳格な制度に転換した。

　タフト上院議員やジョンソン大統領の提案と違い，スタンダードとテストを学校改善の手段として使うこの運動は，教員が実践を改善するのを手助けする財政支援の大幅な増額とは関連づけられてはいなかった。連邦政府が州政府を支援するという考えは，より多くの財政支援を提供することから，単により多くの要求をすることに覆されてしまっていたのである。

　ESSAは，州当局の裁量権を引き上げることでこのような要求を軽減しようとしている。そのような法律を制定したことは，NCLB法をどのように改定するかの合意に達することができなかった十数年の後の大きな成果と言える。しかしながら，その基盤は不完全なものである。

　ゲーリー・オーフィールドと同僚が指摘してきたように，学校改善の効果的な手法に関する研究において，ある学力レベルを要求し，そのレベルに達する期限を設定するような制度がうまく機能したという事例は1つもない[15]。この点は，達成されるべきレベルを設定し，達成できなかった時の罰則規定を設定するのが，連邦政府でも州政府でも同様に当てはまる。

　その手法は，NCLB法で具体化され10年以上実施されたが，約束された生徒の学習到達度の向上をもたらすことはなかった。ESSAに盛り込まれているような，それを言わば骨抜きにした手法がより良い成功を収めるという保証は一切ない。

　最悪のシナリオでは，州政府がESSAには従い，複数の目標と成功の指標を設定するけれど，学業不振校にほとんど財政援助を提供しないこともあるだろ

う。複雑すぎて意味を見出せないような情報の寄せ集めのみが、最終結果となることもあるだろう。

　最善のシナリオでは、ESSA はより良い州の学校教育制度の枠組みを提供する。しかし、州政府は、可能性は低いかもしれないが、実施するために追加の資金援助を提供することを確約しなければならないだろう。そのような資金援助は、学区間の不公正な教育支出などの、論争を巻き起こすような問題に取り組むために必要となるだろう。

4.　生徒のために団結する法

　もし各州がアメリカの教育界における弱点に取り組むような真の改革を実施するのであれば、州の間で教育財源が大幅に異なっているという問題が、議論の中心的課題となる。州への多額の連邦財政援助を提供するというタフト上院議員の考えは、真の改革の一部でなければならないが、単により多くの資金があることが解決にはならない。資金は、すべての子どものための公正な支出、より高度な教員の質と給与、要求レベルの高いカリキュラム、そしてより多くの就学前の子どもの学校へ向けての準備に結びつかなければならない。

　生徒のために団結する法 (USA) は、教育研究にもとづいた手法を盛り込んでいる (第 10 章)。USA は、連邦政府、州政府、地方学区が互いのレベルの役割を尊重しつつ協同するような手法も提案している (第 11 章)。さらに、合衆国憲法改正が提案される場合 (第 12 章)、教育を提供する州政府と学区の基本的な役割が尊重されなければならない。

　過去 50 年間を通して私たちが学んできたことは、教室内の教授学習過程に焦点化しなければならないこと、そしてその際、州政府と地方学区は、連邦政府と対等のパートナーでなければならないことである。わが国の地方自治の伝統はあまりに強固なもので無視できないが、連邦政府は、日常の学校統治や運営に関与するには、あまりに離れすぎている。

　そのような調整はアメリカでは特に困難であるが、それは、アメリカの政治制度が、権力を集中するのではなく、分散されるように意図的に作り出されたものだからである。しかし時代は変わり、わが国は現在、他の先進国に遅れず

についていけていないのである。協調的な教育制度を構築する際に 1 万 4000
の地方学区に依存することは現実的ではない[16]。同時に，連邦政府は，NCLB
法のもとで州と地方学区からの反発を招いたように，役割を拡大しすぎるべき
でもない。

　要約すると，実質的な改善を実現するためには，連邦政府，州政府，地方学
区の間に真のパートナーシップの存在が必須となる。さらに，州の教育制度は，
連邦資金援助の増額とともに，公立学校の重要な弱点に取り組むことに焦点化
しなければならない。

5.　州からのアドバイス

　公立学校改善のための半世紀以上の取り組みにもかかわらず，アメリカの生
徒は他の先進国の生徒と比べて未だに遅れを取っている。他国の学校について
調査し，アメリカへの教訓を適用し実践してきた州議会議員は，これまでとは
異なる手法の必要性を認識している。

　『一刻の猶予もなし (*No Time to Lose*)』と題する 2016 年の報告書で，州議会
議員は 1960 年代と 2010 年代の違いを指摘している。

　　半世紀前には，世界で最も教育レベルが高いことが広く知られていたアメリ
　　カ人の労働力は，今や世界で最も教育レベルが低い層に入っている。……こ
　　のペースでは，私たちは，発展途上国との経済的競争にさえも手を焼き，子
　　どもたちはグローバル経済の中で仕事を見つけるのに悪戦苦闘するだろう[17]。

　州議会議員は，州が学校改善に取り組んでいたが，ほとんど成功しなかった
ことを認めた。「近年の改革はうまくいかなかったが，それは特効薬のような戦
略と一貫性を欠く手法のためである」。その間，成績の良い国々の教育制度は，
充実した就学前教育，専門職化された教員，キャリア教育を中心とする包括的
で一貫性のあるものとなっている。

　「成績の良い国に見られるような一貫性があり適切に策定された手法による要
素は，アメリカには見当たらない」と州議会議員は述べた。「一部の学区や州に

おけるわずかばかりの改善は，わが国のグローバル競争力を維持するのに十分ではない」[18]。

適切に策定された一貫性のある包括的な州教育制度を求める呼びかけは，USA 提案の中に骨子が描かれたような地方学区，州政府，連邦政府の連携によって実現されるべきである。ただ，わが国が 3 つのレベルの政府の間に協力的な信頼関係を築くこと，そしてその関係をもとに教員の採用と給与などの課題に取り組ませることがどれだけ困難なことかは隠せるものではない。

他の選択肢はない。私たちは，他国が前進している時に，貴重な時間を浪費している。

6.　ポリティクスに関する結論的コメント

最近の 5 人の大統領は大規模な教育構想を提案してきた。その構想からは，民主党か共和党か，保守派かリベラル派かにかかわらず，どの大統領も生徒の学力向上のために全米規模の行動が必要だということを認識してきたことが窺われる。このことは，この問題が過去のものになっていないことを示している。

ESSA が策定された際，民主・共和両党の上院議員は，党派対立を超え，国のための最善策に関して合意する方法を見出した。アレキサンダー上院議員は，オバマ大統領，ならびに民主党議員と合意点を探ることを拒否するという連邦議会共和党の戦略を超えて，上院の保健教育労働年金委員会の民主党側の委員と勇敢に協同する選択肢を選んだ。同議員は，オバマ大統領，コモン・コア，連邦政府に反対する非常に保守的な社会勢力からの怒りの攻撃を受けるリスクを負った。

わが国は，もっと多くの人々が同様の勇敢さを示さなければ，市民の教育レベルの向上に成功することはないだろう。共和党議員と民主党議員はどちらも，ESSA を可決する際に実現したように，分断を引き起こす問題を棚上げにして合意点を探らなければならない。

教育者，保護者，ビジネス界の指導者，政治家，他の市民は，私たちが協力し合って最も重大な問題の解決に専念する場合に限って，アメリカの生徒が将来に向けて高いレベルの教育を受けられることを理解する必要がある。

重要な出来事の年表——1948–2013 年——

1948	・ハリー・トルーマン大統領が公立学校への一般援助を支持する。 ・ロバート・タフト上院議員が一般援助法案の上院通過を実現するが，下院では通過せず廃案になる。 ・ハリー・トルーマン大統領が再選される。　　[民主党，第 33 代，1945–53]
1952	・ドワイト・D. アイゼンハワーが大統領に選出される。 [共和党，第 34 代，1953–61]
1954	・連邦最高裁判所が，法的に分離された学校は違憲であるとするブラウン判決を下す。
1956	・アイゼンハワー大統領が再選される。
1958	・「国家防衛教育法」が制定される。
1960	・ジョン・F. ケネディが大統領に選出される。　[民主党，第 35 代，1961–63]
1963	・ケネディ大統領が暗殺され，リンデン・B. ジョンソンが大統領に就任する。 [民主党，第 36 代，1963–69]
1964	・「公民権法」が制定される。 ・リンデン・B. ジョンソン大統領が再選される。
1965	・「初等中等教育法」（ESEA）が制定される。
1966	・最初の反強制バス通学の修正案が連邦議会で可決される。
1968	・「バイリンガル教育法」が制定される。 ・連邦最高裁判所が，人種分離撤廃計画が実施されなければならないとするグリーン判決を下す。 ・リチャード・M. ニクソンが大統領に選出される。　[共和党，37 代，1969–74]
1969	・ニクソン大統領が，新しい教育プログラムの削除と予算削減を提案する。 ・カール・パーキンズ下院議員がニクソン大統領の提案に反対する運動を始動し勝利する。
1970	・法律上と事実上の人種分離政策を同一視する反バス通学の修正案が採択される。
1971	・連邦最高裁判所が，バス通学が人種分離撤廃の目的で使われることができるとするスワン判決を下す。

1972	・タイトル I が，次第に一般援助ではなく，特定援助として実施されていく。 ・反強制バス通学の修正案が，「教育関連修正法」の一環として採択される。 ・女子と女性に影響のあるタイトル IX が，同じ「教育関連修正法」の一環として採択される。 ・リチャード・M. ニクソン大統領が再選される。
1973	・障がいのある人々に影響のある「リハビリテーション法」の 504 条が採択される。 ・連邦最高裁判所が，教育は合衆国憲法では根本的な関心事ではないので，州の学校財政制度への異議が連邦ではなく，州の裁判所で申し立てられるべきとするロドリゲス判決を下す。
1974	・タイトル I を特定援助プログラムにする修正案が採択される。 ・追加の反強制バス通学の修正案が採択される。 ・連邦最高裁判所が，子どもたちは英語を学ぶための支援を受けるべきとするラウ判決を下す。 ・「バイリンガル教育法」がより多くのサービス提供のため拡大され，教育を受ける上で障壁としての言語を取り除く「平等教育機会法」が可決される。 ・ニクソン大統領が辞任し，ジェラルド・フォードが大統領に就任する。 <div align="right">［共和党，第 38 代，1974–77］</div>
1975	・「障がいのある個人のための教育法」（IDEA）が制定される（別のタイトルで制定）［もとの法律名は「ハンディキャップのあるすべての子どもの教育法」。］ ・ラウ救済規則が連邦教育局によって公布される。
1976	・ジミー・カーターが大統領に選出される。　　［民主党，第 39 代，1977–81］
1978	・教育関連修正法が，強固な超党派の支援を受けて可決される。
1980	・連邦教育局に代わって，連邦教育省（U.S. Department of Education）が設立される。 ・ロナルド・レーガンが大統領に選出される。［共和党，第 40 代，1981–89］
1981	・レーガン大統領が，連邦プログラムと財政支援の削減に成功する。 ・「バイリンガル教育法」が，英語のみのプログラムのための財政支援を許可する。
1982	・『継続的効果に関する調査』がタイトル I を通した学力向上がわずかであることを見出す。
1983	・『危機に立つ国家』が刊行される。
1984	・生徒のクラブ活動に影響する「平等アクセス法」が制定される。 ・連邦最高裁判所が，タイトル IX の効果を制限するグローブ・シティ判決を下す。
1987	・「公民権再興法」が，タイトル IX の広範な効果を復活させる。

1988	・タイトルⅠは，ホーキンズ下院議員により，生徒の学力向上の必要性を重視するものとして修正される。 ・連邦議会は，「バイリンガル教育法」のもとで，英語のみのプログラムのための財政支援を増額させる。 ・ジョージ・H. W. ブッシュが大統領に選出される。 　　　　　　　　　　　　　　　　　　　　[共和党，第41代，1989-93]
1989	・ブッシュ大統領が，バージニア州シャーロッツビルで，全米州知事による教育サミットを開催する。
1990	・ブッシュ大統領が，「障がいのあるアメリカ人法」（ADA）に署名する。 [・「ハンディキャップのあるすべての子どもの教育法」(1975) の修正法が成立し，法律名が「障がいのある個人のための教育法」(IDEA) に変更される。]
1992	・全米目標と州規模の改革に関するブッシュ大統領の法案が上院で廃案となる。 ・ビル・クリントンが大統領に選出される。[民主党，第42代，1993-2001] ・最初のチャーター・スクール法が，ミネソタ州で制定される。
1993	・『成績の向上と教育機会に関する見通し調査』が，タイトルⅠがわずかな効果しかないことを見出す。
1994	・「2000年の目標」，「ESEA再改定法」が，全米のスタンダードにもとづくプログラムを策定する。 ・「バイリンガル教育法」が，より多くの英語のみのプログラムを認めるように修正される。
1995	・上院がブッシュ大統領の歴史分野の全米スタンダードを否決する。
1996	・ビル・クリントン大統領が再選される。
2000	・ジョージ・W. ブッシュが大統領に選出される。[共和党，第43代，2001-09]
2002	・「どの子も置き去りにしない法」（NCLB法）が制定される。 ・「バイリンガル教育法」が，「英語習得法」になる。
2004	・ブッシュ大統領が再選される。
2008	・バラク・オバマが大統領に選出される。　　　[民主党，第44代，2009-17]
2009	・「アメリカ再生・再投資法」（ARRA）が制定される。
2010	・コモン・コア・ステート・スタンダード（コモン・コア）が，州知事と州教育長により公表される。
2011	・NCLB法の義務免除プログラムが始動する。
2012	・オバマ大統領が再選される。
2013	・次世代科学スタンダードが公表される。

注

序章

1）Chester E. Finn Jr., "Agenda-Setters and Duds: A Bully Pulpit, Indeed," in *Carrots, Sticks, and the Bully Pulpit: Lessons from a Half-Century of Federal Efforts to Improve America's Schools*, eds. Frederick M. Hess and Andrew P. Kelly (Cambridge, MA: Harvard Education Press, 2011), 228.

2）Christopher B. Swanson and Janelle Barlage, *Influence: A Study of the Factors Shaping Education Policy* (Bethesda, MD: Editorial Projects in Education Research Center, 2006), 59.

3）Emily Richmond et al., "High School Graduation Rate Hits 40-Year Peak in the U.S.," *The Atlantic*, June 6, 2014, http://www.theatlantic.com/national/archive/2013/06/high-school-graduation-rate-hits-40-year-peak-in-the-us/276604/; Andrew Mytelka et al., "College-Going Rates for All Racial Groups Have Jumped Since 1980," *Chronicle of Higher Education*, July 10, 2014, http://chronicle.com/blogs/ticker/college-going-rates-for-all-racial-groups-have-jumped-since-1980/25533; Child Trends DataBank, "Appendix 1—Dropout Rates of 16 to-24-Year-Olds, by Gender and Race/Hispanic Origin: Selected Years, 1970–2012," Sept. 2013, http://www.childtrends.org/wp-content/uploads/2012/10/01_appendix1.pdf.

4）OECD, *Education at a Glance 2012: OECD Indicators* (OECD Publishing, 2012), http://dx.doi.org/10.1787/eag-2012-en.

5）OECD, *PISA 2012 Results in Focus: What 15-year-olds know and what they can do with what they know* (OECD Publishing, 2012), http://www.oecd.org/pisa/keyfindings/pisa-2012-results-overview.pdf.

6）PISA, "About PISA," http://www.oecd.org/pisa/aboutpisa/;PISA, "PISA Overview," National Center for Education Statistics, http://nces.ed.gov/surveys/pisa/.

7）Valerie Strauss, "Arne Duncan: Why can't we be more like South Korea?" Answer Sheet (a Washington Post blog on line: downloaded January 18, 2014), http://www.washingtonpost.com/news/answer-sheet/wp/2014/01/18/arne-duncan-why-can't-we-be-more-like-south-korea/?utm_term=.0bd0f3bb1fb7.

8）Marshall S. Smith, "Rethinking ESEA," in *Carrots, Sticks, and the Bully Pulpit: Lessons from a Half-Century of Federal Efforts to Improve America's Schools*, eds. Frederick M. Hess and Andrew P. Kelly (Cambridge, MA: Harvard Education Press, 2011), 233.

9）U.S. Department of Education, *For Each and Every Child—A Strategy for Education Equity and Excellence* (USDE: Washington, DC, 2013), 15, http://www2.ed.gov/about/bdscomm/list/eec/equity-excellence-commission-report.pdf.

第 1 章

1）U.S. Department of Education, National Center for Education Statistics, *Digest of Educa-*

tion Statistics. Table 91, Total Number of Public School Districts and Public and Private Elementary and Secondary Schools: Selected Years 1869–70 through 2009–10 (Washington, DC: NCES, 2011). See note 7 in the table regarding the comparability of numbers.

2) Thomas D. Snyder, ed., *120 Years of American Education: A Statistical Portrait* (Washington, DC: National Center for Education Statistics, 1993), 31.

3) New America Foundation, "Federal, State, and Local K–12 School Finance Overview, Table: Share of Public Elementary and Secondary School Revenue," http://febp.newamerica.net/background-analysis/school-finance/print, in Stephen Cornman, Patrick Keaton, and Mark Glander, "Revenues and Expenditures for Public Elementary and Secondary School, Districts: School Year 2010–11 (Fiscal Year 2011) (NCES 2013 344)" (Washington, DC: National Center for Education Statistics, 2013).

4) Eugene Eidenberg and Roy D. Morey, *An Act of Congress: The Legislative Process and the Making of Education Policy* (New York: W.W. Norton, 1969), 13.

5) Robert Taft, "Statement" (1948), quoted in Christopher T. Cross, *Political Education: National Policy Comes of Age*, updated ed. (New York: Teachers College Press, 2010), 6.

6) Maurice McCann, "The Truman Administration and Federal Aid to Education" (paper presented at the annual meeting of the American Educational Research Association, New York, NY, April 4–8, 1977), 9, 22.

7) Michael Harrington, *The Other America; Poverty in the United States* (New York: Macmillan, 1962).

8) Eidenberg and Morey, *An Act of Congress*, 102.

9) Senator Wayne Morse, "Remarks on Consideration of the Elementary and Secondary Education Act of 1965," *Congressional Record* (Washington, DC: U.S. Government, April 7, 1965).

10) *Congressional and Administrative News*, U.S. Code, Vol. 1, 89th Congress 1st Session (Washington, DC: U.S. Government, 1965), 1450.

11) Congressman Carl Perkins, "Remarks on Consideration of the Elementary and Secondary Education Act of 1965," *Congressional Record* (Washington, DC: U.S. Government, March 24, 1965).

12) Lyndon B. Johnson, "Remarks in Johnson City, Tex., Upon Signing the Elementary and Secondary Education Bill," *The American Presidency Project* (April 11, 1965), http://www.presidency.ucsb.edu/ws/?pid=26887.

第 2 章

1) Samuel Halperin, "ESEA—Twenty Years Later: A Political Retrospective," quoted in *A Compilation of Papers on the Twentieth Anniversary of the Elementary and Secondary Education Act of 1965* (Washington, DC: Committee on Education and Labor, U.S. House of Representatives, 1985) 10–11.

2) *Elementary and Secondary Education Act of 1965, Public Law 89–10, United States Statutes at Large* 79 (1965), 27.

3) Ruby Martin and Phyllis McClure, *Title I of ESEA: Is It Helping Poor Children?* (Washington, DC: Washington Research Project of the Southern Center for Studies in Public Pol-

icy and the NAACP Legal Defense and Education Fund, 1969).

4)　John F. Hughes, *Implementing Title I of ESEA—Major Themes,* quoted in *A Compilation of Papers on the Twentieth Anniversary of the Elementary and Secondary Education Act of 1965* (Washington, DC: Committee on Education and Labor, U.S. House of Representatives, 1985), 50, 54.

5)　Floyd Eugene Stoner, *Implementation of Ambiguous Legislative Language: Title I of the Elementary and Secondary Education Act,* (PhD diss., University of Wisconsin, 1976) 12, 18, 22, 132.

6)　John F. Jennings, *Why National Standards and Tests? Politics and the Quest for Better Schools* (Thousand Oaks, CA: Sage Publications, 1998), 127–128.

7)　U.S. Congress, *Elementary and Secondary Education Amendments of 1974,* House Report 93–805, 9.

8)　Jennings, *Why National Standards,* 127–128.

第 3 章

1)　*Elementary and Secondary Education Act,* Public Law 95–561, Section 125 (November 1, 1978).

2)　*Elementary and Secondary Education Act,* Public Law 95–561, Section 126 (November 1, 1978).

3)　David K. Cohen and Susan L. Moffitt, *The Ordeal of Equality: Did Federal Regulation Fix the Schools?* (Cambridge, MA: Harvard University Press, 2009), 88–90.

4)　Cohen and Moffitt, *Ordeal,* 97–98.

5)　Mary Jean LeTendre, "Effective Title I Programs," in *A Compilation of Papers on the Twentieth Anniversary of the Elementary and Secondary Education Act of 1965* (Washington, DC: Committee on Education and Labor, U.S. House of Representatives, 1985), 76.

6)　Charles Radcliffe, "How and Why A Reagan Republican Saved Title I by Changing It to Chapter One," in *A Compilation of Papers on the Twentieth Anniversary of the Elementary and Secondary Education Act of 1965,* (Washington, DC: Committee on Education and Labor, U.S. House of Representatives, 1985), 64.

7)　Christopher T. Cross, *Political Education: National Policy Comes of Age,* updated ed. (New York, NY: Teachers College Press, 2010), 86.

8)　Wayne Riddle, e-mail message to author, July 24, 2014.

9)　John F. Jennings, *Why National Standards and Tests?* (Thousand Oaks, CA: Sage Publications, 1998), 127–128.

10)　*Improving America's Schools Act,* Public Law 103–382, 108 (1994): 3518.

11)　Diane Stark Rentner, Alexandra Usher, and Nancy Kober, *What Impact Did Education Stimulus Funds Have on States and School Districts?* (Washington, DC: Center on Education Policy, July, 2012).

12)　U.S. Department of Education, "Setting the Pace: Expanding Opportunity for America's Students Under Race to the Top," *Executive Office of the President* (jointly with the USDE, March, 2014), http://www.whitehouse.gov/sites/default/files/docs/settingthepacerttreport_3–2414_b.pdf.

第 4 章

1) David K. Cohen and Susan L. Moffitt, *The Ordeal of Equality: Did Federal Regulation Fix the Schools?* (Cambridge, MA: Harvard University Press, 2009), 81–82.

2) Ibid.

3) National Institute of Education, *The Compensatory Education Study: Executive Summary* (Washington, DC: NIE, July 1978).

4) Ming-mei Wang, Moraye B. Bear, Jonathan E. Conklin, Ralph Hoepfner, *Compensatory Services and Educational Development in the School Year,* Technical Report 10 from the Study of the Sustaining Effects of Compensatory Education on Basic Skills (Santa Monica, CA: System Development Corporation, May 1981) xxxi-xxxv, 24–25, 27–28; System Development Corporation, *Does Compensatory Education Narrow the Achievement Gap?,* Technical Report 12 from the Study of the Sustaining Effects of Compensatory Education on Basic Skills, prepared for the Office of Program Evaluation, U.S. Department of Education (Santa Monica, CA: System Development Corporation, Dec. 1981); Wayne Riddle, *Title I, Education for the Disadvantaged: Perspectives on Studies of Its Achievement Effects* (Washington, DC: Congressional Research Service, Library of Congress, 1996), 14.

5) System Development Corporation, *Does Compensatory Education*; Riddle, *Title I,* 14.

6) RAND Corporation, *Federal Policy Options for Improving the Education of Low-income Students,* vol. I, 1993; Riddle, *Title I,* 12–13.

7) Commission on Chapter 1, *Making Schools Work for Children in Poverty* (Washington, DC: Dec. 1992), 101; Riddle, *Title I,* 12.

8) Cohen and Moffitt, *Ordeal,* 99.

9) Michael J. Puma, Colvin C. Jones, Donald Rock, Roberto Fernandez, *Prospects: The Congressionally Mandated Study of Educational Growth and Opportunity,* Interim Report (Washington, DC: U.S. Department of Education, July 1993), 163–181; Riddle, *Title I,* 11.

10) Michael Puma, "The Prospects Study of Educational Growth and Opportunity: Implications for Policy and Practice" (paper presented at the annual meeting of the American Educational Research Association, Montreal, Quebec, Canada, Apr. 19–23, 1999), 10.

11) Jesse H. Rhodes, *An Education in Politics* (Ithaca, NY: Cornell Press, 2012), 33.

12) Cohen and Moffitt, *Ordeal,* 89.

13) *Elementary and Secondary Education Act,* Public Law 95–561, Section 123 (Nov. 1, 1978).

14) Cohen and Moffitt, *Ordeal,* 88–92.

15) Illinois state report cards 2013, "Winnetka District 36" and "Cicero District 99," http:// webprod.isbe.net/ereportcard/publicsite/getSearchCriteria.aspx.

16) Puma, "Prospects Study," 8.

17) Wayne Riddle, *Appropriations for ESEA Title I, Part A, in Current and Constant (FY2014) Dollars, FY 1966–2014,* a table prepared on March 5, 2014, and sent by e-mail to the author.

18) Ibid.

19) Cohen and Moffitt, *Ordeal,* 100.

第Ⅱ部

1) Bill Bushaw and Shane J. Lopez, "The 45th Annual PDK/Gallup Poll of the Public's Attitudes the Public Schools," *Kappan* (Sept. 2013), tables 31 and 32, p. 20.

第5章

1) "A Nation at Risk" (Archived Information: April 1983), http://www2.ed.gov/pubs/NatAtRisk/risk.html.

2) James Harvey, e-mail message to author, July 2014.

3) Patrick J. McGuinn, *No Child Left Behind and the Transformation of Federal Education Policy, 1965–2005* (Lawrence, KS: University Press of Kansas, 2006), 49.

4) John F. Jennings, *Why National Standards and Tests? Politics and the Quest for Better Schools* (Thousand Oaks, CA: Sage Publications, 1998), 179.

5) Jennings, *Why National Standards*, 6, 7, 18.

6) M. S. Smith and J. O'Day, *Putting the pieces together: Systemic school reform*, CPRE Policy Brief, RB-06–4/91 (New Brunswick, NJ: Consortium for Policy Research in Education, 1991).

7) Marshall Smith and Jennifer O'Day, "Systemic School Reform," *Journal of Education Policy, Special Issue: The Politics of Curriculum and Testing* 5 (1990), 233–267.

8) Lynne Cheney, "The End of History," *Wall Street Journal*, Oct. 20, 1994.

9) Christopher T. Cross, *Political Education: National Policy Comes of Age*, updated ed. (New York, NY: Teachers College Press, 2010), 113.

10) Jennings, *Why National Standards*, 44–75.

11) Dan Balz, "Stands on education cost GOP among women, governors told," *Washington Post*, Nov. 27, 1996, A6.

12) McGuinn, *No Child Left Behind*, 193–194.

13) Paul Manna, *School's In* (Washington, DC: Georgetown University Press, 2006), 157.

14) Mitch McConnell, "Interview with Major Garrett," *National Journal* (Washington, DC: Oct. 23, 2010).

15) Jennifer McMurrer, "ESEA/NCLB Waiver Watch," (Washington, DC: Center on Education Policy, May 3, 2014), http://www.cep-dc/index.cfm?DocumentSubTopicID=48.

16) Jennifer McMurrer and Nanami Yoshioka, "States' Perspectives on Waivers: Relief from NCLB, Concern about Long-tern Solutions" (Washington, DC: Center on Education Policy, March 4, 2013).

第6章

1) Jack Jennings and Diane Stark Rentner, "Ten Big Effects of the No Child Left Behind Act on Public Schools," *The Phi Delta Kappan* (Bloomington, IN: Oct. 2006), 110–113.

2) Alexandra Usher, *AYP Results for 2010–11, November 2012 Update* (Washington, DC: Center on Education Policy, Nov. 1, 2012).

3) U.S. Department of Education, "NAEP Overview," National Center for Education Statistics, from http://nces.ed.gov/nationsreportcard/about/; "What Are the Differences Between Long-term Trend NAEP and Main NAEP," Institute for Education Statistics, http://nces.

ed.gov/nationsreportcard/about/ltt_main_diff.aspx.

4) Naomi Chudowsky, Victor Chudowsky, and Nancy Kober, *Rising Scores on State Tests and NAEP* (Washington, DC: Center on Education Policy, Sept. 2010).

5) Nancy Kober, Naomi Chudowsky, and Victor Chudowsky, *State Test Score Trends Through 2008–9, Part 2: Slow and Uneven Progress in Narrowing Gaps* (Washington, DC: Center on Education Policy, Dec. 14, 2010).

6) "NAEP-Mathematics and Reading 2013," The Nation's Report Card, http://nationsreportcard. gov/reading_math_2013/#/achievement-gaps.

7) U.S. Department of Education, "The Nation's Report Card: Mathematics and Reading, 2013," Institute of Education Sciences, http://nces.ed.gov/nationsreportcard/pubs/main2013/ 2014451.aspx.

8) David Grissmer, Sheila Nataraj Kirby, Mark Berends, and Stephanie Williamson, *Student Achievement and the Changing American Family* (Santa Monica, CA: Rand, 1994).

9) Erik Robelen, "District Leaders Mostly Back Common Core, But Troubled by Implementation, Curriculum Matters Blog," *Education Week*, http://www.blogs.edweek.org/edweek/ curriculum/2014/06/superintendents_mostly_support_co.html?intc=es.

10) Liana Heitin, "Common Core Will Improve Education, Most District Chiefs Say," *Education Week* (July 1, 2014), http://www.edweek.org/ew/articles/2014/07/01/36gallup.h33. html?k.

11) Javier C. Hernandez, "Charters, Public Schools and a Chasm Between," *New York Times*, May 12, 2014, A1, A13.

12) NCES, *Charter Schools, Fast Facts* (Washington DC: National Center for Educational Statistics, 2014).

13) Zach Miners, "Charter Schools Might Not Be Better," *U.S. News and World Report*, Education, June 17, 2009.

14) CREDO, *National Charter School Study 2013* (Palo Alto, CA: Center for Research on Education Outcomes, 2013), 23.

第Ⅲ部

1) New America Foundation, *Federal, State, and Local K-12 School Finance Overview*, Table: Share of Public Elementary and Secondary School Revenue, Source: National Center for Education Statistics (June 30, 2013), http://febp.newamerica.net/background-analysis/ school-finance/print.

第7章

1) U.S. Department of Education, *History: Twenty-five Years of Progress in Educating Children with Disabilities Through IDEA* (Washington, DC: 2000), http://www2.ed/gov/policy/ speced/leg/idea/history.html.

2) Ibid.

3) Charles Radcliffe, "How and Why a Reagan Republican Saved Title I by Changing It to Chapter One," in *A Compilation of Papers on the Twentieth Anniversary of the Elementary and Secondary Education Act of 1965* (Washington, DC: Committee on Education and La-

bor, U.S. House of Representatives, 1985), 62.

4) Ibid., 65.

5) Gloria Stewner-Mansanares, "The Bilingual Education Act: Twenty Years Later," *The National Clearinghouse for Bilingual Education* 6 (Fall 1988): 1, 2.

6) *Lau v. Nichols*, 414 US 563 (1974).

7) Bilingual Education Act, Sec. 703 (a) (4) (A)(i), P.L. 93–380, 88 Stat. 503, (1968).

8) Stewner-Manzanares, "Bilingual Education Act," 4.

9) Chester E. Finn Jr., "Agenda-Setters and Duds: A Bully Pulpit, Indeed," in *Carrots, Sticks, and the Bully Pulpit: Lessons from a Half-Century of Federal Efforts to Improve America's Schools*, eds. Frederick M. Hess and Andrew P. Kelly (Cambridge, MA: Harvard Education Press, 2011), 221.

10) Kenji Hakuta, *Mirror of Language: The Debate on Bilingualism* (New York, NY: Basic Books, 1986), 233.

11) Ronald Reagan, "Remarks to the National Governor's Association—Department of Education Conference in Columbia, Missouri, March 26, 1981," http://www.presidency.ucsb.edu/ronald_reagan.php.

12) U.S. General Accounting Office, "A New Look at Research Evidence," *GAO/PEMD-87–12BR* (Washington, DC, 1987).

13) Jay P. Greene, *A Meta-analysis of the Effectiveness of Bilingual Education*, sponsored by the Tomás Rivera Policy Institute (March 2, 1998), 1, http://www.languagepolicy.net/archives/greene.htm.

14) Lesli A. Maxwell, "Proposal to Restore Bilingual Education in California Advances," *Education Week*, Blog: Learning the Language, http://blogs.edweek.org/edweek/learning-the-language/2014/05/proposal_to_restore_bilingual_.html.

第 8 章

1) Eugene Eidenberg and Roy D. Morey, *An Act of Congress: The Legislative Process and the Making of Education Policy* (New York, NY: W.W. Norton, 1969), 194.

2) Patrick J. McGuinn, *No Child Left Behind and the Transformation of Federal Education Policy, 1965–2005* (Lawrence, KS: University Press of Kansas, 2006), 36.

3) U.S. Congress, *Remarks of Senator Abraham Ribicoff, Congressional Record 116* (Feb. 9, 1970), 1461–64, in James T. Patterson, *Brown v. Board of Education* (Oxford, UK: Oxford University Press, 2001), 157.

4) Christopher T. Cross, *Political Education: National Policy Comes of Age*, updated ed. (New York, NY: Teachers College Press, 2010), 44–45.

5) Richard Nixon, "Statement About the Busing of Schoolchildren, August 3, 1971," in Gerhard Peters and John T. Woolley, *The American Presidency Project*, http://www.presidency.ucsb.edu/us/?pid=3098.

6) Eric A. Posner, "Casual with the Court," *New Republic* (Oct. 24, 2011), http://www.newrepublic.com/book/review/nixon's-court-kevin-mcmahon.

7) James T. Patterson, *Brown v. Board of Education: A Civil Rights Milestone and Its Troubled Legacy* (Oxford, UK: Oxford University Press, 2001).

8) Richard Nixon, "Radio Address on the Federal Responsibility to Education, Oct. 25, 1972," in Gerhard Peters and John T. Woolley, *The American Presidency Project*, http://www.presidency.ucsb.edu/us/?pid3655.

9) Desmond King, *Separate and Unequal: Black Americans and the U.S. Federal Government* (New York: Oxford University Press, 1995), 311.

10) Richard Nixon, Statement on Signing the Education Amendments of 1972, June 23, 1972, http://www.presidency.ucsb.edu/ws/?pid=3473.

11) Cross, *Political Education*, 50.

12) Drew S. Days III, *Turning Back the Clock: The Reagan Administration and Civil Rights* (New Haven, CT: Faculty Scholarship Series, Yale Law School Legal Scholarship Depository, 1984), 321.

13) Gary Orfield and Chungmei Lee, *Historic Reversals, Accelerating Resegregation, and the Need for New Integration Strategies* (Civil Rights Project: 2007), http://civilrightsproject.ucla.edu/research/k-12-education/integration-and-diversity/historic-reversals-accelerating-resegregation-and-the-need-for-new-integration-strategies-1/orfield-historic-reversals-accelerating.pdf.

14) Ann T. Keane, "Patsy Mink", *American National Biography Online* (October 2008), http://www.anb.org/articles/07/07-00812.html.

15) 118 Cong. Record 5808 (1972).

16) Chester E. Finn Jr., "Agenda-Setters and Duds: A Bully Pulpit, Indeed," in *Carrots, Sticks, and the Bully Pulpit: Lessons from a Half-Century of Federal Efforts to Improve America's Schools*, eds. Frederick M. Hess and Andrew P. Kelly (Cambridge, MA: Harvard Education Press, 2011), 224.

17) Cross, *Political Education*, 48.

18) Civil Rights Restoration Act of 1987, Public Law 100–259, 102 STAT 28, section 1687.

19) Equal Access Act, H.R. 5345, 98th Cong. (1984), http://www.govtrack.us/congress/bills/98/hr5345 (accessed on April 23, 2014).

20) Joshua Dunn, "Courting Education: Mitigating the Seven Somewhat Deadly Sins of Education Litigation," in *Carrots, Sticks, and the Bully Pulpit: Lessons From a Half Century of Federal Efforts to Improve America's Schools*, eds. Frederick M. Hess and Andrew P. Kelly (Cambridge, MA: Harvard Education Press, 2011), 102.

第 9 章

1) *An Act to Strengthen and Improve Educational Quality and Educational Opportunities in the Nation's Elementary and Secondary Schools*, Public Law 89–10, 604, (1965): 79.

2) *An Act to Strengthen, Improve, and Extend Programs of Assistance for Elementary and Secondary Education, and for Other Purposes*, Public Law 90–247, (1968).

3) Gary Robinson, "United States: Lawsuit Challenging No Child Left Behind Act Allowed to Proceed" (Law Library of Congress, Global Legal Monitor, Jan. 2, 2008).

4) *An Act to Close the Achievement Gap with Accountability, Flexibility, and Choice so that No Child is Left Behind*, Public Law 107–110, 9523 (2002).

5) Ibid. 9528 (2002).

6) Ibid. 9524 (2002).
7) Ibid. 9525 (2002).
8) "Other Academic Indicators," Code of Federal Regulations, 34 CFR Section 200.19.
9) Marie C. Stetson and Robert Stillwell, *Public High School Four-Year On-Time Gradua-tion Rates and Event Dropout Rates: School Year 2010–11 and 2011–12, First Look* (U.S. Department of Education, National Center for Education Statistics, April 2014), http://nces. ed.gov/pubsearch.
10) Federal Education Budget Project, *No Child Left Behind Funding* (New America Foun-dation, April 24, 2014), http://febp.newamerica.net/background-analysis/no-child-left-behind-funding.
11) *An Act to Close the Achievement Gap with Accountability, Flexibility, and Choice so that No Child is Left Behind*, Public Law 107–110, 7907 (a) (2002).
12) "Supreme Court declines to hear No Child Left Behind challenge," *Jurist* (May 7, 2010), http://jurist.org/paperchase/2010/06/supreme-court-declines-to-hear-no-child-left-behind-challenge.php.
13) Stephanie Reitz, "Connecticut loses "No Child Left Behind" legal challenge," *NBC News*, http://www.nbcnews.com/id/41723439/ns/us_news-crime_and_courts/t/connecticut-loses-no-child-left-behind-challenge-/#.u54TvCil/.

第 10 章
1) 双方のプログラムの効果を実証する広範にわたる研究が存在する。その例となるものは以下の通りである。Frances A. Campbell, Elizabeth P. Pungello, Margaret Burchinal, Kirsten Kainz, Yi Pan, Barbara H. Wasik, Oscar A. Barbarin, Joseph J. Sparling, and Craig T. Ra-mey, "Adult outcomes as a function of an early childhood educational program: An Abece-darian Project follow-up," *Developmental Psychology* 48, no. 4 (July 2012): 1033–1043; Peter Muennig, Dylan Robertson, Gretchen Johnson, Frances Campbell, Elizabeth P. Pung-ello, and Matthew Neidel, "The Effect of an Early Education Program on Adult Health: The Carolina Abecedarian Project Randomized Controlled Trial," *American Journal of Public Health* 101, no. 3 (March 2011): 512–516; Heckman, Moon, Pinto, Savelyev, and Yavitz, "The Rate of Return to the HighScope Perry Preschool Program," *Journal of Public Eco-nomics* 94, no. 1–2 (Feb. 2010): 114–128; Peter Muennig, Lawrence Schweinhart, Jeanne Montie, and Matthew Neidell, "Effects of a Prekindergarten Educational Intervention on Adult Health: 37-Year Follow-Up Results of a Randomized Controlled Trial," *American Journal of Public Health* 99, no. 8 (Aug. 2009): 1431–1437.
2) W. Steven Barnett, *Preschool Education and Its Lasting Effects* (Boulder and Tempe: Ed-ucation and the Public Interest Center and Educational Policy Research Unit, 2008), 1, 2, http://nepc.colorado.edu/files/PB-Barnett-EARLY-ED_FINAL.pdf.
3) Ibid., 1, 2.
4) Betty Hart and Todd Risley, *Meaningful Differences in the Everyday Experiences of Young American Children* (Baltimore: Paul H. Brookes Publishing, 1995).
5) Equity and Excellence Commission, *For Each and Every Child: A Strategy for Education Equity and Excellence* (Washington, DC: U.S. Department of Education, 2013), 15.

6)　W. Steven Barnett and Donald J. Yarosz, "Who Goes to Preschool and Why Does It Matter?," *National Institute for Early Education Research* (2007), http://nieer.org/resources/policybriefs/15.pdf.

7)　Sharon L. Kagan and Jeanne L. Reid, *Advancing ECE² Policy* (Washington, DC: Center on Education Policy, 2008), 50.

8)　J. S. McCombs et al., *Making Summer Count* (Santa Monica, CA: Rand, 2011), http://www.rand.org/content/dam/pubs/monographs/2011/RAND_MG1120.pdf.

9)　Greg J. Duncan and Richard Murnane, eds., *Whither Opportunity: Rising Inequality, Schools, and Children's Life Chances* (New York: Russell Sage Foundation, 2011).

10)　R. Gordon, T. Kane, and D. Staiger, *Identifying Effective Teachers Using Performance on the Job* (Washington, DC: Brookings Institute and the Hamilton Project, 2006).

11)　Jill Colvin, "Bloomberg Says He Has 'Own Army' in NYPD, Slams Teachers," *DNAinfo New York* (Nov. 30, 2011), http://www.dnainfo.com/new-york/20111130/manhattan/bloomberg-says-he-has-own-army-nypd-slams-teachers.

12)　Matthew Di Carlo, "Do teachers really come from the 'bottom third' of college graduates?," *Washington Post,* Dec. 8, 2011, http://www.washingtonpost.com/blogs/answer-sheet/post/do-teachers-really-come-from-the-bottom-third-of-colleges-graduates/2011/12.

13)　U.S. Department of Education, *For Each and Every Child: A Strategy for Education Equity and Excellence* (Washington, DC: USDE, 2013), 15.

14)　Byron Auguste, Paul Kihn, and Matt Miller, *Closing the talent gap: Attracting and retaining top-third graduates to careers in teaching* (McKinsey and Co., 2010), 8, http://www.Mckinseyonsociety.com/closing-the-talent-gap/.

15)　Richard Ingersoll, Lisa Merrill, and Daniel Stuckey, *Seven trends: The transformation of the teaching force* (Philadelphia: Consortium for Policy Research in Education Report #RR-80, University of Pennsylvania, 2014): 19–20.

16)　Ibid., 21–22.

17)　Richard M. Ingersoll et al., *A Comparative Study of Teacher Preparation and Qualifications in Six Nations* (Philadelphia: Consortium for Policy Research in Education, University of Pennsylvania), 98, http://www.cpre.org/images/stories/cpre_pdfs/sixnations_final.pdf; R. Ingersoll, "Four Myths About America's Teacher Quality Problem," in *103rd Yearbook of the National Society for the Study of Education,* ed. M. Smylie and D. Miretzky (Chicago: University of Chicago Press, 2004), 1–33, http://www.gse.upenn.edu/pdf/rmi/FourMyths.pdf.

18)　Stephen Sawchuk, "Poll: Top College Students See Teaching as 'Average' Profession With Low Pay," *Education Week* (Apr. 29, 2014), http://blogs.edweek.org/edweek/teacherbeat/2014/04/poll_college_students_dont_fin.html?cmp=ENL-EU-NEWS2.

19)　Dan Goldhaber, "The Mystery of Good Teaching," *Education Next* 1 (Spring 2002).

20)　Linda Darling-Hammond and Peter Youngs, "Defining 'Highly Qualified Teachers': What Does 'Scientifically-Based Research' Actually Tell Us?," *American Educational Research Association, Educational Researcher* 9 (Dec. 2002): 13–25.

21)　R. G. Ehrenberg and D. J. Brewer, "Did teachers' race and verbal abilities matter in the 1960's? Coleman revisited," *Economics of Education Review* 14, no. 1 (1995): 1–21; R. G. Ehrenberg and D. J. Brewer, "Do school and teachers' characteristics matter? Evidence from high school and beyond," *Economics of Education Review* 13, no. 1 (1994): 1–17; R. Green-wald, L. Hedges, and R. D. Laine, "The effect of school resources on student achievement," *Review of Educational Research* 66, no. 3 (1996): 361–396.

22) Thomas J. Kane, "A Flexner Report on Teacher Preparation," *Education Next,* http://educationnext.org/flexner-report-teacher-preparation/.

23) Auguste, Kihn, and Miller, *Closing the talent gap*, 5–9, 44.

24) M. Cochran-Smith, K. Zeichner, *Studying teacher education: The report of the AERA panel on research and teacher education* (Washington, DC: American Educational Research Association, 2005).

25) National Research Council, Committee on the Study of Teacher Preparation Programs in the United States, *Preparing Teachers: Building Evidence for Sound Policy* (Washington, DC: National Academy Press, 2010), http://www.nap.edu/12882.html.

26) Motoko Rich, "Obama Administration Plans New Rules to Grade Teacher Training Programs," *Washington Post,* April 26, 2014, A12.

27) Richard Ingersoll, e-mail sent to the author, Aug. 13, 2014.

28) Donald Boyd et al., *Teacher preparation and student achievement* (National Bureau of Economic Research, NBER Working Paper Number W14314, Sept. 2008), http://ssrn.com/abstract=1264576.

29) Barnett Berry, *Teacher Education for Tomorrow,* National Council for the Accreditation of Teacher Education, October 7, 2010, 6–8, http://files.eric.ed.gov/fulltext/ED519712.pd.

30) Michael Strong, Stephen Fletcher, Anthony Villar, *An Investigation of the Effects of Teacher Experience and Teacher Preparedness on the Performance of Latino students in California* (Santa Cruz, CA: New Teacher Center, 2004).

31) Rich, "Obama Administration Plans New Rules," A12.

32) Daniel Koretz, "Limitations in the Use of Achievement Tests as Measures of Educators' Productivity," *Journal of Human Resources* (2002): 752–777.

33) Heather G. Peske and Kati Haycock, "Teaching Inequality: How Poor and Minority Students are Shortchanged on Teacher Quality—A Report and Recommendations by the Education Trust," *Education Trust* (Washington, DC: 2006).

34) Michael Rebell, *Moving Every Child Ahead* (New York: Teachers College Press, 2008), 94; R. Ingersoll, "Teacher Turnover and Teacher Shortages: An Organizational Analysis," *American Educational Research Journal* 38, no. 3 (Fall 2001): 499–534.

35) Marc Tucker, *Tucker's Lens: Report from the 2014 International Summit on the Teaching Profession* (Center on International Education Benchmarking, Apr. 17, 2014).

36) R. Ingersoll, "Short on Power, Long on Responsibility," *Educational Leadership* 65, no. 1 (Sept. 2007):20–25.

37) Grover J. "Russ" Whitehurst, *Don't Forget Curriculum* (Washington, DC: Brookings Institution, Brown Center Letters on Education, 2009).

38) V. E. Lee and A. S. Byrk, "Curriculum Tracking As Mediating the Social Distribution of High School Achievement," *Sociology of Education* 61, no. 2: 78–94; V. E. Lee, "Educational Choice: The Stratifying Effects of Selecting Schools and Courses," *Educational Policy* 7, no. 2 (1993): 125–148.

39) Wiley Burris and Murphy Widman, *Accountability, Rigor, and Detracking* (New York: Teachers College Record, 2008).

40) ACT, *Rigor at Risk* (Iowa City, IA: ACT, 2007): 1, 3.

41) U.S. Department of Education, Office of Civil Rights, Civil Rights Data Collection, Issue Brief No. 3, Data Snapshot: College and Career Readiness, http://March 2014 ocrdata. ed.gov/Downloads/CRDC-college-and-career-readiness-Snapshot.pdf.

42) Leslie A. Finnan, *Common Core and Other State Standards: Superintendents Feel Optimism, Concern and Lack of Support* (American Association of School Administrators, June 2014): 3, 6.

43) Duncan and Murnane, eds., "Whither Opportunity"; Organisation for Economic Cooperation and Development, *Strong Performers and Successful Reformers in Education: Lessons from PISA for the United States* (Paris, FR: OECD, 2011).

44) Eduardo Porter, "In Public Education, Edge Still Goes to Rich," *New York Times*, Nov. 6, 2013, First Business Page.

45) OECD, "Strong Performers and Successful Reformers In Education," 2011, 28.

46) Juan Diego Alonso and Richard Rothstein, *Where Has the Money Been Going?* (Washington, DC: Economic Policy Institute, 2010), 1.

47) Ibid., 5.

48) Bruce Baker, *Revisiting That Age-old Question: Does Money Matter in Education?* (Washington, DC: Albert Shanker Institute, 2012), 3–9.

49) Rebell, *Moving Every Child Ahead*, 98.

50) Holly Yettick, "School Spending Increases Linked to Better Outcomes for Poor Students," *Education Week,* http://www.edweek.org/ew/articles/2014/05/29/33finance.h33.html.

51) C. Kirabo Jackson, Rucker Johnson, and Claudia Persico, "The Effect of School Finance Reforms on the Distribution of Spending, Academic Achievement, and Adult Outcomes" (National Bureau of Economic Research, Working Paper No. 20118, May, 2014), http://www.nber.org/papers/w20118.

52) Marin Gjaja, J. Puckett, and Matt Ryder, "Equity Is the Key to Better School Funding," *Education Week* (Feb. 19, 2014), http://www.edweek.org/ew/articles/2014/02/19/21puckett.h33.html?tk.

53) Jon Sonstelie, Eric Brunner, and Kenneth Ardon, *For Better or for Worse? School Finance Reform in California* (San Francisco: Public Policy Institute of California, 2000); William A. Fischel, *The Homevoter Hypothesis* (Cambridge, MA: Harvard University Press, 2001).

54) Equity Center, *Money Does Matter!* (Austin, TX: Equity Center, 2010), 44; Robert Greenwald, Larry Hedges, R. D. Laine, "The effect of school resources on student achievement," *Review of Educational Research* 66, no. 3 (1996): 361–396.

第 11 章

1) David K. Cohen and Susan L. Moffitt, *The Ordeal of Equality: Did Federal Regulation Fix the Schools?* (Cambridge, MA: Harvard University Press, 2009), 122, 188.

2) W. S. Barnett et al., *The state of preschool 2013* (New Brunswick, NJ: State Preschool

250 注

Yearbook, 2013); Clare McCann, *States Have Improved Pre-K Quality Over the Past Decade* (Washington, DC: New America Foundation, May 14, 2014).

3) Council for the Accreditation of Educator Preparation, "Standard 3: Candidate Quality, Recruitment, and Selectivity," http://caepnet.org/accreditation/standards/.

4) "New Praxis Core Academic Skills for Educators Tests," ETS *The Praxis Series* (May 2013), http://www.ets.org/praxis/news/praxis_core_academic.

5) American Association of Colleges for Teacher Education, *New Assessment for Teacher Candidates Rolls Out After Two Years of Field Testing,* press release, Nov. 8, 2013.

6) Barnett Berry, *Teacher Education for Tomorrow,* prepared for the National Council for the Accreditation of Colleges of Teacher Education, Oct. 2010, http://files.eric.ed.gov/fulltext/ED519712.pdf.

7) James Aquino, *Ten reasons to have a high-quality teacher induction program* (New Teacher Center, June 3, 2014), http://www.newteachercenter.org/blog/ten-reasons-have-high-quality-teacher-induction-program.induction-program.

8) Richard Ingersoll, "Four Myths About America's Teacher Quality Problem," in *103rd Yearbook of the National Society for the Study of Education,* ed. M. Smylie and D. Miretzky (Chicago: University of Chicago Press, 2004), http://www.gse.upenn.edu/pdf/rmi/FourMyths. pdf; Richard Ingersoll and Lisa Merrill, "The Status of Teaching as a Profession," in *Schools and Society: A Sociological Approach to Education,* 5th ed., eds. Jeanne Ballantine and Joan Spade (Los Angeles: Sage, 2014).

9) Richard Ingersoll, Lisa Merrill, and Daniel Stuckey, *Seven trends: The transformation of the teaching force* (Philadelphia: Consortium for Policy Research in Education Report #RR-80, University of Pennsylvania, 2014); Richard Ingersoll and David Perda, *How high is teacher turnover and is it a problem?* (Philadelphia: Consortium for Policy Research in Education, University of Pennsylvania).

10) Matthew G. Springer, Luis A. Rodriguez, and Walker A. Swain, *Effective Teacher Retention Bonuses: Evidence from Tennessee* (Nashville, TN: Peabody College, Vanderbilt University, June 12, 2014), 24.

11) Juliana Herman, *Canada's Approach to School Funding: The Adoption of Provincial Control of Education Funding in Three Provinces* (Center for American Progress, May 2013), http://cdn.americanprogress.org/wp-content/uploads/2013/05/HermanCanadaReport. pdf, 21–27.

12) Andrew Ujifusa, "Illinois Moves Towards Significant Shift in How Schools are Funded," *Education Week blog,* http://blogs.edweek.org/edweek/state_edwatch/2014/07/illinois_moves_towards_significant.html.

13) William Diepenbrock, "Amid Bumps, New School Funding System Rolls Out in California," *Education Week,* http://www.edweek.org/ew/articles/2014/08/08/01thr_californiafunding. h34.html.

14) Sabir Shah, "U.S. Wars in Afghanistan, Iraq to Cost $6 trillion," *Global Research News* (Feb. 12, 2014), http://www.globalresearch.ca/us-wars-in-afghanistan-iraq-to-cost-6-trillion.

15) "Fighting for a U.S. federal budget that works for all Americans," *Cost of National Security: How Much the U.S. Spends Per Hour,* https://www.nationalpriorities.org/analysis/.

16）　Amy Harder, "Democrats Warming to the Energy Industry," *Wall Street Journal,* Aug. 12, 2014, A4.

第 12 章

1）　George W. Bush, "Weekly Radio Address," in *Public Papers of the Presidents of the United States 2002* (Washington, DC: Government Printing Office), http://www.presidency. ucsb.edu/index_docs.php.

2）　Barack Obama, "Remarks at the National Action Network Annual Gala," *The White House, Office of the Press Secretary* (New York, NY, April 6, 2011).

3）　Madeline Will, "Inequalities Linger 50 Years After Civil Rights Act, Speakers Declare," *Education Week* (July 15, 2014), http://blogs.edweek.org/edweek/campaign-k-12/2014/07/ civil_rights_act_anniversary.html.

4）　*San Antonio Independent School District v. Rodriguez,* 411 U.S. 1 (1973).

5）　*Education Amendments of 1974* (Conference Report, July 23, 1974) 207–208.

6）　*Rodriguez,* 411 U.S. 1 (1973), 37.

7）　Ibid., 43.

8）　Michael Rebell, "The Right to Comprehensive Educational Opportunity," *Harvard Civil Rights-Civil Liberties Law Review* 47 (2012): 22, http://harvardcrcl.org/wp-content/uploads/ 2012/03/Rebell.pdf.

9）　Ibid., 82.

10）　Ibid., 68.

11）　*Plyler v. Doe,* 457 U.S. 202 (1982).

12）　Ibid., 220.

13）　Michael Rebell, e-mail message to author, July 21, 2014; clarified that the *Plyler* decision relied on the intermediate scrutiny test, not the rational basis test, although the Court did not explicitly say so.

エピローグ

1）　U.S. Department of Education, National Center for Education Statistics, various charts showing grants to states and local educational agencies (Washington, DC: NCES, 2017), https://www2.ed.gov/about/overview/budget/statetables/18stbyprogram.pdf.

2）　Public Law No: 114–95 (12/10/2015).

3）　The Every Child Succeeds Act: Keynote Address by Senator Lamar Alexander (Washington, DC: AEI, March 29, 2017), page 5.

4）　The provision was in the underlying bill that was considered in the committee, so there never was a vote on it. The Democratic substitute, which did not contain the Title I portability provision, was defeated on a party-line vote, https://edworkforce.house.gov/calendar/ eventsingle.aspx?EventID=398329.

5）　Blake Neff, "Obama Veto Threat Endangers NCLB Reform," The Daily Caller News Foundation, February 25, 2015, http://dailycaller.com/2015/02/25/obama-veto-threat-endan gers-nclb-reform/.

6）　The Every Student Succeeds Act: Keynote Address by Senator Lamar Alexander, supra, page 5.

7) "Key Takeaways: State Accountability Plans Under ESSA," Education Week, April 21, 2017, http://www.edweek.org/ew/section/multimedia/key-takeaways-state-essa-plans.html.

8) Ibid; Andrew Ujifusa, "How One State Changed Its ESSA Plan in Response to the Trump Team," Politics K–12 Blog, Education Week, July 10, 2017. The U.S. Department of Education challenged the ESSA plan that Delaware submitted for including science and social studies test results in its academic achievement indicator. The Department asserted that the law required that indicator to be limited to test results from the state's reading and mathematics tests. As a consequence, Delaware shifted its science and social studies results to the school quality and student success indicator. Other parts of the state plan criticized by the Department of Education were retained after Delaware explained those provisions in greater detail to answer the objections, http://blogs.edweek.org/edweek/campaign-k-12/2017/07/essa_plan_changes_response_to_trump_team.html.

9) Andrew Ujifusa, "Here's How 17 States Plan to Fix Struggling Schools," Education Week, June 14, 2017, http://blogs.edweek.org/edweek/campaign-k-12/2017/06/ESSA_struggling_schools_fix_state_plans.html.

10) Barbara Hollingsworth, "Republicans Now Control Record Number of State Legislative Chambers," CNS News.com, November 6, 2016.

11) James Bascom, "The Federal Takeover of Education: From LBJ to Common Core," TFP Student Action, January 20, 2016.

12) The Every Child Succeeds Act: Keynote Address by Senator Lamar Alexander, supra, page 6.

13) The Inaugural Address (Washington, DC: The White House, Briefing Room, January 20, 2017), https://www.whitehouse.gov/inaugural-address.

14) Benjamin Wermund, Politico's Morning Education: Catholic church eyes "game-changing" school choice plan, Politico, July 6, 2017, http://www.politico.com/tipsheets/morning-education/2017/07/06/catholic-church-eyesgame-changing-school-choice-plan-221189.

15) Karla Scoon Reid, "Civil Rights Groups Split over NCLB," Education Week, August 31, 2005.

16) U.S. Department of Education, National Center for Education Statistics, Table 98: Number of public school districts and public and private elementary and secondary schools: 1869–70 through 2010–11 (Washington, DC: NCES, November 2012), https://nces.ed.gov/programs/digest/d12/tables/dt12_098.asp.

17) National Conference of State Legislatures, No Time to Lose: How to Build A World-class Education System State by State, Executive Summary (Denver, Colorado: NCSL, August, 2016), http://www.ncsl.org/research/education/no-timeto-lose-how-to-build-a-world-class-education-system-state-by-state.aspx.

18) Ibid.

謝辞

　本書は，ハーバード教育出版 (Harvard Education Press) の編集者であるキャ
ロライン・チャンシー氏の素晴らしい支援なしには刊行されなかったので，ま
ず感謝を申し上げます。加えて，いつものように的確に原稿の校正作業をして
下さったナンシー・コバー氏，綿密な調査をして下さったアレクサンドラ・アッ
シャー氏，また，原稿を補強して下さったウェイン・リドル氏，ジェイ・コバー
氏，エイミー・バーマン氏に感謝申し上げます。本書の草稿を読んで下さった
人たちは，優れたアイディアを出し，必要な修正を提案して下さいました。そ
の方々は，ビル・ブショー氏，ドナ・クリスティアン氏，メリー・コウェル氏，
ジェイムズ・ハービー氏，リチャード・インガーソル氏，ジム・ポッパム氏，
マイケル・レベル氏，ダイアン・スターク・レントナー氏，そしてトム・ウォ
ラニン氏です。

　さらに，本書のもととなったジョージ・ワシントン大学での講演の準備段階
で有益な支援をして下さったマギー・アペル－シューマッハー氏にも感謝申し
上げます。また，ジョージ・ワシントン大学での講演の財政支援をして下さっ
た教育人間発達学研究科のマイケル・ファウワー研究科長，そして講演と本書
のための研究，編集，執筆を支援する補助金を提供して下さったスペンサー財
団のマイケル・マクフィアソン会長には，特別な謝辞を述べたいと思います。

　最後に，本書執筆中，私の注意散漫に耐えてくれたパートナーのスティーブ・
モリナリ氏に感謝の意を表します。

著者紹介

　ジョン・F.「ジャック」ジェニングズは，1995 年 1 月に教育政策センター (CEP) を創設し，2012 年に退職するまで代表を務めた。『エデュケーション・ウィーク (*Education Week*)』により実施されたナショナル・リーダーに関する 2006 年の世論調査によると，CEP は，アメリカの教育政策に影響を与える最も有力な 10 の教育機関の 1 つに選ばれた。

　1967 年から 94 年までの期間に，ジェニングズ氏は，連邦議会下院教育労働委員会の小委員会のスタッフ・ディレクターと委員会の法律顧問を務めた。在任期間中に，「初等中等教育法」，「職業教育法」，「障がいのある個人のための教育法」，「高等教育法」，「全米学校給食法」を含む，ほぼすべての全米レベルの主要な教育論議に関わった。

　ジェニングズ氏は，教育テスト・サービス (ETS)，独立したタイトル I レビュー委員会，スタンダードにもとづく改革に関するピュー財団委員会，メリーランド州ビジョナリー委員会の理事を務めた。ジェニングズ氏は，現在，全米教育アカデミーの会員で，ファイ・デルタ・カッパ財団の理事会の理事を務めており，過去に同理事会の理事長を務めた。

　長年の間，ジェニングズ氏は，多くの機関から賞を授与されてきており，最近では，アメリカ教育学会 (AERA) とファイ・デルタ・カッパから際立った公共サービスを称えた賞を受賞した。最も近いところでは，ラーニング・ファースト・アライアンス (全米の主要な公教育機関の連合体) による「教育ビジョナリー賞」，ホーレス・マン連盟から「公教育の優れた友人賞」，連邦教育プログラム行政官全米協会から「勲功賞」を受賞している。

　ジェニングズ氏の著作である *Why National Standards and Test? Politics of the Quest for Better Schools* は，1998 年に Sage Publications から刊行された。他にも，ファイ・デルタ・カッパから刊行された教育における全米的課題シリーズの 4 巻の編著者となっている。その 4 巻は，*The Past is Prologue* (1993 年 5 月)，*Community Service and Student Loans* (1994 年 6 月)，*Goals 2000 and*

School-to-Work（1995 年 1 月），*Elementary and Secondary Education Act*（1995 年 7 月）である。

　ジェニングズ氏は『ハフィントン・ポスト（*Huffington Post*）』にブログを書いている。さらに，『ザ・カッパン（*The Kappan*）』に掲載された 12 本の論考（名声のある雑誌への最多の寄稿者）を含む数多くの論考も執筆してきた。ジェニングズ氏は，メディアではその著作が最も引用されている教育専門家の一人である。例えば，1995 年から 2011 年の間に，『エデュケーション・ウィーク』に 500 回以上も引用されている。

　［1942 年シカゴ生まれの］ジェニングズ氏は，ロヨラ大学から学士号，ノースウェスタン大学のロー・スクール（Law School）から法務博士号（専門職）を授与されており，連邦最高裁判所を含むいくつかの法曹界の会員でもある。

翻訳者解説

本書の概要と特色

　本書は，Jack Jennings, *Presidents, Congress, and the Public Schools: The Politics of Education Reform*（Cambridge, MA: Harvard Education Press, 2015）の全訳です。終章の後に掲載した「エピローグ」は，邦訳書のために著者が新たに執筆したもので，2015 年初頭の原著刊行から 17 年 9 月頃までの新たな展開を解説しています。ただし，オバマ政権下で刊行された本文の内容に関しては，アップデートしていません。

　2015 年刊行の原著は，アメリカの現代教育改革のポリティクスをわかりやすくまとめたものです。原著の副題にもあるポリティクスとは政治力学のことで，民主党・共和党の大統領と連邦議会議員が，連邦最高裁判決などの影響を受けつつ，様々な党派対立や超党派の妥協を通して連邦教育政策を推進してきた駆け引きを表す言葉です。本書は，低所得層の子どもたちの学力を向上させ，人種間格差を是正して社会的公正の実現を求めた闘いを主題とし，1965 年 4 月にジョンソン政権下の「貧困との闘い」の一環として制定された「初等中等教育法 (ESEA)」の 50 周年に合わせて 2015 年 3 月に刊行されています。

　著者のジェニングズ氏は，連邦議会下院の教育労働委員会の専門職員（小委員会のスタッフ・ディレクターと委員会の法律顧問）として 1967 年から 94 年までの 27 年もの期間に連邦教育政策の立法過程に携わりました。その後，党派対立を超え中立的な立場からの教育に関する情報提供を目指して，95 年に教育系シンク・タンクである教育政策センター (CEP) を設立し 2012 年までの 17 年間代表を務めた，著名な教育専門家の一人です（連邦議会での職務の詳細は「序章」，業績の詳細は「著者紹介」参照）。本書は，連邦教育政策に精通したジェニングズ氏による職務経験に根ざしたアメリカ教育改革 50 年史です。

　本書は，ESEA の 50 周年の前年の 2014 年初頭にジョージ・ワシントン大学で開催された「大統領と連邦議会と公教育」と題するジェニングズ氏による 3

回シリーズの講演がもとになっています。その講演録に加筆・修正してハーバード教育出版から刊行されたのが原著です。そのため「前書き」では，主催者代表の同大教授で全米教育アカデミー会長のファウワー氏が，原著の内容とともに著者の輝かしい経歴や業績を紹介しています。

　本書の特色は，何と言っても 1960 年代からの教育改革 50 年史がコンパクトにまとめられていること，ESEA のタイトル I，スタンダードにもとづく改革だけでなく，学校教育に多大な影響を与えた ESEA 以外の社会的公正を目指した連邦教育法や連邦最高裁判決についても扱っていること，真の改革を目指して著者が独自に策定した提言が盛り込まれていることです。さらに，連邦教育政策の策定過程のポリティクスについて，重要な役割を果たした連邦議会議員の背景と視点を詳述していることも特色の一つです。

本書の内容の解説

　ここでは，4 部構成の本書の概要を各部のキーワードの説明も盛り込みながら解説します。ただその前に，アメリカについてあまり詳しくないという読者の方々のために，教育制度の連邦，州，地方という 3 つのレベルと 2 大政党の理念の違いについて概説します。アメリカは連邦制国家で，州政府の権限が強い国です。教育に関しても合衆国憲法に規定がないため，合衆国憲法修正第 10 条にもとづき，教育は各州に留保された権限の一つとされていて，さらにそのもとで地方学区の教育委員会に，予算，カリキュラム，人事決定について広範な裁量権が認められ，地方分権的な制度となっています。本書で，連邦，州，地方という時の地方とは，主として現在約 1 万 4000 ある学区の教育委員会のことを指しています。このような基本的な構造は維持されながらも，1990 年代以降の改革では，連邦政府や州政府の役割が拡大していきました (その詳細は主に第 5 章参照)。

　民主党と共和党の理念の違いは，重要な背景知識となります。伝統的な民主党勢力は「リベラル派」と呼ばれ，社会正義，貧困撲滅を目指して連邦教育援助を通して貧困家庭からの生徒や黒人などのマイノリティの生徒を支援すべきという大きな政府の理念を持っています。それに対して伝統的な共和党勢力は

「保守派」と呼ばれ，地方自治，財政縮減を目指して連邦援助を削減し各州に委ねるべきという小さな政府の理念を持っています。1965 年に ESEA 制定を推進したのが民主党リベラル派で，その後連邦教育援助の縮小を目指したのが共和党保守派でした。ただ 1980 年代後半には，2 大政党内に，両極にある伝統的勢力と一線を画す中道寄りの勢力が生まれ，厳しく結果責任を問う制度やチャーター・スクールなどを推進していきました。その後，2000 年代後半からは特に共和党内に中道寄り勢力を排除する動きがあり，両党間の妥協が難しくなっています。

　ここから各部のキーワードと概要をまとめます。第Ⅰ部のキーワードは，「ESEA」と「タイトルⅠ」です。「ESEA」は，1965 年に教育の質と機会の改善を目的として制定された連邦教育法である「初等中等教育法」の略語で，その第 1 章にあたるのが「タイトルⅠ」です。タイトルⅠは，低所得家庭の子どもたちの集中する学区に財政援助を行い，教育的に剝奪された子どもたちの特別の教育ニーズに対応しようとするものでした。その後も約 5 年おきに ESEAが修正・再改定される中で，格差是正のための同法による連邦教育援助の主要部分を構成し続けて今日に至っています。

　第Ⅰ部では，連邦政府による教育援助が拡大した歴史的な ESEA の制定背景を振り返った上で，その主要部分を構成するタイトルⅠの展開の歴史とその効果についてまとめています。1965 年の制定当初のタイトルⅠ政策は，学力格差があるのは資金不足が原因という前提で，不利な状況にある子どもに特化した特定援助プログラムが中心でした。しかし，対象外の子どもに予算が使われていることが発覚して規制が強化されたため，対象生徒を一般の教室とは別の場所で指導する政策が取られたりしましたが，学力向上や学力格差是正などの成果は問われませんでした。本格的に成果が問われるようになったのは 1988 年の教育関連修正法からで，第Ⅱ部で重点的に取り上げられている 90 年代からのスタンダードにもとづく改革につながっていきます。第 4 章では，タイトルⅠが効果的だったかを検証していますが，タイトルⅠは追加支援を必要としている何百万人もの生徒に支援を提供した一方で，支援対象となった生徒たちの学力向上への効果は限定的だったと結論づけられています。88 年の修正法の提案者が民主党下院議員と共和党上院議員であり，超党派の合意があったこと，

そしてその民主党議員が，貧困層の生徒の学力が向上しないことに苛立ちを感じていたアフリカ系アメリカ人のリベラル派のホーキンズ議員だったことは，興味深い事実です。

　第Ⅱ部のキーワードは，「スタンダード」，「テスト」，「アカウンタビリティ」，「サブ・グループ」，「コモン・コア・ステート・スタンダード」です。「スタンダード」とは本書にあるように多様な意味で用いられますが，その一つに英語や数学などの教科内容の基準があります。1990年代からの改革では，主に州レベルの日本の国語，算数・数学にあたる英語，数学の2教科のスタンダードの作成が推進されました。そのスタンダードの到達度を測る「テスト」は州統一テストの形で実施されました。NCLB法では，この州統一テストの結果で合格にあたる習熟レベルに達した生徒の割合を2013年度末までに100%にすることが目標とされ，その過程で基準に満たないと，他の学校に通う選択権を与えたり補習授業を提供したりするという結果責任を学校や学区に求めたのが「アカウンタビリティ」と呼ばれる制度で，同法ではこのように罰則規定が詳細に設定されました。「サブ・グループ」とは，黒人などの人種的マイノリティの生徒，貧困層の子ども，英語学習者，障がいのある子どもからなる不利な状況にある生徒のグループの総称です。NCLB法のアカウンタビリティ制度は，そのうちの1つのグループでも基準に満たない場合，学校自体が要改善校とされ，段階的な罰則適用が義務づけられた厳格なものでした。

　第Ⅱ部の第5章では，これらのキーワードを組み合わせた「スタンダード・テスト・アカウンタビリティ運動」（スタンダードにもとづく改革）を4人の大統領が推進した流れと連邦議会との攻防について取り上げています。成果は問わないインプット重視の連邦援助として始まったESEAが，1988年を転機とし90年代から連邦援助の見返りに結果責任を問うスタンダード・テスト・アカウンタビリティ運動に変わっていった際の攻防や妥協を描いています。その運動が最高潮に達したのが2002年制定のNCLB法で，その後の党派対立などで同法が長年再改定されなかったことを問題視しています。第6章では，その運動の成果について検証しています。著者によると，成果は限定的だったいう結論となり，その問題点と改善のための提案は，第Ⅳ部の主題となります。

　州のスタンダードと統一テストは，州によって基準がばらばらであることが

問題となり，共通のスタンダードの必要性が叫ばれました。そして全米州知事協会（NGA）と全米州教育長協議会（CCSSO）が開発したのが，もう一つのキーワードの「コモン・コア・ステート・スタンダード」（コモン・コア）です。ステートが入っていますが，実質的には全米レベルの共通スタンダードです。コモン・コアを採用するかどうかは州政府に委ねられていますが，オバマ政権がコモン・コアの採用を，連邦教育資金の申請条件としたため急激に普及しました。しかし，その後地方自治を標榜する共和党の知事や議員の間で，コモン・コアが連邦統制につながるという懸念と批判が拡大し，コモン・コアを採用する州の数は減少しています。著者は，逆にコモン・コアは高い基準を設定する好ましいものと考え，中身を吟味せずに連邦政府の不当な介入として批判する共和党議員や知事の動きを懸念しています。

　第Ⅲ部では，第Ⅰ部と第Ⅱ部で扱った ESEA 以外に，連邦政府がどのような形態で学校教育を支援してきたかを主題としています。その内容は，主として社会の弱者やマイノリティの生徒のための教育機会の拡大や教育環境の整備を目指した連邦レベルの取り組みで，大統領，連邦議会，連邦最高裁判所が繰り広げた二大政党間のポリティクス（攻防や妥協）を通して考察しています。具体的に取り上げられた問題は多岐にわたり，障がいのある生徒への学校での教育支援，英語を母語としない生徒のためのバイリンガル教育の普及，人種分離撤廃のための強制バス通学の活用，女子生徒への教育機会均等の保障，学校における生徒の聖書研究会や祈禱の許可，学校における同性愛者と異性愛者の集会の許可などです。

　ここでは，「IDEA」，「タイトルⅨ」，「強制バス通学」をキーワードとして説明します。「IDEA」は，1975 年に成立した連邦教育法の「ハンディキャップのあるすべての子どもの教育法」の修正法で，90 年に成立した「障がいのある個人のための教育法」の略語です。75 年の法律名に handicapped という差別的な表現とされる言葉が入っていたため，現在では 75 年の法律も IDEA と呼ばれています（付録「年表」参照）。IDEA は，それまで通常の学校に通えなかった障がいのある子どもを，学校に通えるように条件を整えた点で画期的で歴史的な法律です。次に，「タイトルⅨ」は，1972 年の ESEA の「教育関連修正法」の第 9 章で，「教育機会均等法」とも呼ばれているものです。タイトルⅨは，連

邦財政支援を受給しているプログラムや活動に関して性別を理由に参加を拒絶されることがないようにすることを保障するもので，男女平等に向けてのアメリカの動きの中で重要な役割を果たしました。同法制定時には，2人の女性の下院議員が提案者だったことも詳述されています。

　上記の2つの法律は成功例と言えるものですが，「強制バス通学」は人種分離撤廃を目指した政策で，うまくいったとは言い難い事例となります。背景にあるのは1954年のブラウン判決で，その有名な連邦最高裁判決は，1896年のプレッシー判決の学校の施設は人種間で「分離しても平等」という法理を覆しました。しかし，特に黒人人口の集中する南部では反対が根強く人種分離撤廃は進みませんでした。14年後の68年に人種分離撤廃を要求するグリーン判決が下され，人種分離撤廃策の一環として始まったのが，白人と黒人の生徒の共学を推進するためのバス通学制度です。71年には，強制バス通学を是認するスワン判決が下されましたが，連邦議会では，人種分離撤廃には積極的でも，自分の子どもが通う郊外の白人のみの学校に黒人生徒が入ってくることを嫌う保護者などからの反対が噴出し，連邦最高裁判決に反して，強制バス通学を抑制する法律が制定されていきました。北部の民主党議員にとっては，総論賛成・各論反対という状況で，アメリカの人種問題の難しさを痛感させられる事例です。上記のタイトルIXを通して性差別に関する状況は改善する中で，人種に関する状況は改善しないことを著者が皮肉として描いている点が印象的です。

　第IV部では，連邦教育政策の成果が限定的だったことを前提として，新しい視点からアメリカの教育問題を整理し，長年の経験をもとにジェニングズ氏が独自の改革のための提言をまとめています。ジェニングズ氏が本書で問題にしているのは，連邦教育政策とその土台となる地方分権的な制度が二重構造になっていることで，教育財政や優秀な教員の配置などの不公正なシステムが放置されていては，すべての生徒のための教育改善はできないというものです。そして注目したのは，教育改革に不可欠となる4つの要素で，生徒，教員，カリキュラム，財政支援に関してまず蓄積された研究成果のレビューを行い，それをもとにして，最終的に現状打破のための政策提言をまとめています。

　その提言は，「生徒のために団結する法」（USA）と呼ばれ，これが第IV部のキーワードとなります。USA法案は，州政府が教育分野の最も深刻な問題に取

り組むことに合意すれば，一般援助の形態での増額された連邦教育援助を受給するというものです（逆に，同意しない場合，現行のレベルと形態の援助が継続）。その場合，教育改善への効果が高いとされる，就学前教育，教員の質，指導困難校，カリキュラム，学校財政の5領域で野心的な改革に着手することが要求され，10年間に及ぶ計画を立て，連邦，州，学区の3つのレベルが連携して実施していくことが求められます。連邦政府の関与の拡大が問題となってきた中で，連邦政府が，州政府や学区の地方自治の精神を尊重しつつ，全米が抱える最大の問題の一つである教育改革に真剣に取り組むべきだと力説している背景には，真の意味での問題解決は，連邦政府が主導するしかないし，すべきだという著者の信念があります。

　そして，第Ⅳ部最後の第12章では，良き教育を受ける権利が，すべての子どもにあることを明文化するための憲法改正の必要性と，それができない場合でも，連邦法を制定し，合衆国司法長官に最善の教育を提供していないと判断された州や学区を連邦裁判所に訴えることができるようにするという提案をしています。ジェニングズ氏は，公正を求めた連邦教育援助の50年を振り返り，すべての子どもにそのような教育を保障するためには，補助金に加えて法的戦略も不可欠であることを強調しているのです。

　表紙についても解説しておきます。表紙の6枚の写真のうち上段は，三権分立を象徴する建物（ホワイトハウス，連邦議会議事堂，連邦最高裁判所）で，下段は公立学校，公正を求める教育改革の主な支援対象の黒人生徒，人種間の共学化の手段となったスクール・バスです。原著のタイトルは三権のうちの大統領と連邦議会，そして公立学校となっていますが，特に第Ⅲ部と第Ⅳ部の12章からわかるように連邦最高裁判決が連邦教育政策に与えた大きな影響についても書かれているためこのような構図にしました。スクール・バス以外の写真は，吉良が調査のためワシントンD.C.を複数回訪問した際に撮影したものです。

日本への示唆

　日本でも子どもの貧困，不登校児童・生徒への対応などが政策課題となる中で，20世紀半ばからの公正を求めた連邦教育政策のポリティクスを扱った本書

は，日本にどのような示唆を持っているでしょうか。

　アメリカと日本では，あまりにも教育制度や社会状況が違いすぎて学べる教訓はないと考える方もいるかもしれません。実際アメリカは連邦制国家で，州政府の権限が強く，地方分権的な教育制度を維持し，現在でも連邦教育予算は10%程度にすぎないという状況にあります。ただ，あまりにも地方分権的な制度では，特に学力格差が放置されてしまうため，社会的公正を目指して，連邦政府の役割が拡大してきたのが大きな流れですが，近年では，逆に連邦政府の関与の拡大が問題となっています。対照的に日本では，もともと中央集権的だった教育制度を地方分権化する改革の中で，義務教育の国庫負担割合の引き下げなどが行われてきましたが，国家責任の在り方が問われています。

　地方分権的な制度の集権化が進んだアメリカと中央集権的な制度の分権化が進んだ日本における共通の課題は，いかにすべての生徒に適正なレベルの教育機会を保障するかという点だと言えます。アメリカでは，ESEA の最新の2つの再改定法のタイトルが「どの子も置き去りにしない」「すべての生徒が成功する」となっていることが，そのことを象徴しています。経済レベルや人種間の学力格差を是正してすべての生徒に対する適正な教育機会の保障を模索する中で，連邦教育政策の土台となる地方分権的制度の不公正さが，実質的な教育改善を阻んでいることを著者は強調しています。

　日本は，長年平均的な教育水準が高い国とされていましたが，経済格差が拡大し学力格差も拡大する中で，今では7人に1人の子どもが相対的貧困とされ，義務教育段階で13万人もの児童・生徒が不登校というような統計が象徴する状態が続いています。さらに，障がいのある児童・生徒への教育条件の改善，外国人児童・生徒に対する教育支援の充実など様々な課題が山積しています。すべての生徒に適正なレベルの教育機会を保障することが喫緊の課題となっていることを考えると，連邦議会で時には超党派の妥協により法案成立が図られたこと，連邦最高裁判決が連邦議会での法案成立を後押ししたことなど，アメリカでの社会的公正を求めた教育改革から学べることが出てくると思います。想像性豊かに柔軟に，今後の教育改革について検討していくことが必要になると思います。

ジェニングズ氏との交流と謝辞

　翻訳者の 1 人である吉良は，ワシントン D.C. でジェニングズ氏と 3 回会っ
ていますが，会うごとに著者の誠実な人柄が伝わってきたので簡単に記述しま
す。1 回目は，2010 年 8 月の訪米調査中でしたが，面識のない中で事前に日本
からメールを送ると，著名で多忙な方ですがあっという間に面談許可が下り，
当時代表を務めていた教育政策センター (CEP) で歓待して下さいました。NCLB
法と 1994 年の修正法の制定背景などを中心に，連邦議会での政策立案の経験
も交えて，丁寧に説明していただきました。

　2 回目は 2013 年 9 月で，CEP の代表退任後でしたが，同じく本書の翻訳者
の大桃とともに訪問しました。ブラウン判決の年と ESEA 制定の年に生まれた
2 人の日本人のアメリカ教育研究者と自己紹介すると喜んでいただき，ESEA
のもとでの平等保障政策から当時のオバマ政権の教育改革まで様々な質問に詳
しくわかりやすく回答していただきました。帰り際には，ワシントン D.C. の
スケッチの絵葉書とペーパー・ウエイトのお土産をいただき，お心遣いに恐縮
したのを覚えています。

　3 回目の面談は原著刊行から 1 年半後の 2016 年 9 月で，場所はコスモス・ク
ラブという歴代大統領や最高裁判事も会員に名を連ねる由緒ある会員制クラブ
でした。ジェニングズ氏の著作の日本語への翻訳計画についてお伝えすると大
変喜んで，本文の意味がわかりにくい箇所について質問すると丁寧に説明して
いただきました。その後も，訳しにくい箇所などについてメールで質問すると，
いつもあっという間に回答が戻ってきて，頻繁に翻訳プロジェクトの進行状況
を尋ねるメールもいただき，温かい支援を受けました。

　帰り際に原著にサインをお願いすると，書かれていたのは，「教育改善のため
に尽力して下さりありがとうございます ("Thank you for your work to improve
education.")」という言葉でした。公正を求め教育改善のために長年尽力してき
たジェニングズ氏の純粋で真摯な思いがひしひしと伝わってきて，さらに私を
その同志と考えて下さっていることに身の引き締まる思いがしました。

　ジェニングズ氏が控え目で穏やかな語り口で教育事情について解説する様子
からは，アメリカ人版の「ジェントルマン」という感じの方だと常々思ってい

ます。大学所属の教育学者ではありませんが，教育立法に長年携わった教育専門家として著名な方で，「生き字引」という言葉も相応しい方です。特に「生き字引」という点は，読者の方々にも，本書を読み進める中で理解していただけるのではないかと思います。

　そしてこの翻訳書の価値を高めている「エピローグ」について一言書きます。原著は ESEA の 50 周年に合わせて 2015 年 3 月に刊行されましたが，同年 12 月に再改定法 (ESSA) が成立したことを受けて，その後の状況を解説する「前書き」の執筆をお願いしました。その後，本文の内容の続きとなるものなので，原著の内容と視点にもとづいてその後の状況を解説した「エピローグ」として，「終章」の後に掲載することとなりました。原著の刊行から 3 年以上経ちましたが，このエピローグのお陰で，最新情勢も盛り込んだ翻訳書を刊行できたことを大変嬉しく思い，ジェニングズ氏への感謝の気持ちでいっぱいです。

　本書は，翻訳者の吉良，大桃，髙橋が研究代表者や分担者を務めた以下の科学研究費補助金の成果の一部です。その科学研究費研究は，「現代アメリカのアカウンタビリティ・アセスメント教育行政の総合的研究」(JSPS 科研費 21330184, 2009–11)，「米国連邦教育政策にみる政策理念の対抗とガバナンス形態の転換に関する研究」(23531045, 2011–13)，「ガバナンス改革と教育の質保証に関する理論的実証的研究」(26245075, 2014–16)，「米国研究大学における将来の大学教員準備プログラム (PFF) に関する実証的研究」(26381104, 2014–16)，「米国における『人事直結型』教員評価の法制，および，運用実態に関する研究」(17K04605, 2017–19) です。翻訳者の吉良と大桃がジェニングズ氏の訪問調査を行ったのも，上記の科学研究費にもとづく研究の一環でした。また，翻訳者の髙橋は，日米教育委員会の 2016 年度フルブライト奨学生として，アメリカのコロンビア大学にて連邦教育政策における司法府の役割に関する研究を行いました。この場を借りて，日本学術振興会と日米教育委員会，ならびに上記の研究でお世話になった方々に感謝を申し上げます。

　さらに，本書の編集に携わっていただいた東京大学出版会の後藤健介さんへの感謝の言葉を述べたいと思います。後藤さんには，草稿段階から編集方針などのマクロ面から翻訳の用語などのミクロ面まで様々なレベルで貴重なご指摘をいただきました。この場を借りて感謝を申し上げます。

　最後に，本書が，アメリカの現代教育改革の概要を理解したいと考えている教育研究者を中心とする社会科学研究者だけでなく，学校教育に携わる教職員，教育委員会関係者，そして一般市民の幅広い方々にとっても，日本の教育改革の現状と課題を考える際に役立つものとなれば，翻訳者一同，これに勝る喜びはありません。そして，著者のジェニングズ氏もそのことを切望していると思います。

2018 年 5 月

翻訳者を代表して

吉 良　　直

翻訳者紹介

吉良　直（Kira, Naoshi）　東洋大学文学部教育学科教授
自由学園卒，ハーバード大学教育大学院博士課程修了，教育学博士（Ed.D.）
専攻: 国際教育学
主要著書・論文:『現代アメリカの教育アセスメント行政の展開——マサチューセッツ州（MCAS テスト）を中心に』（共著）東信堂，2009／『アメリカ教育改革の最前線——頂点への競争』（共編著）学術出版会，2012／A comparative study of system-level policies to ensure educational quality in the United States and Japan（with T. Omomo）, *International Journal for Education Law and Policy*, Volume 10 Issue 1, 2014／「米国の公民権擁護団体による厳格な教育アカウンタビリティ政策推進の背景——エデュケーション・トラストによる政策支援の理由と方策に着目して」『教育学研究』第 82 巻第 3 号，2015／「米国初等中等教育法の最新の再改定法（ESSA）の制定背景——連邦政府の権限拡大をめぐる二大政党間の対立と妥協」『比較教育学研究』第 56 号，2018
翻訳担当: 前書き，序章，第Ⅱ部（5 章，6 章），第Ⅳ部（10 章，11 章），終章，エピローグ，付録年表，謝辞，著者紹介

大桃敏行（Omomo, Toshiyuki）　学習院女子大学国際文化交流学部教授，東京大学名誉教授，東北大学名誉教授
東北大学大学院教育学研究科博士後期課程単位修得退学，博士（教育学）
専攻: 教育行政学，教育制度論
主要著書・論文:『教育行政の専門化と参加・選択の自由——19 世紀後半米国連邦段階における教育改革論議』風間書房，2000／『アメリカ教育改革の最前線——頂点への競争』（共編著）学術出版会，2012／「教育のガバナンス改革と NPM と新自由主義——米国連邦教育政策の事例分析」『日本教育政策学会年報』第 20 号，2013／「公立学校の多様化とアカウンタビリ

ティ政策の展開——ワシントン D.C. を事例として」（共著）『東京大学大学院教育学研究科紀要』第 55 巻，2016／「学力格差是正に向けたアメリカ合衆国の取り組み——連邦教育政策の展開とチャーター・スクールの挑戦」『比較教育学研究』第 54 号，2017

翻訳担当：第Ⅰ部（1 章，2 章，3 章，4 章）

髙橋　哲（**Takahashi, Satoshi**）　埼玉大学教育学部准教授
東北大学大学院教育学研究科博士後期課程修了，博士（教育学）
専攻：教育法学，教育行政学
主要著書・論文：『現代米国の教員団体と教育労働法制改革——公立学校教員の労働基本権と専門職性をめぐる相克』風間書房，2011／「米国における教育労働法制改革の分析——ミシガン州公務雇用関係法の改正問題」『教育学研究』第 76 巻第 3 号，2009／「行政改革としての教員評価＝人事評価制度——日米比較からみる教員評価政策の日本的特質」『日本教育行政学会年報』第 41 号，2015 年／「アメリカの教育財政制度改革——2000 年代以降の連邦補助金政策の展開」『教育制度学研究』23 号，2016／*The History of Education in Japan: 1600–2000*（共著），Routledge，2017

翻訳担当：第Ⅲ部（7 章，8 章，9 章），第Ⅳ部（12 章）

人名索引

事項索引

主要な略語一覧

ARRA	アメリカ再生・再投資法
AYP	適正年次進捗度
CAEP	教員養成認証協議会
CEP	教育政策センター
ESEA	初等中等教育法
ESSA	すべての生徒が成功する法
ETS	教育テスト・サービス
IDEA	障がいのある個人のための教育法
IEP	個別教育プログラム
NAEP	全米学力調査
NBPTS	全米教職専門職基準委員会
NCLB 法	どの子も置き去りにしない法
OECD	経済協力開発機構
OTL	学習する機会
PISA	生徒の学習到達度調査
RTTT	頂点への競争
SAT / ACT	大学進学適性試験
USA	生徒のために団結する法

アメリカ教育改革のポリティクス
公正を求めた 50 年の闘い

2018 年 11 月 9 日　初　版

［検印廃止］

著　者　ジャック・ジェニングズ

訳　者　吉良 直・大桃敏行・髙橋 哲
　　　　きら なおし　おおももとしゆき　たかはしさとし

発行所　一般財団法人　東京大学出版会

代表者　吉見　俊哉

153-0041　東京都目黒区駒場 4-5-29
http://www.utp.or.jp/
電話 03-6407-1069　Fax 03-6407-1991
振替 00160-6-59964

印刷所　研究社印刷株式会社
製本所　誠製本株式会社

© 2018 N. Kira, T. Omomo, & S. Takahashi, Translators
ISBN 978-4-13-051341-8　Printed in Japan

ここに表示された価格は本体価格です．御購入の
際には消費税が加算されますので御了承ください．